한국어로 내려온
New Bible

새로운
성 경

제92권

6부 | 총10부

하얀마음

하나님 말씀 중에서

1. 사랑의 하나님

- 세상을 창조하신 하나님은 모두를 사랑하신다. 인간만 특별히 더 사랑하지 않고, 우주 만물을 다 똑같이 사랑하신다. 그러니 하나님이 창조하신 천지 만물과 화친하고, 미물까지도 소중히 대하라.

- 하나님은 특정 종파나 민족만을 더 사랑하지 않으신다. 자기 자신만 구원받겠다는 욕심을 버리고, 자기 종파만 구원받는다는 편협한 교리에서 벗어나야 한다. 종파를 초월해서, 모두를 사랑하라.

- 원수까지 사랑하라 했으니, 이 세상에 사랑하지 못할 자가 누가 있겠는가? 종파가 다르다고 해서 부모 형제와 원수처럼 지내는 자는 인간의 근본을 모르는 자다. 가장 가까운 가족부터 사랑할 때 남도 진심으로 사랑할 수 있다.

- 한 사람을 원수같이 생각하던 마음에서 사랑하는 마음으로 돌리면, 자기 자신의 마음이 가장 기쁘고 행복하다. 하나님께서는 인간의 마음속에 무거움이 없이 기쁘고 행복한 삶을 살기를 바라신다.

- 이웃을 "내 몸처럼" 사랑하라 했으니, 마지막 한 장 남은 천국의 티켓도 이웃에게 양보하라. 자기 중심적인 신앙에서 벗어나서 남을 위해 살아야 한다.

- 독초도, 약초도, 이단도 사탄도 천사도 다 필요하기에 존재한다. 독초일지라도 극소량을 사용해서 생명을 살릴 수 있고, 약초라 하더라도 남용하면 생명을 잃을 수 있다.

- 세상 모든 것을 명약으로 활용하는 것은 인간의 지혜에 달렸다. 어떤 것이든 어떤 사람이든 적재적소에 꼭 필요한 명약으로 승화시키라.

- 사탄도 이단도 천사도 모두 하나님의 주관하에 존재한다. 진정한 하나님의 백성은 사탄과 마귀까지도 감화시켜서 천사로 거듭나게 한다.

2. 기도

- 하나님은 인간의 생각까지 모두를 다 알고 계신다. 우리의 소원도 이미 알고 계시기에, 소원의 기도를 할 필요가 없다. 우리가 받을 자격이 되면 내려 주신다.

- 죄를 짓고 아무리 회개를 해도 용서받지 못한다. 도둑질한 자는 용서해 달라고 기도하고, 도둑맞은 자는 도둑을 잡게 해 달라고 기도하면, 공의의 하나님은 누구의 편에 서시겠는가?

- 자기가 잘못한 것은 그 사람에게 직접 갚고 용서를 구하라. 그가 용서하면 하나님도 용서하신다. 땅에서 매면 하늘에서도 매이고, 땅에서 풀리면 하늘에서도 풀리는 이치다.

- "회당에서 기도하지 말고 골방에서 기도하라" 했다. 눈에 보이는 골방이 아니라, 골방과 같이 고요한 마음이다. 잡념을 버리고 하나님을 향해 마음을 집중하며, 사랑하고 용서하는 아름다운 생각만 나오도록 하라.

- "두드리면 열릴 것이다." 하는 것은 육의 소원을 위해 두드리라는 것이 아니라, 진리의 깨달음을 얻기 위해 두드리라는 것이다.

- 기도하는 방법: 생활 속에서 수시로 기도하는 삶을 살아야 한다.

- "저의 죄를 용서하여 주옵소서." 하는 회개의 기도를 하라.
- 범사에 "하나님! 감사합니다." 하라. 현재 가진 것에 감사하며, 과욕하지 말라. 자기 노력 이상의 것을 더 갖고자 기도하는 것은 도둑놈심보다. 공의의 하나님은 각자 노력한 만큼 주신다.
- "하나님 뜻대로 살아가겠나이다." 하며 마음의 각오를 다지라.

- 기도는 하나님의 말씀을 받아서 "행하는 것"이다. 하나님이 계심을 굳건히 믿고, 하늘을 향하여 한 점 부끄럼 없이 사는 삶 자체가 가장 위대한 기도이며, 삶이 곧 예배다.

3. 지도자

- 똑같이 사랑한다는 말을 해도, 순수하게 하는 말은 천사의 말이지만, 사기 쳐서 재산을 가로채려고 하는 말은 사탄의 말이다.

- 종교 지도자가 아무리 훌륭한 설교를 해도, 신도의 재물을 거둬서 더 큰 교회를 짓고 자기의 부귀영화를 바라며 설교하면 사탄의 가르침이 된다.

▪ "저희 교회는 만원사례요, 믿음은 다 같으니 이웃의 개척 교회에 가서 예배를 드리시오." 하며, 이웃 교회의 부흥을 먼저 생각하여 제 신도를 보내는 종교 지도자가 있다면 그를 따르라. 그가 하나님의 사랑을 실천하는 자다.

▪ "부자가 천국에 들어가는 것은 낙타가 바늘구멍을 통과하는 것보다 더 힘들다" 하였거늘, 지금의 교회에서는 부자가 되기만을 기도하고 소원하니, 이는 곧 천국을 포기하고 지옥 행 열차의 티켓을 사는 것과 같다.

▪ 예수는 빈손이었다. 종교 지도자가 예수보다 더 호화롭고 편안하게 살아간다면 잘못된 것이다. 부귀영화와 명예를 바라는 자는 절대로 갈 수 없는 좁고 협착한 길이 종교 지도자의 길이다.

▪ 종교 지도자는 유리로 비춰 봐 한 점의 부끄러움이 없이 살아야 한다. 의식주도 직접 일해서 해결하고, 예수의 가르침과 행함을 그대로 따라야 한다.

▪ 종말은 없다. 지금의 잘못 가는 종교 집단에게만 종말이 있다. 보이지 않는 하나님은 보이는 육의 종말은 관여하지 않으신다. 환경 파괴로 인간이 스스로 멸망을 자초하는 것이다. 종파끼리 싸우기 전에, 무너진 인성을 바로잡고 지구의 몸살을 해결하는 데 뜻을 모으는 게 급선무다.

4. 성전이란

▪ 이 세상 자체가 하나님께서 만드신 성전이다. 자연보다 더 아름다운 성전이 있는가? 보이는 건물이 성전이 아니라, 성스러운 마음가짐이 성전이다.

▪ 반석 위에 교회를 지으라 했다. 지상의 단단한 돌은 인간이 쪼갤 수 있으나, 마음속의 굳은 결의는 세상 무엇으로도 쪼갤 수 없다. 바르고 굳건한 믿음으로 성경의 가르침을 실천하는 것이 마음의 반석 위에 교회를 짓는 것이다.

▪ 손으로 지은 건물의 교회에 모여서 복음을 전하는 것이 아니라, 교회를 개인과 가정에 심어 주어야 한다. 무너지고 부서지는 건물을 짓지 말고, 마음속에 영원히 불변하는 참진리의 교회를 지으라.

5. 십계명

▪ 십계명은 인간이 죽어서 반드시 통과해야만 하는 열 개의 관문이다.

- 부모를 공경하지 아니한 자는 “네 부모를 공경하라.” 하는 제5계명의 관문이 열리지 않으니 구원받을 수 없다.
- 살인, 간음, 거짓, 우상 등의 나머지 계명도 마찬가지다.

▪ 십계명은 하나님의 친필이다. 모기소리만 한 하나님의 음성이라도 들어 보겠다고 여기저기 찾아 헤매지 말고, 십계명부터 암송하고 지키라.

▪ 십계명은 영혼을 구원하는 양식이며, 십계명을 지키는 것이 구원을 받는 길이다. 인간이기에 지키고자 노력하고 또 노력한다면 지킬 수 있다.

▪ 십계명을 지키고 천사처럼 아름답게 살아가는 그 마음 하나면 세상에 이루어지지 않는 것이 없다.

6. 보물

▪ 하나님은 재물이 아니라 우리의 마음을 받으신다. 사랑을 실천하며 천사처럼 변하는 마음이 하나님께 바치는 보물이다.

▪ 보이지 않는 하나님께 재물을 바치려 하지 말고, 너희를 길러 준 부모에게 용돈 드리고, 찾아뵙고, 효성을 다하라. 그것이 하나님께 효도하는 것이다.

▪ 하늘에는 선과 악의 창고가 있다. 자기 창고에 선이 많으면 천국으로 구원을 받고, 악이 많으면 심판받아 지옥으로 간다. 그것이 바로 “선한 일을 행한 자는 생명의 부활로, 악한 일을 행한 자는 심판의 부활로” 나오는 것이다.

▪ “선악과를 따먹지 말라”는 것은 양심을 지키라는 것이다. 선과 악을 구분할 수 있는 양심을 최초에 인간에게 주셨다. 선한 열매는 취하고, 악한 열매는 버리며, 양심에 비추어 부끄럼 없는 삶을 살아가라.

▪ 가장 작은 거짓말을 하지 않고, 가장 작은 죄를 짓지 않으며, 가장 작은 선행을 하고, 가장 작은 악행을 멀리하는 것이 율법의 일점 일획도 빠뜨리지 말고 다 지키는 삶을 사는 것이다.

7. 우상

▪ 박물관에 있는 불상은 하나의 예술품이다. 그 조각품에 대고 제 소원을 빌 때 우상숭배가 된다. 십자가라 하여도 그 앞에서 소원을 빈다면 우상숭배하는 것이며, 하나님께 소원을 빈다면 하나님을 우상으로 전락시키는 것이다.

▪ 지금 기복신앙에 젖어 있는 모든 사람이 우상 앞에 절을 하고 있다. 조각품을 우상이라며 파괴하지 말고, 네 마음속에 있는 욕심의 우상을 무너트리라.

▪ 생수를 약초가 먹으면 약을 만들고 독사가 먹으면 독을 만든다. 같은 성경을 봐도 선한 지도자는 신도를 천사로 만드는 데 활용한다. 그러나 욕심이 가득한 지도자는 재물을 거두어들여 제가 부귀영화를 누리는 데 악용한다. 그가 바로 성경을 우상숭배의 도구로 전락시키는 거짓 선지자다.

▪ 성경을 한 획도 빼거나 더하지 말라는 것은, 그 가르침을 빠트리지 말고 온전히 지키라는 것이다. 성경 속에서 자기에게 유리한 구절만 보는 것은, 자기에게 불리한 구절들을 빼 버리는 것이다. 믿음이 제일이요, 행함은 구원과는 관계없다는 것은 자신에게 유리한 쪽으로 성경을 악용하는 것이다.

▪ 진정한 종교 지도자는 종파에 관계없이 어떤 종파든 어떤 책이든 접하고 보고 깨우쳐 견문을 넓히도록 인도한다. 참진리를 모르고 자신이 없는 자가 남을 이단이라며 배척하고, 신도들의 눈과 귀를 가린다.

8. 예수

▪ 예수의 재림은 없다. 예수가 다시 온다 해도, 과연 누가 그를 예수라고 믿겠는가? 예수와 같은 삶의 행함이 곧 예수의 재림이다. 각자 모두가 "재림 예수"가 되는, 차원 높은 믿음으로 가야 한다.

▪ 예수는 "주여 주여 하지 말고, 아버지의 뜻대로 행하라"고 했다. 예수가 전한 하나님의 뜻이 곧 "길이요, 진리요, 생명"이며, 그 가르침이 예수의 보혈처럼 소중한 것이다. 예수를 믿는 것은, 예수의 가르침을 믿고 따르는 것이다.

▪ 예수는 낮은 자로서 만백성을 섬기고자 했다. 만나는 모든 사람을 다 하나님이라 생각하라. 돈을 벌수록 겸손하고, 높은 지위를 얻을수록 낮아지라.

- 예수는 종파를 만들지 않았다. 인간이 만든 종교와 인간의 교리를 따르지 말고, 예수를 통해 전한 하나님의 참진리를 연구하고 따르라.

- 예수가 2천 년 전에 만백성을 위해 죽었으니, 지금 이 땅에는 예수의 가르침대로 사는 천사만 존재해야 한다. 예수가 죽어 가면서 바란 것은 만백성이 천사가 되어 예수의 자리를 채워 주는 것이지, 지금과 같이 재물을 바치면서 중언부언 제 소원만을 비는 백성들을 바란 것이 아니다.

9. 구원

- 천사가 사는 천국에는 천사만 갈 수 있으니, 천사 같은 마음을 길러야 한다.

- "천국 열쇠를 네게 주리니 땅에서 무엇이든지 매면 하늘에서도 매일 것이라" 했다. 땅에서 천사같이 사는 자가 하늘에서도 천사가 되어 천국에 들어간다. 모든 사람에게 천사같다는 말을 듣는 삶을 살아야 한다.

- 천사의 곱고 아름다운 마음은 부모를 공경하고 어른을 어른으로 대접하는 데에서 출발한다. 효도하는 자는 형제와 화목하게 지내기에 가정이 화목해지고, 이웃과 화목해지고, 국가가 화목해지고, 온 인류가 화목해진다.

- 그러므로 지상의 아름다운 소왕국은 가정에서부터 이루어야 한다.

- 선택된 14만 명만 구원받는 것이 아니라, 천사처럼 변하고자 하는 14만 명을 기초로 온 인류가 천사처럼 거듭나는 영적인 개혁이 시작되는 것이다.

- 천 년에 걸쳐서 하늘에서 이루어진 것같이 이 세상을 낙원으로 만들어, 만백성이 지상의 천국에서 살다가 죽어서 그대로 하늘의 천국으로 들어가는, 영원한 지상 낙원을 건설하는 것이 하나님의 계획이다.

- **이것이 구약과 신약에 이어 "새로운 성경"으로 역사하시는 하나님의 창조의 완성이다.**

- 지금의 믿음으로 구원받을 수 있다면 그 길을 가라. 그러나 자신이 없다면 하나님께서 직접 내리신 160권의 "새로운 성경"을 읽고 구원의 길을 보라!

하나님 머리말씀

이 새로운 성경을 읽는 너희 모두는
이 율법에 따라 행하면 영원히 구원받을 것이니라.

너희 인간이 수년, 수십 년, 평생
성서를 공부하고 기도하는 것은
하늘나라 나의 곁으로 오고 싶은 소망일진대,

몇천 년 전의 너희 인성과 생각이
지금의 너희와는 판이하게 다르니,

꺾여 가고 병들어 가는 너희를 고칠 수 있는 길은,
오늘 내가 선지자에게 내리는 새로운 성경과 같이
너희가 변화되는 것뿐이니라.

나의 예수가 태어난 것처럼
내가 아들 선지자를 선택하여
나의 새로운 성경을 온 세계에 전하고자 하니,

묵은 것은 버리고 새로운 것은 취하여,
너희 모두는
'여호와 하나님! 저의 죄를 용서하여 주옵소서.'
하는 기도문으로 기도하고, 죄를 뉘우치라.

이 새로운 성경은
수천 년간 내려온 성서를 요약한 것이니,
너희는 이 책을 정독하여 쉽게 깨달음을 얻고,
이대로 실천하여 하늘에 오르라.

대역자 머리말

■ 하나님의 율법을 지키는 선지자로 선택을 받도다.

저는 남들처럼 그저 열심히 살아온 평범한 사람이었습니다. 그러나 50대 중반에 사업에 실패하여 많은 부채에 시달렸으며, 건강도 악화되어 눈이 잘 안 보이고, 걷기도 어렵고, 두통이 심해서 잠을 이룰 수 없는 고통의 나날을 보냈습니다. 그때 제가 선택할 수 있는 것은 육의 삶을 끝내는 길뿐이었습니다.

죽기 직전에 그동안에 죄를 지은 이들에게 용서를 빌고 인생을 끝내기로 작정하였습니다. 어려서부터 지은 죄를 빌고 빌다 보니 끝이 없었고, 죽음으로도 그 많은 죄를 용서받을 길이 없다는 생각에 하염없이 눈물이 흘렀습니다. 그 순간 '재래식 화장실의 구더기는 죄를 짓지 않는데, 나는 인간으로서 구더기만도 못한 삶을 살았구나.' 하는 생각이 들면서 괴로움에 몸부림칠 때, 갑자기 하나님의 음성이 들렸습니다.

"나는 여호와 하나님이니라. 너는 십계명을 암송하고 내가 내려 주는 메시지를 받아 책으로 만들어 만백성을 구하라." 하시며, 제 눈을 손으로 문지르게 하시고, 아픈 머리와 다리를 손으로 두드리게 하셨습니다. 그러고 나니 눈도 잘 보이고 걸을 수 있었으며 머리의 통증도 말끔히 낫게 되었습니다. 그때부터 십계명을 암송하고 나면 들려주시는 말씀을 기록하였고, 1999년 8월부터 2004년 7월까지 권당 288쪽, 총 160권을 받아서 "새로운 성경"이라는 책으로 펴내게 되었습니다.

그러한 저에게 죽기보다도 힘든 길이 시작되었습니다. 모든 교인들이 저에게 사탄이요, 이단이요, 악마요, 마지막 시대에 온 거짓 선지자라 하면서 공격하였고, 저를 짐승을 보듯이 대하는가 하면, 편협한 종교 지도자들의 선동으로 신도들이 이 책을 직접 읽어 보고 평가할 기회마저 막아 버렸습니다. 그래서 하나님의 말씀을 세상에 내는 데 많은 어려움을 겪으며, 피를 토하는 심정으로 책을 전하고 있습니다.

그러나 아무리 인간의 힘으로 막으려 해도, 하나님의 뜻이 세상에 전해지는 위대한 역사는 계속될 것입니다. 책으로 전해지는 "하나님의 말씀"은 세상 끝날까지 항상 우리와 함께하실 것입니다. 사람은 죽어도, 책에 기록된 말씀은 영원히 남으니까요.

■ 따뜻한 실천

하나님께서는 어려운 사람들에게 삶의 터전을 마련해 주고, 미래를 열어 주는 것을 기뻐하십니다. 어려운 이웃이 스스로 자립할 수 있도록 이끌어 주는 것이 진정으로 이웃을 돕는 것이라고 말씀하셨습니다. 그래서 일자리가 없는 제자들에게 작은 사업장을 만들어 주는 "달란트 사업"을 하고 있습니다. 식당, 반찬 가게 등을 차려 주고, 기존의 어려운 사업장이 자립할 수 있도록 돕고 있습니다(커피숍, 미용실, 의상실 등).

하나님께서는 교회에 나와서 모든 시간과 재물을 쏟기를 원하지 않으시고, 그 시간과 재물을 교육에 투자하여 스스로 미래를 열어 가기를 원하십니다. 그래서 제때 공부하지 못한 제자들에게 학업을 이어 가도록 하였습니다. 중화요리 주방장을 하며 초등학교 검정고시부터 공부하여 2012년에 방통대를 졸업한 36세 남성, 만학도들의 2년제 중학교에 입학해서 2007년에 명지대학을 졸업한 38세 여성, 중학교 검정고시를 시작으로 숭의여자대학을 졸업한 47세 여성 등이 있습니다. 그밖에도 많은 제자들에게 나이를 초월하여 배우고 깨우쳐서 사회 속의 당당한 일원이 되도록 인도하고 있습니다.

학자금 대출로 힘겨워하는 젊은이들을 위해 "따뜻한 바람 장학회"를 발족하여(2016년 12월) 대출받은 학자금 전액을 매월 갚아 주고 있습니다. 또한, 다문화 가정을 위해 "다문화 가족 랜드"를 조성하여, 각종 시설을 무료로 활용하도록 하고 있습니다.

이러한 따뜻한 실천이 아직은 미약합니다. 그러나 책의 수입이 늘고, 저와 뜻을 같이하는 분들이 늘어나면 계속 확대할 것입니다. 지도자로서 신도의 재물을 헌금으로 거둬들여 착복하는 것이 아니라, 하나님께서 기뻐하시는 일에 사용하도록 중매 역할만 하며 살아가고자 합니다. 이런 제가 과연 사탄이고 이단인가요? 하나님께서 기뻐하시는 일이라면, 저에게 사탄이라 하든 거짓 선지자라 하든 굽히지 않고 실천해 나갈 것입니다.

끝으로, 일상의 삶 속에서 "지금 내가 하는 행동이 과연 하나님께서 기뻐하실까, 슬퍼하실까?" 생각하고, 매사에 하나님께서 기뻐하시는 길을 택하기 바랍니다. 교회에 모여서 집단적으로 예배 드리는 것이 아니라, 개인이나 가정 단위로 새로운 성경을 읽어 스스로 깨우치고 그대로 행하면 충분합니다. 그것이 마음속에 성전을 짓고, 신령과 진정으로 예배 드리는 길입니다. 그러면 천국의 문에 들어서게 됩니다.

2017. 2. 1.

하나님 말씀 대역자 김용철

차 례

십 계 명

이 책은 십계명을 암송하고 나면 내려 주시는 "하나님의 음성"을 듣고 그대로 받아쓴 기록입니다. 하나님께서 십계명을 모세에게 내려 주셨지만, 그것은 만백성에게 내려 주신 것입니다. 마찬가지로 이 책의 모든 말씀도 저에게 내려 주셨지만, 만백성 각자에게 들려주시는 말씀입니다. 여러분도 이 책을 접할 때마다 십계명을 암송하고 나서 정독해 주시기 바랍니다.

제일은, 너는 나 외에는 다른 신들을 네게 있게 말지니라.
제이는, 너를 위하여 새긴 우상을 만들지 말고, 또 위로 하늘에 있는 것이나, 아래로 땅에 있는 것이나, 땅 아래 물 속에 있는 것의 아무 형상이든지 만들지 말며, 그것들에게 절하지 말며, 그것들을 섬기지 말라.
제삼은, 너는 너의 하나님 여호와의 이름을 망령되이 일컫지 말라.
제사는, 안식일을 기억하여 거룩히 지키라.
제오는, 네 부모를 공경하라.
제육은, 살인하지 말지니라.
제칠은, 간음하지 말지니라.
제팔은, 도적질하지 말지니라.
제구는, 네 이웃에 대하여 거짓 증거하지 말지니라.
제십은, 네 이웃의 집을 탐내지 말지니라.

나 여호와가 존재함을 믿는 그 자체가 구원의 길에 들어서는 기본이요, 근본이며, 나의 새로운 성경을 가슴에 안고 정독하는 자, 반석 위에 서서 하늘에 오르는 찬란한 빛을 보게 되는 영광을 얻게 됨이니라. 진정 나를 따르고 믿는 자는 감히 사탄이나 마귀도 근접하지 못하느니라.

〈하나님 말씀〉

2003년 7월

6,679 번째 하나님 말씀

2003년 7월 10일 08시

1 사랑하는 나의 아들아!

2 "네, 아버님! 말씀하옵소서."

3 내가 너에게 뭐라 일렀느냐?

4 인간 세상에도 한 사람이 자기의 상사로부터 명을 받아 직함을 받는 것은 그가 그 직함의 모두를 행할 수 있는 자격과 능력이 있기 때문에 그를 내린다 하지 아니하였느냐?

5 그러니 세상에 말하는 정승을 뽑는 자리에서도 정승으로 임명을 받은 자는 정승의 능력이 있기 때문이요,

6 그리고 아무리 정승의 후보자요, 예비자로 명단에 오른 자는 많은 사람 중에서 정승을 뽑고자 할 때 그 임명을 받기 전에 후보자로서는 정승이 되지 아니한 것이니, 그 능력의 준비가 부족함이 있다 하지 않았더냐?

7 내가 너를 나의 아들이라 부르는 것은 무슨 의미인지 네가 알지 않는가?

8 너는 나의 아들이라 내가 그리하였음이니라.

9 나의 자식이요, 나의 아들이라는 것은 누구더냐?

10 나의 자식이요, 나의 아들이라 명할 수 있는 것은 육의 세상에 살아 있는 지금의 너희가 나의 아들딸이 아니요,

11 너희가 정녕 그 고비를 넘고 거듭 태어나며 거듭나서 성령으로써 태어나 심판을 받아 나의 천국의 문에 들어올 수 있는 자가 나의 자식이요, 영원한 나의 아들딸이라 내가 그리 말하지 아니하였더냐?

12 너희가 나를 아버지라 부르며 내가 너희를 아들딸이라 부르나, 내가 너를 아들이라 부르는 의미는 내가 그 명을 한 것이며 네가 정승으로서 명을 받은 자와 같은 자이니라.

13 그러니 너는 자격을 갖췄으며 또한 그리 갈 수 있기에 내가 부른 것이니,

14 너는 다른 백성과 차별화하여 아들이라 부른 의미를 거기서 알아야 할 것이니라.

15 인간 세상에서 정승이라 하여 그에게 임명장을 준 것은 자격이 있어 정승이 된 것이니라.

16 내가 너를 아들이라 직접 부른 것은 네가 심판을 받아 하늘에 오를 수 있는 자격이 있으며 네가 내 곁에 올 수 있도록 살아갈 수 있으며 변화될 수 있는 자격이 있는 자이기에 내가 부른 것이니, 내가 너를 아들이라 부른 그 의미를 이제는 알아야 할 것이니라.

17 너희는 그리 말하느니라.

18 내가 너를 종이요, 선지자라 부르다 아들이라 부르니, 모두가 다 똑같은 자식이니, 네가 능력이 없는 자요, 물러난 자요, 나로부터 버림을 받은 자라 그리 말하는 자도 있을 것이며,

19 너를 시기하고 질투하는 자들이 그와 같은 말을 할 수 있음이니라.

20 내가 너희를 아들이라 부르며 너희가

나를 아버지라 부르는 것은, 너희가 지금 60점이라는 점수를 벗어나지 아니하며 육이 존재하는 세상에서 너희가 아버지라 부르는 것은 육이 존재했을 때 나를 부모라 부르는 것이며, 육이 죽은 후에 나를 영원히 아버지라 부를 수는 없음이니라.

21 육은 죽어 가며 육의 운명은 한 번 거쳐야 하는 죽음이라는 것이 있음이니라.

22 그리하여 너희가 두 번째의 그 죽음에서 죽지 않고 나에게 오는 자가 나의 아들딸이니,

23 그때 너희가 나를 아버지라 부를 수 있으며 나의 천국에 들어오는 자가 나의 자식이니라.

24 그러니 내가 너를 자식이요, 아들이라 부른 것은 너는 거기에 올 수 있는 자요,

25 이미 너는 올 수 있는 자격을 내가 명했음이니, 너희가 인간 세상에서 정승으로서 임명장을 받은 자이니라.

26 그것이 모든 백성과 너와의 차이점이라는 것을 어리석은 백성이 모르고 있음이니, 너는 그렇다면 어찌하여야 하는가?

27 너는 정승으로서 자격을 갖춘 자니, 정승의 자리를 지켜야 하며 거기에 하나도 손색없는 길을 가야 할 것이니라.

28 정승으로 명받아 쓰이고자 하는 자가 탐욕스러우며 그 직책을 가지고 욕심을 부리며 그 직책을 남용하여 사악한 짓을 한다 하면, 명한 자의 뜻을 거역하는 것이요, 그는 오래 존속하지 못할 것이며 버림을 받지 않겠는가?

29 그러니 정녕 정승으로서 명을 받은 자는 그 정승의 직분을 다하는 데 최선을 다해야 하며, 한 점의 부끄럼이 없이 살아야 할 것이니라.

30 이게 바로 네가 가야 할 길이니라.

31 내가 이미 너를 아들이라 불렀으면 너는 그리 올 줄을 내가 알고 있으며 오는 것을 알고 있음이니,

32 너는 그 누구도 넘을 수 없는 천국의 문을 들어올 수 있는 명을 받은 자며 너는 그 능력이 갖춰진 자이니라.

33 그러니 네가 지금의 육으로써 살 때 한 점의 부끄럼이 있는 삶을 살아서는 아니 되며,

34 너 자신이 나에게 부끄러운 행위요, 만백성에게 부끄러운 행위가 있어서는 절대 될 수가 없음이니, 이를 네가 알아야 할 것이니라.

35 내가 너를 아들이라 부른 그 의미를 이제 알겠는가?

36 네가 처음에 나의 법전을 받아 기록하라는 그 명을 받고 이 방을 뛰쳐나가며, 네가 미친 자요, 정신이상이 된 것이요, 이건 사악한 사탄이 너를 우롱하는 것이라 하여 네가 나의 법전을 쓰지 않고 도망가며 연필을 꺾고 도망가고자 했던 그 마음을 잘 다스려,

37 이제는 이 방에서 몇 시간씩이라도 견디며 나의 성령을 받는 것을 가장 두려워하며 가장 영광으로 생각하며 소중히 생각하는 2단계의 훈련을 잘 마쳤다 내가 하였음이니라.

38 이제 네가 3단계의 훈련에 돌입하는 것이 무엇이라 내가 너에게 깨우쳐 주

었더냐?

39 너는 지금부터 모든 계명에 따라 행하는 것이니라.

40 그 3단계의 훈련을 이제 임해야 할 것이니라.

41 지금부터 네가 다스려지지 아니하고 다듬어지지 아니하여 너를 보고 떠나가는 백성이 있다 하면 그는 너의 죄이니라.

42 지금까지 너를 욕하며 너에게 등 돌리며 너를 원망하며 떠난 사람들은 내가 그들에게 말함이니, 너를 내가 원망하지는 않느니라.

43 네가 2단계요, 3단계의 훈련을 돌입하기 전에 그들이 너무 성급히 판단했으며 그들이 원했고 요구했기 때문이니라.

44 그러나 네가 1단계요, 2단계를 잘 넘어 지금 3단계에 돌입하라 내가 명하였으니, 지금부터 네가 한 점의 부끄럼이 있는 행위를 해서는 절대 용서하지 아니할 것이며,

45 네가 한 점의 부끄러운 행위를 함으로 인하여 모든 제자요, 만백성이 구원의 길을 왔다가 돌아서는 그와 같은 일이 있어서는 절대 안 될 것이니라.

46 이것이 네가 3단계에 돌입하여 가는 책무며 책임이니라.

47 네가 단계가 높으면 높을수록 너의 행동이 달라져야 할 것임을 명심하라.

48 너는 천국의 문을 들어설 수 있는 나의 아들이라 내가 그리 명하여 아들이라 불렀음이니,

49 영원히 네가 나의 아들이라는 것은 너희가 나를 아버지라 부르는 것과 다르듯이, 너는 이제 3단계에 돌입하면서 법전대로 살아야 할 것이며 한 점의 부끄럼이 있는 행위를 해서는 지금부터 아니 되느니라, 나의 아들아!

50 네가 실수를 하며 나를 속이는 일이 있다 하여도 내가 너에게 체벌을 하지 않을 것이니라.

51 다만, 네가 그 벌을 받을 뿐이요, 내가 책하지 아니하듯이,

52 내가 큰 은혜요, 영광을 일부러 너에게만 특별히 내리지 않듯 네가 잘못한다 하여도 체벌을 하지 아니할 것이니라.

53 그리고 네가 잘못한다 해도 체벌로써 이제는 너를 다스리지 아니할 것이니라.

54 네가 스스로 체벌을 받지 않는 길을 선택하여 오도록 그리하라.

55 그리하여 3단계를 넘었을 때 예수가 모든 기적을 이룬 역사처럼 네가 나를 대신하여 말 한마디, 손 한 번 흔드는 그 모두는 영원히 빛이 되고 역사가 되어 세상에 존재할 4단계가 남아 있음을 네가 알아야 할 것이니라.

56 사랑하는 나의 아들아!

57 네가 어찌했든 지금까지는 1단계요, 2단계의 목표에 내가 원하는 그 훈련에 잘 돌입해 왔기에 내가 너를 그저 사랑하는 마음으로 바라보았음이니라.

58 이제는 2단계의 훈련을 네가 잘 마쳐 통과했으니, 3단계에 돌입하는 너는 오늘부터, 내가 너에게 3단계를 실시하는 날부터 내가 뭐라 말하였느냐?

59 한 점의 부끄럼이 있는 삶을 살아서는 절대 안 된다 하였음이니, 그것이 3단

계의 훈련이니라.
60 이제부터 왔다가 가는 사람이 있다면 네가 잘못된 것이요, 이 성전을 떠나는 사람이 있다 하면 네가 잘못된 것이니, 그 죄를 네가 가슴에 안아야 함을 알라.
61 너는 그저 3단계를 훈련하고 3단계를 지키고 가는 그와 같은 백성으로서, 나의 아들로서, 나의 목자로서 네가 그리 살아가며, 만백성을 인도하는 자로서 이제는 돌입해 가도록 그리하라.
62 내가 너를 사랑하며 네가 1, 2단계를 잘 넘었듯이 이제는 3단계도 잘 넘을 것이라 알고 있음이니라.
63 1, 2단계가 없이는 네가 3단계를 지킬 수 없음이니, 그 세월을 나 여호와가 기다렸음이니 그리 알라, 사랑하는 나의 아들아!

6,680 번째 하나님 말씀

2003년 7월 10일 11시 49분

(강론을 마치며)

1 사랑하는 나의 아들아!
2 "네, 아버님! 말씀하옵소서."
3 너의 제자들에게 그리 전하고 깨우쳐 주라, 나 여호와가 너희를 사랑함이며, 나 여호와가 항상 너희와 같이하고 있다는 것을.
4 너희는 나 여호와가 같이하는 것으로써 영광이요, 축복이라 그리 생각할 수는 정녕 없는가?
5 인간 세상에 살아가면서 낳아 주고 길러 준 부모가 건강한 모습으로 너희와 오래오래 살아 주는 것으로써 너희는 부모에게 감사하며 너희가 은혜요, 축복을 받은 자라 생각할 수는 없겠는가?
6 너희에게 재산을 내려 주며 재물을 넘겨주며 많은 것을 넘겨주는 그 부모만 공경하며 그와 같은 부모가 오래 사는 것을 바라는 마음으로 사는가?
7 그렇다면 너희는 과연 낳아 주고 길러 준 부모에게 어떤 백성이 효성스런 자며 효도하는 백성이라 말할 수 있겠느냐?
8 부모가 낳아 주고 길러 너희가 성장하여 가정을 갖고 사회에서 삶을 살아갈 수 있도록 길러 준 그 부모의 은혜에 감사하는 마음만을 갖고,
9 너희에게 재물을 남겨 주지 못하는 그 부모라도 건강하게 오래 살아 주는 부모에게 감사하는 마음으로 사는 그와 같은 마음으로 세상을 본다 하면,
10 내가 항상 너희와 같이하고 있는 것만으로 너희가 영광이요, 기쁨이라 생각할 수 있지 않겠는가?
11 너희가 나에게 은혜요, 영광이요, 기적이요, 어떠한 역사를 내려 주는 나 여호와를 사랑하며 나를 경배하며 나를 아버지라 부르고자 하는 마음이 있다 하면,
12 나는 너희에게 그 상을 내리지 아니하며 너희에게 아버지라 부름을 받고 싶지 아니한 것이 나 여호와의 마음이니라.
13 내가 너희와 건강한 모습으로써 항상 같이하는 그것으로써 나 여호와를 공경하며 나를 경배하며 행복한 마음이라 그리 생각하는 너희가 되도록 그리하라.

14 그 마음을 먼저 갖는 것이 소중함이니, 인간 세상의 질서요, 도덕이요, 윤리요, 바로 그것이 너희가 나와 더불어 가고 있으며 살아갈 수 있는 깨달음이 거기에 있는 것이라 내가 너희에게 깨우쳐 준 그 의미를 알겠느냐?

15 건강한 모습으로써 부모가 너희 옆에 있어 주는 것을 행복으로 느끼는 자식이 되라.

16 재물이요, 권력이요, 명예를 넘겨주며 남보다도 많은 것을 받을 수 있는 것을 유산으로 남겨 주는 부모를 공경하며 좋아하며, 그 부모만이 좋은 부모라 생각하는 그와 같은 마음을 갖지 말라.

17 이것이 너희가 마음에 가질 수 있는 자세임을 알라.

18 그렇다면 너희가 나 여호와가 존재하며 너희와 같이한다는 나 여호와의 뜻에 감사한다는 마음으로 살아야 함을 잊지 말라.

19 너희가 인간 세상에 살아가는 마음에서 하나를 고치며 하나의 악습을 다스려 나가기가 과연 얼마나 힘들더냐?

20 그것을 하나하나 고치는 모습을 보고 나 여호와가 기뻐한다면 너희는 과연 어찌하겠는가?

21 너희는 이제 알아야 할 것이니라.

22 너희가 잘못된 습성 하나를 고치며 너희가 바로 살기 위하여, 바로 서기 위하여, 나 여호와의 계명이요, 나의 뜻대로 너희가 살아가기 위하여 얼마나 고통스럽고 힘든 길을 가는가?

23 너희는 너희 마음을 다스리기도 힘들고 어려운 것이거늘, 너희가 마음을 다스리는 것은 뒷전에 놔두며,

24 모든 종교 지도자들이 재물을 거둬 모으며 재물을 긁어모으는 데 그들이 단 한마디의 말이라도 한다 하면, 이는 어떠한 것이며 어떠한 가르침인가를 너희는 알겠는가?

25 너희가 하나의 악습을 버리며 하나의 깨달음을 얻기 위하여 얼마나 고통스러운 길을 가느냐?

26 그리고 얼마나 그것이 지켜지지 아니하고 행하여지지 않더냐?

27 그러기에 인간은 계명을 지킬 수 없으며 인간은 천사가 될 수 없다 그리 낙담하며 그리 포기하는 백성이 있지 않더냐?

28 그러니 하나를 고치기 위해서 너희가 노력하는 것만큼 그 길을 간다 해도, 너희가 다시 태어날 때 나에게 구원을 받아 다시 태어나는 그 생명의 영광을 얻는 것이 그리 힘들고 어렵거늘,

29 너희처럼 그 변하는 삶을 가는 것이 어렵거늘, 모든 신도요, 지금의 종교 집단이요, 지도자 속에서 하늘에 오르는 길이라 구원을 받았다 말하는 백성 그들도 너희처럼 하나의 악습을 고치기가 그리 힘들고 어려울진대,

30 그들이 악습을 고치고 그들의 악습을 고치도록 가르쳐 주기도 바쁜 세상에 저희가 재물을 거둬들이며 재물을 먼저 생각하는 그와 같은 집단이요, 지도자가 있다 하면 과연 그 백성이 변화될 수 있으며 깨우칠 수 있다고 너희는 생각하느냐?

31 한 길을 변하기 위하여 가기도 바쁜 세상에 재물까지 거둬들이는 종교 지

도자 속에서 너희가 무엇을 배우며
무엇을 얻겠다 말하느냐?
32 너희 인간 세상에서도 그러지 않느냐?
33 '소금을 먹은 자가 물을 켠다.' 그리
말하는 뜻이 무엇이더냐?
34 남으로부터 받아들인 자, 남으로부터
뇌물을 받은 자가 그 사람 앞에 그 대
가를 줘야 하며 그 앞에 약한 자가 된
다 하였음이니,
35 종교 집단이요, 지도자가 재물을 거둬
들이기 위하여 혈안이 되어 있다 하
면, 과연 그들이 바른길로 가는 회초
리를 휘둘러 나의 백성을 어렵고 힘
든 길을 가라 말할 수 있겠느냐?
36 너희가 가슴에 손을 얹고 평가해 보
라.
37 너희가 오늘 변하기 위하여 나의 아들
을 통하여 내리는 강론이요, 나의 법
전을 지키고 살아가기가 얼마나 힘들
고 어렵더냐?
38 그 길을 가기도 바쁘거늘, 그와 같이
백성을 지도하는 자가 재물을 거둬들
이는 것을 앞세우고 그들을 깨우쳐
간다면,
39 소금을 먹은 자가 물을 켜듯이 그들
은 그리 가르칠 수가 없는 것이 아니
더냐?
40 그러니 내가 잘못되었다 함이니라.
41 너희는 재물을 위하는 믿음을 가서는
아니 됨이니라.
42 그러면 너희는 여기서 깨우쳐 보라.
43 모든 종교 집단이요, 지도자들이 재물
을 멀리하며 등한시하는 집단으로 이
세상에 뿌리를 내려가는가, 그들이 영
적인 깨달음이요, 깨우침의 진리보다
도 재물을 먼저 생각하고 이끌어 가는
가?
44 그것을 깨우쳐 보면 너희 스스로 오
늘 앉아 있는 자리가 얼마나 영광된
것이며 너희가 나의 법전을 접하는 것
이 얼마나 위대한 것인가를 알 것이니
라.
45 재물에 연연하는 집단이요, 그곳에 가
너희가 몸담고 있지 않은 것 하나로
써 너희는 나에게 모든 감사요, 은혜
요, 영광을 돌릴 수는 없겠는가?
46 그와 같은 모든 형태를 한번 파악해
보도록 그리하라.
47 재물을 위해서 가는 종교 집단인가,
정녕 성령의 깨달음을 위해서 가고자
몸부림치는 집단인가?
48 그 점수를 놓고 너희가 매겨 보며 시
소의 어느 곳이 올라가고 어느 곳이
내려가는가 그를 너희가 한번 평가하
도록 그리하라, 사랑하는 나의 아들딸
들아!
49 그렇다면 너희가 오늘의 흔들리는 마
음이요, 쓰러지고자 하는 그 마음에
용기가 설 것이니 그리 알라.

6,681 번째 하나님 말씀

2003년 7월 11일 0시 29분

1 "너는 나 외에는 다른 신들을 네게 있
게 말지니라.
2 너를 위하여 새긴 우상을 만들지 말
고, 또 위로 하늘에 있는 것이나 아래
로 땅에 있는 것이나 땅 아래 물속에
있는 것의 아무 형상이든지 만들지 말
며, 그것들에게 절하지 말며 그것들을

섬기지 말라.
3 너는 너의 하나님 여호와의 이름을 망
령되이 일컫지 말라.
4 안식일을 기억하여 거룩히 지키라.
5 네 부모를 공경하라.
6 살인하지 말지니라.
7 간음하지 말지니라.
8 도적질하지 말지니라.
9 네 이웃에 대하여 거짓 증거하지 말지
니라.
10 네 이웃의 집을 탐내지 말지니라.
11 나 여호와가 존재함을 믿는 그 자체가
구원의 길에 들어서는 기본이요, 근본
이며, 나의 법전을 가슴에 안고 정독
하는 자, 반석 위에 서서 하늘에 오르
는 찬란한 빛을 보게 되는 영광을 얻
게 됨이니라."
12 사랑하는 나의 아들아!
13 "네, 아버님! 말씀하옵소서."
14 나의 백성이 십계명을 암송하며 그를
또 암송할 때마다 그들의 마음의 죄가
한 꺼풀씩 벗어진다 하면 과연 너희는
그를 믿겠느냐?
15 그들이 그를 암송하면서 스스로 깨닫
는 것이 있으며 느끼는 것이 있음으
로 인하여 죄를 짓지 아니하며, 지은
죄를 회개하고 반성하는 그와 같은 마
음으로 살아감이니,
16 나의 십계명 하나를 암송할 때 너희
죄의 꺼풀이 하나씩 떨어진다 하면 과
연 너희는 그보다 더한 은혜와 영광
이 어디에 있겠는가?
17 그리하여 내가 나의 법전에 나의 성령
의 십계명을 나의 아들에게 암송하게
하여 너희 귀에 익도록 그리 깨우쳐
주는 것이니,
18 이것만이 너희 영혼의 양식이요, 이를
지키고 살겠다는 마음을 굳건히 하는
것만이 너희가 나에게 오르는 길이기
때문임을 알아야 할 것이니라.
19 사랑하는 나의 아들아!
20 "네, 아버님! 말씀하옵소서."
21 내가 너와 모든 백성과의 차이점이요,
차별화가 무엇이라 말하였더냐?
22 수만수억의 그 모래알보다 더 많은
모든 나의 백성은 예비된 자들이요,
그들은 하나의 단계의 시험을 거쳐야
한다 하였음이니라.
23 육이 죽어 와 영혼이 나에게 심판을
받아 그가 하늘에 천국의 문으로 들어
올 수 있는 자는 그때 나의 자식이 되
며 나를 아버지라 영원히 부를 수 있
다 하였음이니,
24 너는 그와 같은 단계를 넘어 나에게
올 수 있는 자요, 이미 네가 올 자리가
정해져 있다 하지 않았느냐?
25 그리하여 너는 내가 명하는 그대로 천
사와 같은 삶을 반드시 살 것이며, 역
사하는 것이 정해져 있는 네 삶이라는
것을 또한 내가 알려 줌이니라.
26 그러나 모든 백성이요, 종교 지도자들
은 그를 들으면 웃을 것이며 그를 믿
으려 하지 않을 것이니라.
27 그렇다면 그들이 오늘에 가는 믿음과
네가 가는 믿음의 길이 과연 똑같은가
그들 스스로 돌이켜 보라 그리 말하라.
28 그들은 믿음의 가는 길을 어떠한 믿음
으로 가는가?
29 그들은 재물을 거둬들이는 데 모든 정
신을 다 집중하며 사업적으로 모두 변

하여 재물을 계산에 두는 것이 종교
집단이요, 지도자들이 아니던가?
30 그리하여 그들은 재물을 계산하여 설
교하며 강론하며 나의 뜻이요, 하늘에
오르는 길이라 하여 성서를 가지고
가르치는 것이 그 대가성을 바라고 있
지 않은가?
31 그들은 그 대가에 따라서 그날에 신나
는 설교를 하며, 대가에 따라서 기가
죽는 설교를 하는 것이 아니던가?
32 그들은 모든 행사를 마치며 끝남으로
써 재물에 대해 그를 내야 하며 거둬
들이는 것이 마지막 결론으로써 내리
니,
33 모든 과제의 풀이의 결론이 정답이 아
니던가?
34 그러니 너희가 재물을 걷고자 하는
것이며, 그것이 나의 아들과 다름이니
라.
35 나의 아들은 나의 뜻을 강론할 때, 재
물을 거둬들이지 아니하며 재물을 계
산하지 아니하고 강론하며 그리 가르
치느니라.
36 그것이 너희와 하늘과 땅의 차이임을
알아야 할 것이니라.
37 너희는 인간 세상에 살아가면서 종교
지도자요, 집단에 속해 있는 자들, 단
상에 서 있는 자, 너희가 백성을 속이
면 되며 신도들을 속이고 너 자신을
속이고 넘어가면 되고,
38 너희는 눈을 가리고 가면 너희는 깨
끗한 자요, 그리고 품위 있는 자요, 위
대한 자라 그리 속여서 갈 수 있느니
라.
39 그러나 나의 아들은 너희처럼 그리
속여서 갈 수 없느니라.
40 나의 아들은 내가 있기에 나를 속여야
하며, 나를 속이고 나서 그를 따르는
그 제자들을 속여야 하며, 저 자신을
속여야 하는 것이 나의 아들임이니,
그가 감히 나를 속일 수 있다고 생각
하는가?
41 이것이 너희와 하늘과 땅의 차이이니
라.
42 너희는 너희 자신을 속이면 되며 신
도를 속이면 되며 너희를 추종하는
자들을 속이면 그냥 넘어갈 수 있으
나, 나의 아들은 그리 가지 못하느니
라.
43 나의 아들은 그 제자를 속이려 하지
아니하며 자신을 속이려 하지 아니하
며 그리 못 함이니, 그가 왜 그리 못
하는 줄 알겠는가?
44 그는 나를 속일 수가 없기 때문이니라.
45 그는 나를 속이고 다음을 속여야 하는
것이요, 너희는 나를 속이는 두려움을
모르며 너희는 나로부터 명을 받지 못
하기 때문이니라.
46 나의 아들이 잘못했을 때 나는 나의
아들에게 그 잘못한 것을 하나하나 엄
히 다스리며 그를 시정하도록 하며,
두 번 다시 그와 같은 일을 하지 못하
도록 깨우치며 가르침이니,
47 과연 너희가 나로부터 직접 깨우치며
가르침을 받는가?
48 그러니 너희는 우선 나를 생각지도 아
니하며 나를 속이는 것을 두려워하지
도 아니하며 겁먹지도 않는 것이 아니
던가?
49 그러니 너희는 너희 자신을 속이며 너

희 제자들을 속이고 하루하루를 살아
가며,
50 강론하고 설교할 때 재물을 거둬들임
으로써 너희는 만족하며 그것을 위하
여 살아가는 자이나, 나의 아들은 그
제자를 속이려도 하지 아니하며 저 자
신을 속이려 하지도 못하는 것이니라.
51 그는 나를 속일 수 없기 때문이요, 내
가 그를 보고 있기 때문이니라.
52 나를 그는 속일 수가 없기에 감히 나
를 속이기 전에 그 제자를 속여도 소
용이 없으며, 저 자신을 속여도 그는
아무것도 이루어질 수 없으며 역사할
수 없다는 것을 알기 때문에,
53 자신을 속이려 하지 아니하며 제자를
속이지 않으려고 발버둥치며, 위로는
나를 속이려 하지 않으려 함이니, 속
일 수 없는 것을 그는 알고 있음이니
라.
54 그러나 너희도 과연 그리 살아가는가?
55 너희는 나를 속이는 것을 두려워하지
아니하며,
56 나는 보이지 아니하니 너희가 속이는
것은 아무것도 아니라 생각하는 것이
종교 집단이요, 지도자 너희가 행하고
가는 길이 아니던가?
57 그리하여 너희는 너희 자신을 속이면
되는 것이며, 너희 신도를 속이며 눈
가림을 하고 가면, 너희는 그저 유능
한 종교 지도자요, 대우받는 자요,
58 그저 '옳소, 맞습니다!' 그 제자들이
아우성침이니, 이것이 너희와 나의 아
들과의 차이임을 너희는 알아야 할
것이니라.
59 나의 아들은 그 제자를 속이지 못하며
저 자신을 속이지 못함이니라.
60 그는 나를 속일 수 없기 때문이요, 그
는 나를 속이지 못하기 때문이니라.
61 그는 그 제자를 속이려 하면 나를 속
이고 해야 할 것이며, 그는 저 자신을
속이려 하면 나를 속여야 함이니,
62 그는 눈물로써 기도하며 눈물로써 경
배하며 말없이 경배하고 기도하느니
라.
63 다만, 내가 명했을 때만 그것을 행하
고, 명하지 않았을 때는 어떠한 것도
행하지 아니하고자 함이니,
64 이것이 너희와 나의 아들과의 차이점
이니, 바로 나의 아들은 나에게 올 수
있는 자격을 갖춘 자요, 너희는 예비
자로서 시험을 거쳐야 온다는 그 엄연
하고 무서운 사실의 차이점을 알아야
할 것이니라.
65 내가 나의 아들의 그와 같은 위상을
알려 주는 것은 무엇이던가?
66 내가 나의 아들이라 부르니, 너희와
같은 형제라 생각하며 성령을 받아 기
록하는 것이 인간으로서 누구나 다 할
수 있는 일이라 너희가 그리 생각할
것이니라.
67 그리하여 너희 마음을 깨우쳐 주고자
함이니,
68 나의 성령을 직접 받는 것은 나의 아
들 예수요, 지금 나의 아들밖에는 받
을 수가 없다는 것을 너희는 알라.
69 받는 나의 아들은 내 곁에 올 수 있는
자격을 가지고 있는 자요, 그 명을 가
지고 간 나의 아들이라는 것을 알라.
70 반드시 그는 천사와 같이 살아가며 천
사와 같이 역사할 것이니라.

71 그리하여 모든 종교 집단이요, 지도자
너희와 차이점이 있음이니라.
72 그는 나를 속일 수 없으며 나를 속이
는 것이 목숨보다도 더 무섭고 두려움
을 알기에, 그리하여 제자들을 속이려
하지 아니하며 자신을 속이지 아니하
려 발버둥치고 사는 삶을 사나,
73 너희는 제자를 속이며 너희 자신을
속이고 사는 것으로써만 너희는 위대
한 삶을 살았다 하여 업적을 남기고자
하는 것이며,
74 나의 두려움을 모르며, 내가 너희에게
얼마나 무서운 존재이며, 내가 너희가
행하는 것을 보고 있다는 것을 모르며,
75 너희가 나를 속이고 만백성을 속여야
한다는 것을 모르기 때문이요,
76 내가 또한 너희에게 잘못하는 것을
가르치지 아니하며 내가 너희에게 시
정하도록 명령을 내리지 아니함이니,
너희는 내가 존재함을 모르고 있기 때
문이니라.
77 그러나 나의 아들은 스스로 잘못했을
때 내가 그에 대해 체벌을 하며 그에
게 명을 하며 고칠 것을 내가 바로 그
에게 명함이니,
78 그는 두려움을 알며, 내가 있기에 그
무엇도 속이지 못하며 속이려 하지 않
는 것이 너희와 나의 아들과의 하늘
과 땅의 차이라는 것을 알아야 할 것
이니, 제자 너희 또한 그를 알아야 할
것이니 그리 알라.

6,682 번째 하나님 말씀

2003년 7월 11일 0시 33분

1 사랑하는 나의 아들아!
2 "네, 아버님! 말씀하옵소서."
3 네가 깨우치고 깨달아 가는 길은 너는
영원히 가야 할 것이며 네가 역사해
야 할 것이니라.
4 그리고 너는 천사와 같은 마음으로써
바로 서야 할 것이며, 이제 3단계의
훈련을 시작하여 4단계의 훈련까지
돌입해야 할 것이니라.
5 네가 육을 가지고 세상에 나가 육으로
써 세상에 나가 살며 육으로써 인간관
계를 맺어 온 그 삶을 60평생을 살아
온 자가 아니던가?
6 그리하여 네가 스스로 육을 다스리기
가 어렵고 네 마음을 다스리기가 정녕
어렵거든,
7 어렵고 힘든 그 길을 말없이 따라오는
너의 제자들을 바라보면서 네 마음을
다스리고 달래 가야 함을 잊지 말라,
사랑하는 나의 아들아!
8 말없이 따르는 너의 제자들이요, 순종
하는 제자들이요, 어렵고 힘든 고통의
길을 그들은 묵묵히 너를 받들어, 네
가 역사하는 것, 이는 곧 160권의 법
전을 세상에 내보내 만백성을 구하는
것보다 위대한 것이 없다 하여,
9 어렵고 힘든 그 길을 말없이 따라오는
그 제자들을 네가 바라보면서 네 마음
을 스스로 달래 가며 너 자신을 지켜
가야 하며,
10 네가 모든 잘못되는 것은 뜨거운 물에
손을 넣다 빼는 것처럼 모든 사악한

것이요, 도덕적이 아니요, 또는 선함
이 아니거든 네가 그 마음을 그리 돌
리는 삶을 살아야 할 것이니라.
11 다만, 네가 한 점의 부끄럼이 없는 삶
을 살도록 그리하라.
12 네가 말없이 따르는 너의 제자들을 사
랑하며 그들을 위하여 역사하고자 한
다면,
13 네가 나에게 그들을 위하여 기도하는
것이 아니요, 네가 한 점의 부끄럼이
없는 삶을 살라.
14 그 길만이 네가 그들을 위하는 길이
요, 그들을 사랑하는 길이라는 것을
잊어서는 아니 될 것이니 그리 알라.
15 이제 네가 너의 제자들을 사랑함은 그
와 같은 마음으로 사는 것을 절대 잊
지 말라, 사랑하는 나의 아들아!
16 정녕 육의 세상에서 네가 마음을 바로
잡지 못하거든 너를 말없이 따르는 그
제자들의 이름을 하나하나 부르며, 그
이름 앞에 네가 그들을 위하여 바로
가겠다는 약속을 하며 언약을 하면,
17 네가 십계명 앞에 맹세하는 것보다도
더 네 마음이 안정되며 자리를 잡을
수 있을 것이니 그리하라, 사랑하는
나의 아들아!
18 그들을 생각하며 살도록 하라.
19 모든 지도자는 무엇이던가?
20 그들을 따르는 백성을 위하여 사는 것
이며 그들을 먼저 생각하는 것이 믿음
이니라.
21 그리고 하늘에 오르는 길이니라.
22 모든 종교 집단의 지도자들이 저를 따
르는 신도들을 먼저 생각하며 그 백성
을 먼저 사랑하는 마음을 가지고 산다
면,
23 오늘과 같이 말세요, 종말이요, 험악
한 세상은 되지 않았을 것이니라.
24 이제 너는 너를 따르는 그 제자들을
위한 삶을 살며 그들을 위하여 사는
삶을 살라.
25 그리 살다 보면 네가 그들에게 가장
큰 선물은 무엇인 줄 알겠는가?
26 하늘을 향하여 한 점의 부끄럼이 없는
삶을 사는 길, 그 길만이 네가 그들을
위로하는 것이며, 그들에게 은혜를 주
는 것이며, 그들이 너를 따르는 그 모
든 것에 보답하는 길이라는 것을 잊지
말고 살도록 하라, 사랑하는 나의 아
들아!

6,683 번째 하나님 말씀

2003년 7월 11일 0시 42분

1 사랑하는 나의 아들아!
2 "네, 아버님! 말씀하옵소서."
3 아름다운 마음을 가지고 살며 나의 계
명대로 지키며 살고자 하는 백성, 그
리고 나의 법전대로 지키고 살고자 하
는 백성은,
4 너희가 눈 위에 눈을 굴리면 그것이
늘어나듯이 너희가 지킬 수 있는 능력
과 힘이 늘어나며 배로 증가함이니라.
5 그리하여 너희는 천사와 같이 변화될
수 있으며 천사와 같은 삶을 살 수 있
다는 것을 너의 제자들에게 자신을 심
어 주며 용기를 주도록 그리하라.
6 너희가 눈 위에 눈을 굴리면 처음에는
작으나 굴리면 굴릴수록 크게 뭉쳐지
듯이,

7 너희가 나의 법전대로 살고자 노력하
며 나의 계명대로 지키고 살고자 진심
으로 노력한다면, 하나를 지켰을 때
덤으로 두 개요, 상으로써 네 개가 내
려짐이니,
8 그리하여 눈덩이가 불어나듯이 너희
가 바로 선한 것이요, 나의 법전을 지
키고 가는 길이 있음이니라.
9 그리하여 너희가 조금 단계를 넘기
시작한다면 모든 것에 스스로 일어설
수 있음을 알아야 할 것이니라.
10 너희가 십계명을 지키는 것, 나의 법
전을 지키고 사는 것, 그 모두는 걸음
마를 걷는 아이가 성장하는 것과 똑같
음이니 그리 알라.
11 처음에는 엎치지도 못하는 아이가 크
면서 엎치며 또 기기 시작하며 걷고
달리지 않더냐?
12 그와 같이 너희에게 탄력이 붙는 것
이며 힘이 붙는 것이며,
13 그와 같이 너희가 하나를 깨우쳤을
때 나 여호와가 서너 개씩 너희에게
상을 내려 줌이니, 나의 법전대로 지
키는 것이 아무것도 아님이니라.
14 그리고 너희가 십계명을 지키는 것
또한 아무것도 아님이니라.
15 너희를 내가 세상에 내려보내 모두를
다 주었음이니, 너희는 어떤 것이더냐?
16 백 년도 못 사는 삶이 나의 백성이 아
니더냐?
17 너희는 영원히 내가 부른 손님이요,
내가 초대한 손님이라 생각해도 잘못
됨이 없음이니라.
18 아래로는 너희가 나의 아들딸이나, 내
가 만든 이 강산의 잔치에 참여하며,
잔치에 부른 백성이라는 것을 알라.
19 이 지상을 내가 만들어 놓고 너희를
이 세상에 살게 만들어 놓았음이니 그
게 무엇이더냐?
20 곧 이는 너희가 육의 나의 아들딸이
라 하나, 내가 만든 지상의 잔칫집에
너희를 초대한 것이요, 내가 초대한
손님이라 너희가 생각하면 될 것이니
라.
21 그러니 손님으로서 온 자들이 어찌하
여 그 주인이 말하는 뜻을 듣지 아니
하며 주인이 베푸는 것을 그대로 받아
들이지 아니하며 감사하는 생각을 하
지 않는가?
22 너희는 주객이 전도된 그와 같은 행위
를 하고 살고자 하는 것이니라.
23 너희는 내가 만든 이 지상 낙원의 잔
칫상에 생명을 주어 나의 아들딸로서
불렀으나, 너희는 나로부터 초청받은
자요, 나로부터 불려 온 손님이니라.
24 백 년도 못 살다 죽는 너희가 영원히
지속되는 나의 집에 와 백 년 동안 사
는 것은 잠깐 손님으로 온 것이나 마
찬가지거늘,
25 어찌하여 주인이 십계명을 지키며 같
이 즐기자 하는 것을, 주인이 원하는
그 몇 가지의 계명을 지킬 수 없다 그
리하면 너희가 망발이 아니더냐?
26 주인이 너희가 벗은 신발은 어디에 두
며, 너희가 벗은 옷은 어디에 두며, 너
희가 앉을 자리는 어디며, 이와 같이
정해 줘 질서정연하게 너희를 안내하
거늘,
27 신을 벗지 아니하며 옷을 벗지 아니하
며 그저 이 상 저 상 가서 마음대로 앉

으며 설치고 다닌다면, 그게 망령된
것이며 그 잔치를 망치는 것이 아니더
냐?
28 너희는 나 여호와가 백 년 동안 초대
한 손님으로서, 백 년 동안 살면서 열
손가락에 해당하는 열 가지 계명을 지
켜 달라고 내가 부탁한 거나 마찬가
지거늘,
29 이를 지킬 수 없다고 말하는 것은, 손
님이 주인의 뜻을 어기며 제가 주인인
양 망령된 행위를 하는 것이 아니더냐?
30 너희는 내가 지키고 살라 내린 나의
계명을 지키지 않는 것은 너희가 나
를 망령되게 만드는 것이며, 너희가
행동을 그와 같이 하는 것이니, 너희
는 이 이치를 깨달아야 할 것이니라.
31 그렇다면 너희가 어찌 행해야 할 것
이며, 어찌 처신해야 할 것이며, 살아
야 할 것인가를 알 것이니라.
32 잔칫상을 차린 그 주인을 망령되게 만
들며, 너희 자신이 망령된 행동을 하
여 그 모두를 다 엎어 놓는 그와 같은
행위를 해서는 아니 됨을 잊지 말라,
사랑하는 나의 아들딸들아!
33 너희 인간이 살아가는 것도 가장 잘못
된 것이 무엇이며 나의 뜻을 거역하는
것이 무엇인 줄 알겠느냐?
34 내가 너희에게 말하였느니라.
35 교회라는 것을 너희가 짓고 성당이라
는 걸 짓고 법당이라는 걸 짓는 것, 그
모두를 화려하게 이 세상에 짓고자 역
사하며 그를 위하여 너희가 몸부림침
이니라.
36 그러나 너희는 교회라는 것이요, 성당
이요, 법당이요, 나를 경배한다는 회
당이요, 그 짓는 것은 육으로 보이는
집으로서 짓는 것이 아니며 그 집을
지으라는 것이 아님을 너희는 알아야
할 것이니라.
37 내가 너희에게 교회를 지으라 하며 성
당을 짓고 법당을 짓는다 하면, 그것
은 다 너희 마음속에 짓는 것이며 마
음속에 이루는 것이니라.
38 마음속의 교회가 더 위대하고 큰 것이
며, 마음속의 성당이 더 큰 것이며, 마
음속에 있는 법당이 더 위대한 것이
며, 마음속에 있는 성막이 더 위대한
것을 너희는 알아야 할 것이니라.
39 내가 너희에게 지으라 하는 것은 이
세상에 나의 아름다운 성전에 내가 만
든 지상에 그와 같은 건물을 지으라는
것이 아니요,
40 백 년 동안 나에게 온 손님으로서 나
의 아들딸로서 너희 마음속에 그와
같은 성전을 짓고, 그와 같은 의미를
깨달으라는 것이니라.
41 내가 성전을 너희 마음속에 지으라는
그것은 무엇을 의미하며 너희에게 무
엇을 깨우쳐 주는 것인가를 알겠느냐?
42 이는 곧 마음속에 성전을 짓는 것은
참진리요, 참다운 인간의 삶의 도리
요, 하늘에 오르는 그와 같은 이치를
깨우쳐 주는 것이 바로 너희 마음속에
성전을 짓는 것이요, 교회를 짓는 것
이라는 것을 잊지 말라.
43 마음속에 짓는 교회가 위대함을 알라.
44 너희가 이 세상에 선으로 그득히 차는
것이나 너희 마음에 선으로 한 사람이
그득히 차는 그 마음이나 그 비중이
같다 한 그 의미가 거기에 있음을 너

희는 알아야 할 것이니라.
45 나의 아들이 너희에게 뭐라 전하였느냐?
46 나의 아들은 그리 말하였느니라.
47 하늘에 있는 별을 따 너희가 사랑하는 여인의 가슴에 전해 주며 하늘에 있는 달을 따 연인의 가슴에 너희가 안겨 준다 그리 말하는 것보다도 더 소중한 별과 달이 어디에 있다 하였더냐?
48 너희 자신의 마음속에 있는 별과 달을 따서 그 가슴에 안겨 주고 달아 주는 것보다 더 위대한 것이 없다고 내가 너희에게 그리 말하지 아니하였더냐?
49 바로 그 뜻을 너희는 깊이 새겨들어야 할 것이니라.
50 교회를 지으며 내 집을 짓는 그 모두는 너희 마음속에 내 집을 지으며 나의 교회라는 것을 지으면 되지, 너희가 육으로써 그와 같이 만들어 놓는 것이 아님을 알아야 할 것이니라.
51 나 여호와는 너희 마음속에 짓는 성전을 원함이니라.
52 너희 마음속에 짓는 교회를 원함이니라.
53 너희가 마음속에 성전을 짓고 너희 마음속에 교회를 짓는다면, 거기에는 경건함이 있으며 참진리를 공부함이 있는 것임을 알아야 할 것이니라.
54 외형적으로 보이는 것이요, 형식적인 교회를 지으라는 것이 아니니라.
55 너희가 지은 성전이요, 너희가 지은 교회라는 것은 나 여호와와는 아무런 관계도 없는 것이니,
56 그와 같은 행위에서 너희가 믿음을 갖고자 하는 것은 다 지옥으로 가는 길을 간다는 것을 잊지 말라.
57 사랑하는 나의 아들딸들아! 이제 너희는 나의 뜻을 알겠느냐?
58 모두 너희 마음속에 교회와 회당을 짓도록 그리하라.
59 그것이 나 여호와에게 가장 큰 기쁨이요, 내가 너희에게 내린 상에 대한 은혜에 보답하는 길이라는 것을 잊지 말라.
60 마음속으로 짓는 것이요, 너희가 물질적으로 남에게 재물을 거둬들여 그와 같이 짓는 것이 아님이니라.
61 남들이 벌어 놓은 어렵고 힘든 그 재물을 그저 거둬들여서 더 큰 것, 더 위대한 것을 짓고자 하는 그와 같은 교회요, 회당이요, 성전을 지으라는 것이 아님을 알라.
62 마음속의 성전이요, 마음속의 교회요, 마음속의 법당이 더 위대한 것이라는 것을 알라, 사랑하는 나의 아들딸들아!
63 그 위대한 성전을 지으라 함이 나의 뜻이니라.

6,684 번째 하나님 말씀

2003년 7월 11일 0시 52분

1 사랑하는 나의 아들아!
2 "네, 아버님! 말씀하옵소서."
3 나 여호와가 나의 아들을 통하여 성서에 기록하여 너희에게 일찍이 깨우쳐 주지 아니하였더냐?
4 '하늘은 나의 보좌요, 땅은 나의 발등상'이라 내가 너희에게 말하였으니, 그 뜻을 너희는 모르느냐?

5 하늘에 존재하는 모든 천사요, 그 모
두는 나 여호와가 역사하는 그 보좌의
역할을 하는 것을 위해 다 존재하며,
6 땅은 내가 바로 무엇이라 말하였느냐?
7 나의 발등이라 그리 말하였음이니, 내
신체의 일부라는 말이 아니던가?
8 그러니 인간 너희가 나를 위하여 지
금 무엇을 이루고 있느냐?
9 너희는 더 큰 성전이요, 호화로운 성
전이요, 교회요, 성당이요, 법당이요,
회당이요, 그를 수없이 짓고 있음이
니, 그는 과연 어디에 짓고 있는 것인
가?
10 이 지상이 나의 발등이니, 나의 발등
에 너희가 망치질하며 거기에 못을
박는 그와 같은 행위가 아니더냐?
11 내가 나의 아들을 통하여 뭐라 말하였
느냐?
12 이 지상의 모두는 나 여호와가 만든
성전이요, 너희는 이 성전에서 기도하
고 경배하면 된다 말하였음이니,
13 이는 곧 하늘과 지상이 연결되었다는
의미가 아니더냐?
14 위로는 하늘에 내가 존재하며 나의 발
등은 지상에 있으니, 하늘과 지상이
연결되어 있다는 그 뜻이 아니던가?
15 너희는 하늘과 땅의 그 모두가 다 나
의 품 안에 있으며 내가 역사하는 곳
에 있다는 것을, 그 의미의 깊음을 알
아야 할 것이니라.
16 하늘에 있는 모두는 나의 보좌요, 땅
은 나의 발등상이니, 지상과 하늘에
내가 존재해 연결해 있으며,
17 지상이 나의 발등이라 했으니 나의 발
등 안에 모두가 다 이루어짐이니, 나
의 뜻에서 이루어지며 나의 계획하에
이루어진다는 것을 알아야 할 것이니
라.
18 그러나 나의 발등 위에 너희가 회당
이요, 성전이라는 것을 지으며 그곳에
와서 기도하고 경배하면 구원을 받는
다 그리 말하며 너희가 그 백성을 속
일 수 있으나,
19 너희는 나를 얼마나 기만하고 욕되는
행위를 하고 있느냐?
20 너희가 나의 발등 위에 그 교회요, 성
당이요, 성막이요, 회당이라는 것을
지어 놓고,
21 거기에 내가 와 휴식하고 안식하며 안
식일을 내가 거기서 쉬며 그와 같이
내가 역사하는 곳이기 때문에, 더 크
게 아름답고 성대하게 그리 꾸며야 한
다면서 나의 피조물 만백성으로부터
그 많은 재물을 거둬들이고 갈취하여
남용함이니,
22 너희는 어찌하여 내가 거기에 들어갈
수 있단 말이더냐?
23 나의 발등 위에 너희가 지은 집에 내
가 어찌 들어갈 수 있단 말이던가?
24 너희 인간사에서도 한번 계산을 두고
생각을 해 보라.
25 내가 서 있는 발등 위에다 무엇인가를
지으면서 내가 그 속에 들어와 휴식하
며 그곳에 와 잠을 잔다고 말하면,
26 과연 내 발등 위에 너희가 지은 것이
나를 통제하는 것이냐, 너희가 발등
위에 지은 것을 내가 통제하는 것인가?
27 이와 같은 이치를 깨우친다면 너희가
오늘날 얼마나 어리석은 짓이며 무모
한 짓을 하며 나를 기만하며, 하늘을

속이면서 나의 피조물 만백성에게 사
악한 행위를 하고 있는가, 그 자체를
너희는 알아야 할 것이니라.
28 이제 사랑하는 만백성 너희는 알아야
할 것이니라.
29 이 지상이 나의 발등이라면 너희가
나의 발등에다 아무리 짓고 짓는다 해
도 나의 발등에서 존재하며 내 발등의
일부밖에 더 차지하겠느냐?
30 나의 발등 일부밖에 차지 못하는 그
성당이요, 교회를 지어 놓고 내가 거
기에서 안식일을 지키며 내가 거기에
서 휴식하며,
31 나 여호와가 휴식하기 위하여 너희가
더 큰 집, 더 위대한 것을 지어야 한다
하며, 나의 피조물 만백성에게 수단
방법을 가리지 않고 재물을 갈취하고
거둬들이니,
32 아무리 크게 지은들 내 발등을 덮을
수도 없는 그와 같은 것이거늘, 어찌
하여 너희가 나 여호와 전체가 거기
에 들어가서 휴식을 한다고 그리 말
하며 나의 백성을 우롱하느냐?
33 너희 인간사에서도 그러할 것이니라.
34 네 발등 위에 아무리 짓고 짓는다 해
도 네가 들어갈 수 없으며 네 발등에
들어갈 수 없을 것이니, 그가 너를 지
배하지 못할 것이니라.
35 발등 위에 있는 것은 네가 마음대로
지배하고 다스릴 수 있지 않은가?
36 그러니 나를 기만하여 너희가 짓는
것이 죄의 온상이며, 죄의 기본의 뿌
리요, 죄의 기초가 된다는 것이 너희
가 지은 교회라는 곳이라 내가 말함이
니라.
37 이와 같은 이치를 깨닫고도 이것이 사
탄이 하는 이야기요, 마귀가 하는 이
야기라 하며, 나 여호와의 진리에 너
희가 눈을 뜨지 못하며 귀를 열지 못
한다면, 그와 같은 죄의 대가는 너희
스스로 받아야 할 것이니라.
38 그렇다면 성서에 있는 것을 한 자도
빼도 안 되며 한 획도 고치지 말라 하
였음이니,
39 하늘의 모든 천사요, 그 모두는 다 나
여호와가 역사하고자 하는 그 정신적
인 보좌 역할을 하는 자요, 보좌라는
것이 무엇이냐?
40 나를 받들어서 일하는 자들이니 천사
들이니라.
41 그리고 아래로 땅의 모든 것은 땅은
다 나의 발등상이라 했으니 내가 딛고
서 있는 형국이 아니더냐?
42 나 여호와가 서 있는 그 발등 위에 무
엇을 역사하여 나를 휴식하게 한다 하
여 나의 피조물 만백성을 고통스럽게
그리 이끌어 가며 거기에 오는 자는
하늘에 오르는 길이라 그리 가르침이
니,
43 그 모두가 너희가 얼마나 사악한 행
위를 몇천 년 동안 해 왔는가?
44 이를 내가 바로잡고 바로 깨우쳐 주고
자 하는 것이 나 여호와의 뜻이니라.
45 나의 발등 위에 집을 지음이니, 너희
는 나에게 고통만 더하게 하는 것이며
나를 고통스럽게 만들고 있음을 알아
야 할 것이니라.
46 이 세상의 모두는 내 손으로 만들어졌
으며 내가 역사하지 아니한 것이 없으
며 내가 주관하지 아니하는 것이 없거

늘,
47 그대로 내가 주관하여 만드는 그 속에
서 너희는 인간의 삶을 누리고 살면
되는 것이거늘,
48 그 속에 너희가 나의 안식처를 주며
내가 거기에 와 휴식할 수 있는 공간
을 만들기 위해 모두를 다 바친다는
그와 같은 허무맹랑한 방법으로써 나
의 피조물 만백성을 더 우롱하며 그들
을 너희가 이용하며 그들을 마음대로
희롱하지 말라.
49 그리고 종과 같이 부려 먹지 말라.
50 안식을 하기 위해서 그와 같이 짓는다
는 자는 사악한 자며, 그를 빙자하여
재물을 거둬들이는 자라는 것을 잊지
말 것이며,
51 그와 같은 자에게 재물을 갖다 바치는
자, 또한 그 죄가 더하니, 이는 너희가
재물로써 구원을 받는다는 그 영광의
표를 사고자 하는 욕심의 근원의 뿌리
에서 발생하기 때문이니, 너희 죄가
더 가중하다는 것을 알라.

6,685 번째 하나님 말씀

2003년 7월 11일 01시 03분

1 사랑하는 나의 아들아!
2 "네, 아버님! 말씀하옵소서."
3 내가 너희에게 일찍이 깨우쳐 전하였
느니라.
4 너희는 육으로 보이는 죽음이 아니요,
영적인 죽음에서 거듭나는 그와 같은
삶을 사는 것이 중요하며,
5 그곳에서 너희가 다시 태어나는 삶이
영광이요, 축복이요, 나의 아들딸로서
영원히 내 품에 너희가 나와 더불어
산다 내가 그리 말하지 아니하였느냐?
6 그 소중한 뜻을 너희는 알겠는가?
7 나 여호와는 너희에게 일찍이 가르쳐
주었으며 깨우쳐 주었음이니라.
8 이를 들어 어찌 너희 것으로 만들고
안 만드는 것은 너희에게 달렸을 것
이니라.
9 나의 안식처요, 나의 성령이 임하는
것은 너희가 지금 육으로 지은 그와
같은 건축물의 크기와 화려함에 있는
것이 아니라는 것을 내가 나의 아들에
게 전하여 너희에게 깨우쳐 주었음이
니라.
10 그러나 모든 종교 집단 그들이 얼마나
어리석은 백성이더냐?
11 저희 손으로 짓는 그 화려한 건축물이
요, 더 호화로운 그 건축물 속에 나 여
호와가 안식처로써 찾아가며 나의 성
령이 그곳에 임한다며 지금 나의 피조
물 만백성에게 그리 가르침이니, 정녕
그들은 그를 믿고 역사함이니라.
12 그러나 내가 지상이 무엇이라 말하였
느냐?
13 그 모든 지상은 나의 신체 일부인 발
등이라 했던 것을 너희가 깊이 깨우
치며 그 의미를 알도록 그리하라.
14 사랑하는 나의 아들딸들아!
15 영적인 교회요, 회당을 말하는 것이라
는 것을 내가 일찍이 깨우쳐 주지 아
니하였더냐?
16 너희가 화려하게 짓는 것, 눈으로 보
이는 것, 가시적인 그와 같은 건축물
로써는 나의 성령이요, 나의 안식처가
절대 될 수 없다는 것을 너희는 꼭 깨

우쳐야 할 것이니라.
17 내가 쉬고자 하는 안식처요, 나의 성
령이 임하고자 한다면, 나의 마음속에
간직하는 그 영적인 깨달음이요, 영적
인 교회만이 너희에게 성령이 임하며
나의 안식처가 될 수 있다는 것을 잊
지 말라.
18 나의 계명이요, 나의 뜻에 따라 살며
그 모두를 가슴에 간직하는 것만이 내
가 안식할 수 있으며 쉴 수 있다는 것
을,
19 그곳이야말로 가장 아름다운 교회요,
회당이요, 나의 안식처라는 것을 절대
잊지 말라.
20 나의 안식처는 너희 마음속에 있음이
니라.
21 너희 마음속에 짓는 교회요, 회당이라
는 것을 정녕 잊어서는 아니 됨을 알
아야 할 것이니라.
22 보이지 않는 세상이 있다는 것을 내가
너희에게 깨우쳐 주지 아니하였더냐?
23 보이지 않는 다음의 세상이 있듯이 가
장 아름다운 교회라는 것은 보이지 않
는 네 마음속의 교회임을 잊지 말라,
사랑하는 나의 아들딸들아!
24 모든 종교 집단이요, 지도자요, 그 신
도들이 이를 모르고 있음이니라.
25 그저 손으로 역사하는 것, 물질로써
역사하는 것, 그저 저희 손으로 크게
지은 건축물을 호화롭게 꾸미는 것,
26 거기에 무엇이 있다 생각하며, 거기에
무슨 정성이 있으며, 거기에 무슨 사
랑이 있으며, 거기에 무슨 믿음이 있
단 말이더냐?
27 서로 이용하기 위해서 거둬들인 것이
며, 서로 구원을 받기 위하여 장삿속
으로 바친다 하여 역사한 그 추한 모
습 외에는 아무것도 없음이니라.
28 너희가 서로 주고받고 이해관계에 의
해 나의 발등 위에 성막이라는 것을
지어 놓고, 그곳에 와 내가 안식한다
는 그와 같이 어리석은 말,
29 거기에 눈이 어두워 나의 발등에 교회
라는 것, 성당이라는 것을 지어 대못
을 박고 돌부리를 박는 그것을 역사하
고 그를 돕는 자,
30 거기에 모두를 다 바치는 자는 나의
발등에 지금 망치로 못을 박는 그 죄
를 짓고 있다는 것을 잊지 말라, 사랑
하는 나의 백성들아!
31 신도라는 자들은 정신을 차리며 깨달
음을 얻어야 할 것이니라.
32 너희는 나 여호와를 경배하며 나의 품
에 온다 하며, 그리고 하늘에 오르는
길을 오는 그 삶을 위하여 갈급하며
모두를 다 바친다는 자들이 어찌하여
나의 발등에 대못을 박고 돌부리를 박
으며 나에게 그 사악한 짓을 하며 나
에게 오를 수 있다고 생각하는가?
33 내 발이 너무 아픔을 너희는 생각해
보라.
34 이 온 천지에 교회라는 쇠말뚝을 박으
며 돌을 박은 것이 얼마나 많은가?
35 그만큼 나의 발등에 상처를 낸 것이
너희라는 것을 잊지 말라.
36 이제는 너희는 보이지 않는 마음속에
교회를 짓도록 그리하라.
37 그리하여 그들의 문을 다 닫고자 함이
니 그리 알라.
38 그리하여 육의 삶에서 거듭나는 것만

이 너희가 나에게 오르는 길이니,
39 이제 내 발등에 못을 박으며 돌부리를
박은 그와 같은 것을 다 철거하며 뽑
아내는 데 너희가 그 역군이 되며 전
사로서 그를 다 부수는 것이 너희가
해야 할 길임을 알라.
40 그를 뽑아내는 것이 나의 발등의 고통
을 덜어 줌이라는 것을 잊지 말라.
41 너희가 나의 발등 위의 대못을 빼며
돌부리를 빼 줌으로써 나 여호와가 고
통에서 벗어난다면,
42 너희가 과연 주저하며 쉴 시간이 어디
에 있으며 멈출 시간이 어디에 있는가?
43 이것이 너희가 이루어야 할 일이며
내가 너희에게 거는 기대임을 잊지
말라, 사랑하는 나의 아들딸들아!
44 나에게 오르는 길이 무엇인가를 이제
는 깨닫지 아니하였던가?
45 너희의 어리석음 때문에, 욕심이라는
것 때문에 모든 종교 집단이요, 지도
자들이 그와 같이 존재하며 나의 뜻과
는 전혀 관계없는 외형적인 성장과 그
성장으로 인하여 엄청난 재물을 거둬
들이며, 또한 너희가 뭐라 말하느냐?
46 너희가 재물을 많이 거둬들여 온 세상
을 부흥시키며 나의 복음을 전하며 그
역사를 하는 것이 참진리요, 나의 뜻
이요, 하늘에 오르는 길이라 너희가
그리 부르짖고 나의 백성으로부터 재
물까지 거둬들임이니,
47 사탄도 이보다 더 사악한 사탄은 없음
을 알아야 할 것이니라.
48 이제는 너희가 눈으로 보이는 믿음에
열광하는 그와 같은 믿음으로써는 아
니 됨이니, 거듭나는 역사를 스스로
개척하도록 그리하라.
49 너희가 진리를 뒷전으로 지금 밀어붙
였음이니라.
50 그저 눈으로 보이는 그 영광을 위하
여, 눈으로 보는 그 위대한 건축물을
위하여 참진리요, 나에게 오르는 그
모든 뜻을 너희가 뒷전으로 다 집어던
져 놓고,
51 부패와 부정에 병들어졌으며 이제는
병들어 썩어져 가는 그와 같은 형국이
니,
52 너희가 지금 하고 있는 그 행위가 썩
기 시작하였으니, 그 썩은 냄새가 하
늘까지 진동하며 하늘을 오염시키기
직전이라는 것을 알라.

6,686 번째 하나님 말씀

2003년 7월 11일 01시 12분

1 사랑하는 나의 아들아!
2 "네, 아버님! 말씀하옵소서."
3 수천 년 동안 그 종교 집단이 믿음의
길을 흘러오면서 과연 어떠한 길을 왔
는가?
4 그들은 재물과 물질의 그 모두를 거둬
들이는 데 연연하다 보니 참진리는 깨
우치지도 못하며,
5 이제는 그들이 부패할 대로 부패해졌
으며 썩을 대로 썩은 그와 같은 형국
이 지금 되어 있음을 너희는 알아야
할 것이니라.
6 진리와 영적인 성장이 변질하고 변화
되어 부패하고 병든 자들끼리 모여 서
로 아귀다툼을 하는 것이 그들의 추
한 모습임을 너희는 알아야 할 것이

니라.
7 교파 간에 서로 그 명칭을 붙이니, 교
파 간에 성씨를 하나씩 만들어 제 교
파 앞에 붙여 놓고 지금 사치와 부패
속에서 재물을 갈취하는 그와 같은 것
을 일삼는 것이 그들이 지은 교회요,
죄의 온상이니라.
8 그러면서 교파 간에 서로 시기하고 질
투하며 모이면 논쟁하고 싸우며, 모이
면 파벌 짓는 것이 지금의 종교 집단
이요, 지도자들이 가는 것이 아니던가?
9 그들이 모이면 파벌 싸움이요, 모이면
논쟁하며 서로 질투하는 것이 무엇이
더냐?
10 거기에 정녕 사랑이 있으며 서로 용
서함이 있더냐?
11 그리고 나의 아들이 죽어 가면서까지
그 목숨을 끊어 가는 '그들을 용서하
여 주옵소서.'하고 기도했던 그와 같
은 사랑이 과연 거기에 있다더냐?
12 거기에서 무엇을 찾을 수 있다더냐?
13 나의 아들의 죽음이 무엇이더냐?
14 사랑을 근거함이며 나 여호와의 사랑
이 무엇인가를, 내가 사랑하는 것을
만백성에게 보여 주고자 했던 그 뜻이
거늘,
15 과연 너희가 교파 간에 서로 질투하
고 시기하며 모이면 논쟁하고 싸우며
파벌싸움을 벌이는 그곳에 사랑이 있
단 말이던가?
16 너희가 정녕 교파 간에 시기하고 질투
하지 아니하며 논쟁하지 아니하며 파
벌싸움을 하지 아니한다면,
17 나 여호와가 지금 내리는 나의 법전이
모두 거짓이라며 이를 태워 버리며 정
녕 이는 사탄이요, 마귀가 하는 길이
라 해도 내가 말하지 아니할 것이니라.
18 그러나 그 추하게 수없이 논쟁하는 너
희의 모습은 보지 못할 정도로 사악한
행위라는 것을 나는 보고 있음이니라.
19 너희가 네 믿음은 깨끗하다 하며 삿대
질하며 멱살 잡으며 언성 높이며 고
성을 지르며,
20 나의 성전이라 하여 너희가 구원한다
하며 만백성을 구원한다는 그곳에서
정녕 파벌싸움은 하지 않는가?
21 너희끼리 파벌 싸움을 하며 또 교회의
명칭에 성을 붙인 이웃과 서로 싸움을
하니, 그것은 무엇이던가?
22 성씨를 붙여 놓은 종교 지파가 서로
교세를 확장하기 위하여 그 추한 모습
으로 서로 아귀다툼을 하고 있는 것이
아니던가?
23 서로 교세를 확장하는 것이 하늘에 오
르는 길이요, 만백성을 구원하는 길이
라 그리 가르치고 있음이니,
24 그리하여 교세를 확장하려고 온갖 수
단과 방법을 다해 나의 피조물 만백성
을 우롱하는 자들이 지금 이 세상을
이끌어 가는 자들이며 지배하는 자들
이 너희니라.
25 그러니 너희가 교세를 확장하고 서로
시기하고 질투하는 그 싸움 속에서 외
형적인 교회요, 외형적인 부흥만이 그
들을 모두 제압할 수 있으며 압도할
수 있다는 그와 같은 하나의 일념으로
써, 그들이 짓든 말든, 그리고 또 교육
을 하든, 깨달음을 얻든, 너희 손으로
어렵게 지은 교회든, 성당이든 그를
때려 부수고 더 넓히는 것을 그저 우

습게 생각하며,
26 그저 그 사명을 위해서 태어난 것처
럼, 그리고 하나의 성전이요, 교회를
때려 부수고 더 큰 것을 지었을 때 나
로부터 큰 상과 영광을 받는다고 생
각하나,
27 너희가 확장해서 짓는 것으로 그 죄가
무겁고 가중된다는 것을 잊지 말라
전하라, 사랑하는 나의 아들딸들아!

6,687 번째 하나님 말씀

2003년 7월 11일 01시 39분

1 사랑하는 나의 아들아!
2 "네, 아버님! 말씀하옵소서."
3 너희가 인간사에 살아가면서 '가는 말
이 고와야 오는 말이 곱다.'는 말이 있
지 않더냐?
4 내가 너희에게 법전에 일찍이 기록하
여 전하기를, 너희가 서로 경기를 함
에 있어서 상대방이 어찌 너희에게
그 공을 보내느냐에 따라서 또한 너희
가 어찌 보내느냐 하는 그 마음을 결
정 짓는다 하였음이니,
5 곱게 보내는 자에게 곱게 온다는 것을
내가 일찍이 깨우침을 전하여 주었음
이니라.
6 지금 수천 년 동안 흘러오는 그 믿음
이요, 종교 집단 그들이 지금 어찌 가
고 있는지 너희는 잘 알고 있지 않으
냐?
7 정녕 그들이 하늘에 오르는 길이라 달
려가는 것이 하늘에 오르는 길이 아니
요, 저희가 잘못 가는 길로 가고 있음
이니라.
8 그러니 그들을 바로잡고 바로 깨우치
기 위해서는 너희의 무한한 희생과
봉사와 노력이 필요함을 알아야 할
것이니라.
9 그들은 아무것도 모르며 천국의 길이
라 달려가는 것이 지옥의 길로 달려가
는 것을 그들 자신은 제가 어찌 가고
있으며 어디로 가고 있는지를 모르느
니라.
10 그리하여 너희가 말하기를 제대로 아
는 자는 말이 없으며 알지 못하는 자
가 말이 많듯이,
11 그들은 저희가 가는 길이 무엇인지를
모르며 그 진리의 의미를 모르며 나
여호와가 원하는 것이 무엇인지 모르
기 때문에 그들은 말이 거칠며 행동이
거침이니라.
12 그러니 그들에게서 바로 간 공이 바로
오는 것처럼, 고운 말을 보냈을 때 고
운 말을 하는 것처럼, 그와 같은 기대
를 하고 그들과 상대를 해서는 너희는
마음의 상처만 남음을 알아야 할 것이
니라.
13 그들이 진정한 참진리요, 하늘에 오르
는 길을 간다 한다면, 그들은 겸허하
며 겸손하며 고개를 숙이는 자가 될
것이니라.
14 그리고 만백성의 종으로서 또 만백성
에게 저보다 더 낮은 자가 없다는 그
와 같은 마음으로 살아갈 수 있는 자
세가 되어 있을 것이니라.
15 그러나 그들은 진리가 아니기 때문에
그들의 마음은 황폐해져 있으며 서로
시기하고 질투하며, 저희 자신도 불안
과 공포 때문에 서로 의심하며 의혹하

는 그와 같은 마음이 일반 백성보다도
더 방대해져 있음이니라.
16 그리하여 저희가 지금 가고 있는 길
이 무엇인 줄 모르기 때문에 그들은
갑론을박하고 시시비비할 때 그들은
저희 것을 양보할 줄 모르며 남의 말
을 들을 줄 모르며, 그저 전쟁하는 것
처럼, 정적을 만나는 것처럼 그와 같
이 험악한 모습으로 변하며,
17 저희 뜻대로 되지 않을 때 인간으로
취급하지 아니하며, 이방인으로 생각
해 말대꾸도 하지 아니하려 하며 대화
도 하지 아니하려 하며, 그저 무시하
고 제 할 말만 하는 것이 그들이니라.
18 그러니 그것이 진리를 모르며 하늘에
오르는 뜻을 모르며 겸손함을 모르는
그와 같은 백성으로 그들 자신도 모
르게 그리 변화되었음이니 그는 무엇
이더냐?
19 그들이 세뇌 교육이 되어 있으며 벌써
그와 같이 다 젖어 있기 때문이니라.
20 너희처럼 갑론을박하는 것도 하나하
나 조용히 따져 가면서 대화하고자 하
는 것이 아님이니라.
21 그들은 일단 들으려 하지 아니하며,
대화를 하지 아니하려 하며, 일방적으
로 너희를 무시하며, 그저 제 것만이
옳으며 제 것만을 들어줘야 한다는
그와 같은 형국으로 되어 있음이니,
22 고운 말이 오고 가며 그와 같은 시비
를 가릴 수 없으며 그들에게는 그와
같은 기대를 할 수 없는 것이 지금의
그들의 형국이니,
23 그들의 마음이 얼마나 황폐해졌으며
얼마나 사악해졌으며, 인간의 기본 도
리마저도 망각한 자들인지 알겠는가?
24 인간 세상에 너희가 이방인이라는 자,
그리고 사랑을 베푸는 것을 모르며 나
여호와를 찾지 않고 사는 백성 그들
도, 남들이 이야기할 때 그를 경청해
주며 그를 들어주며 자기 의사를 확실
히 밝히며, 또 그 의사에 대한 대답을
듣는 것이 이 세상에 살아가는 대화법
이며, 서로 인격을 존중하며 살아가는
것이 아니더냐?
25 그들은 절대로 그와 같은 것을 용납하
지 않음이니라.
26 제 뜻이요, 제 말만 옳으며 제 말만 하
고 나면 남의 말을 들으려 하지 아니
하며, 그는 사탄이요, 이단이라 그저
그와 같이 생각하는 자들이니,
27 너희가 운동함에 있어서 자기가 아름
답고 편안하게 좋게 보내는 공은 상대
방도 편안하게 보내는 그와 같은 기본
이요, 기초도 그들은 모르느니라.
28 그리고 주고받는 그 예의도 모르느니
라.
29 네가 받은 만큼 반드시 갚아 주는 것
이 도리요, 살아가는 마음 자세라 내
가 그리 말하지 않았느냐?
30 그리고 사랑을 베푸는 것은 하나를 받
았을 때 둘을 주는 것이 행하는 삶이
라 그리 말하였거늘, 그들은 절대 그
를 모르느니라.
31 받으면 받음으로써 끝나며, 받으면 제
가 위대해서 받는 줄 알며, 제가 나 여
호와를 믿기 때문에 남에게 무엇을 가
르쳐 주었으며 너희에게 무엇을 깨우
쳐 준 것처럼 그와 같은 착각 속에서
받은 것이기 때문에 그들은 받는 것만

알며,
32 또한 주지 아니하였을 때는 달라 말하
는 것이 그들이니라.
33 그리고 대가를 지불하는 것이라 그리
말하느니라.
34 그들은 어려운 집에 가서 기도하며
심방을 가 기도할 때, 어렵고 힘든 자
가 그들에게 수고비를 주지 아니하면
그 옆에 있는 제 신도를 시켜서 이것
은 해야 하며, 이와 같이 하지 않으면
벌을 받으며 이와 같이 수고비를 주
지 아니하였을 때는 모든 은혜는 하나
도 없다 그리 겁을 줌이니,
35 그들은 있는 것, 없는 것을 거둬들이
며 또 그들로부터 거둬 가는 것이 그
들의 행위이니,
36 과연 이와 같이 추하고 더러운 모습
으로 살아가는 백성은 이 세상에 없을
것이며,
37 남의 말을 듣지 아니하며 그를 들으려
도 하지 아니하며, 제 의사만 전하며
제 말을 들어주지 아니할 때는 정적보
다도 더 무섭게 밀어붙이며 상대하지
아니하려는 그와 같은 자들이 이 세상
을 다 덮고 지배함이니,
38 거기에 사랑이 어디에 있으며 사랑의
근본이 어디에 있느냐?
39 사랑을 하며 살며 나누며 살려는 그
백성도 그들로 하여금 몸을 움츠리며
마음을 움츠리는 이와 같은 세상사로
만드는 것이 지금의 종교 집단이요,
지도자들이 이룬 결과라는 것을 알아
야 할 것이며,
40 이를 바로잡고자 하는 것이 나 여호와
의 뜻이며, 이를 바로잡는 대명의 역
사를 이루는 것이 너희임을 알아야
할 것이니 그리 알라.

6,688 번째 하나님 말씀

2003년 7월 11일 01시 48분

1 사랑하는 나의 아들아!
2 "네, 아버님! 말씀하옵소서."
3 나 여호와가 깊은 밤 너를 통하여 나
의 성령이요, 나의 모두를 태워 내려
보내니,
4 그들이 나의 뜻이요, 나의 아들 예수
가 베풀고자 했던 그 사랑이요, 나의
아들 예수가 전하고자 역사했던 그 삶
을 살아왔더라면, 오늘과 같은 어렵고
힘든 역사의 길은 없었을 것이니라.
5 수천 년 흘러오는 동안에 모든 종교
집단이요, 하늘에 오르는 길로 인도하
는 백성이요, 나에게 인도한다는 그
백성이 살아온 결과가 오늘에 이와
같은 힘들고 어려운 길을 가게 한 것
은 그들이 장본인임을 알겠는가?
6 그들은 사랑으로써 모두를 이루는 것
이 아니요, 그저 교파 간에 파벌 싸움
과 교리 싸움이요, 그와 같은 것으로
써 서로 시기 질투 속에 병들 대로 병
들어져 있는 것이 오늘의 나의 백성이
요, 믿음의 길에 종사하는 백성이라는
것을 알겠는가?
7 구원의 길조차도 볼 수 없는 눈먼 백
성으로서 만들어 놓았으며, 한 치 앞
도 못 보는 나의 백성으로 세뇌시켜
그들을 이끌고 가는 것이 지금의 종교
집단이요, 지도자들이니,
8 과연 눈먼 백성이 어찌 하늘에 오르

는 길을 볼 수 있단 말이더냐?
9 구원의 욕심이 목에까지 찼으며 구원
을 받겠다고 눈이 먼 그 백성이나 가
르치는 자들이나 똑같은 입장에서 지
금 서로 같이 가르치고 듣고 배우는
것이 아니던가?
10 그저 구원이라는 욕심이 목에까지 차
서 더 숨을 쉴 수 없을 정도로 지금 욕
심이 그득 차 있는 자들이 신도라는
자들이요, 또 그를 팔아먹는 종교 지
도자 너희가 아니던가?
11 교세를 더 확장하려는 것이 얼마나
사악한 계획이며 너희가 얼마나 잘못
된 나의 뜻을 거역하는 길인 줄 알겠
는가?
12 너희는 나의 사랑하는 백성에게 그리
말하느니라.
13 나 여호와의 복음이요, 예수의 복음이
요, 그 뜻을 온 세상에 전파하기 위해
서는 너희는 모든 것을 다 성대히 이
루며 남들에게 뒤지는 것이 되어서는
아니 되며,
14 남들보다 더 큰 성전이요, 남들보다
더 많은 재물을 거둬들여야만 온 세상
에 복음을 전하며 그 복음을 전파하는
역사를 이룰 수 있다고 말함이니,
15 이 세상에 모든 나의 뜻이요, 나의 복
음을 전파한다는 그 명분으로써 너희
는 재물을 거둬들이며, 또한 교회를
확장하며 세를 불리기 위해 모두를 다
투자하고 있는 그와 같은 형국이 아니
던가?
16 전파하기 위해서 너희는 재물을 거둬
들이며, 전파하기 위해서 그 뿌리요,
근본을 더 크게 확장하고 세를 불리는
데 모두를 다 바쳐야 한다고 말하여
나의 백성을 지금 이끌어 가고 있지
않은가?
17 그와 같은 집단에 속해 있는 백성은
정녕 영적으로 거듭날 수 없다는 것을
알아야 할 것이니라.
18 나와 너희의 관계는 무엇이라 말하였
느냐?
19 너희가 깨달음이요, 영혼이 다시 태어
남이요, 영원히 영적으로써 구원을 받
는 것, 그것이 나에게 올 수 있으며,
나의 아들이 될 수 있는 자격이라 그
리 말하였으나,
20 너희는 참진리요, 나의 뜻을 연구하고
깨우치는 것이 아니요, 그저 세 불리
기 위한 확장이요, 그저 세상의 모든
백성을 구원하며 복음을 전파한다는
그 현혹된 말에 모두를 다 바치며 그
리 바치는 것이 구원을 받을 것으로
생각하고 속고 속아 가는 나의 백성
너희가 불쌍하여,
21 내가 나의 아들을 통하여 이 깊은 밤
160권의 법전을 세상에 써 내려가는
이 어렵고 힘든 길을 역사한다는 것을
알겠는가?
22 너희가 잘못 가고 잘못 역사했기 때문
임을 알아야 할 것이니라.
23 믿음의 길이요, 하늘에 오르는 길이
아니라 온갖 방법을 다 동원하여 재물
을 거두는 데만 명분을 찾고 갈취하는
데만 혈안이 되어 있는 너희니,
24 이것이 바로 오늘의 종교 집단이요,
지도자 너희가 가는 길이니라.
25 나 여호와요, 나의 아들 예수의 뜻을
만백성에게 전하기 위하여, 온 세상에

그 복음을 전하기 위하여 재물을 거둬
들여야 하며, 그 근본의 뿌리를 단단
히 만들고 교세를 불리며 교회를 확
장하며 호화로운 궁전보다도 더 아름
답게 꾸며 놓는 것이 만백성을 깨우치
며 복음을 전하는 근본이요, 기본이
요, 기초라 하니,
26 건물로써, 그와 같은 외형적으로써 믿
음이요, 깨우침의 기초라 그리 말하는
자가 바로 무엇이던가?
27 너희는 진리의 '진' 자도 모르고 가는
백성이라는 것을 알아야 할 것이니라.

6,689 번째 하나님 말씀

2003년 7월 11일 09시 07분

1 사랑하는 나의 아들아!
2 **"네, 아버님! 말씀하옵소서."**
3 너희가 아무리 과학적인 면으로 무엇
을 만들며 정밀한 기계를 만들어 삶의
편의를 돕고 살아간다 해도 그 모두는
다 너희가 만든 것이요,
4 너희가 만든 그 한계는 정해져 있으며
그 이상도 그 이하 어떤 것도 이루어
지지 못함이니라.
5 살아 있는 식물이요, 동물이요, 그 모
두가 역사하고 움직이는 것은 그 변화
에 따라서 그들이 대응할 수 있는 각
자의 능력을 갖추고 살고 있다는 것
하나로써,
6 너희가 만든 아무리 높은 과학의 수준
이라 하여도 나 여호와가 세상 모두를
창조하여 존재토록 한 그것에 대한 한
계에 도전할 수 없는 것이 너희니라.
7 그러니 너희는 나 여호와가 존재함이
며 내가 이 세상을 모두 정리하고 주
관하는 것을 보고 나 여호와가 존재함
을 굳건히 믿는 그와 같은 마음을 가
져야 하거늘,
8 너희는 이 세상이 움직이고 돌아가는
것이 자연적으로 발생하여 이루어지
며, 주관하는 자가 없이 스스로 얽히
고설키고 그냥 움직이며 존재하는 것
같은 안일한 마음으로 살아가는 것이
니,
9 그 마음을 버리는 자는 정녕 나 여호
와가 존재함을 믿는 마음의 기초가 다
져진다는 것을 알아야 할 것이니라.
10 너희는 그와 같이 이 세상의 한두 가
지가 아니요, 너희가 셀 수 없이 그 수
많은 것들이 다 질서 있게 통제하는
자 없이 이끌어 감이요,
11 그것이 질서를 지키고 존재한다는 그
이치의 위대함을 알아야 할 것이니라.
12 인간 너희는 몇 명만 모인다 해도, 몇
만 명만 모인다 해도 조직이 필요하며
통제자가 필요하며 인솔자가 필요하
며, 단위별로 책임자가 있어서 그를
통제해도 사고가 나며 잃어버리는 자,
또는 제자리를 못 찾는 자, 이와 같이
오합지졸이요, 엉망인 그와 같은 형태
로 움직이는 것이 너희니,
13 너희는 살아서 움직이는 백성이요, 말
귀를 듣는 자들이요, 그리고 서로 손
짓으로써 의사소통하며 눈으로 봐서
아군이요, 적군을 알며, 내 편을 알며
내가 설 자리를 아는 백성도 그와 같
이 질서를 지키지 못하며,
14 그 질서를 지키기 위해 통제하는 자들
이 땀 흘려 노력하는 그와 같은 역사

함이요, 또한 그들의 노력함에 의하여
그들이 또 그만큼 봉사함으로 인하여
모두가 이루어지고 질서가 잡히지 아
니하던가?
15 그러니 한두 가지도 아니요, 수만 수
억 가지의 그 모두가 다 제자리에서
지켜 가며 돌아가는 그와 같은 형국을
바라본다면, 과연 너희는 어찌 생각하
겠는가?
16 그 이치를 깊이 깨우쳐 나 여호와가
존재함을 믿는 마음부터 굳건히 가지
라.
17 이 모두가 역사하는 것은 나 여호와의
주관하에 하지 않으면 움직일 수 없다
는 그 마음을 굳건히 가질 때 너희는
참믿음이요, 참진리의 길을 보게 된다
는 것을 잊지 말라, 사랑하는 나의 아
들딸들아!

6,690 번째 하나님 말씀

2003년 7월 11일 17시 09분

1 사랑하는 나의 아들아!
2 "네, 아버님! 말씀하옵소서."
3 구약의 시대는 나의 뜻을 이루어 나의
사랑하는 백성이 천국이요, 나의 땅이
요, 하늘나라에 오르기 위하여 준비하
는 출발 단계라 그리 말하였음이니라.
4 그리하여 나의 아들 예수의 시대는 중
간 주자로서 그가 나의 뜻을 역사하
여 만백성을 구하고자 세상에 내려가
나의 뜻을 폈음이니,
5 너희는 그 보혈로써 구원을 받았다고
말하고 있으나, 너희는 그 보혈의 의
미조차도 알지도 못하면서 그저 보혈
로써 구원을 받았다 그리 부르짖는 형
국으로써 너희가 나의 아들의 뜻에
따라 그 역사를 이룬 것이 아니요,
6 너희 마음대로, 너희 생각대로, 너희
의 교리요, 교법대로 모두를 만들어
이 세상을 이렇게 혼탁하게 만들었다
내가 그리하지 아니하였는가?
7 구교라는 것에서 신교가 생기며, 또한
신교가 생기는 것은 그 기독교의 이름
을 누가 만들었다 했더냐?
8 인간 너희가 임의대로 그 이름을 붙
여 지었다 했으며, 또 구교는 누가 이
름을 지었는가?
9 너희가 만든 것이며 너희 조상이 만
든 것이니,
10 구교요, 신교요, 그 종파의 이름 할 것
없이 그것은 다 너희가 만든 종파의
성씨라 내가 그리 말하였느니라.
11 그러니 수천수만 종파의 성씨가 이 세
상을 덮고 있으며, 이제는 더 혼탁해
지려야 혼탁할 수도 없는 이와 같은
형국이라 내가 그리 말하지 아니하였
는가?
12 그리하여 이를 내가 바로잡고 다스리
기 위하여 마지막 시대요, 제3의 시대
를 열어 나의 아들을 통하여 나의 법
전이요, 나의 성령의 뜻을 세상에 내
려보내니,
13 내가 나의 아들이 누구라 그리 말하였
는가?
14 너희는 나의 법전을 그저 사탄이요,
사악한 자가 세상에 만든 것이라 그
리 말하나, 나의 법전은 나의 성령이
라는 것을 너희는 알아야 할 것이니
라.

15 그리하여 나의 아들 또한 준비된 자라
내가 그리 말하였음이니라.
16 준비되지 않은 예비자와 준비된 자의
그 차이가 얼마나 멀고도 먼 것인지를
알아야 할 것이니라.
17 인간 세상에서도 그렇다 하지 않았느
냐?
18 너희가 하나의 직급이요, 그 자리를
명을 받아서 지키는 것은 너희가 그
자리의 자격이 있기 때문에 그 자리에
앉을 수 있으나,
19 너희가 예비후보자로서는 아무리 유
능하고 똑똑하다 해도 그 자리에 결정
이 되지 아니하면 앉을 수 없다 그리
말하지 아니하였더냐?
20 그게 바로 너희와 나의 아들의 차이
점이라 내가 하늘의 비밀을 너희에게
기록하여 주었음이니라.
21 너희가 하늘에 오르는 길은 죽어서 두
번째 죽음으로써 심판을 받아 영혼이
구원을 받는 그 순간에 나의 아들로서
거듭나는 것이며,
22 그때 너희가 나를 아버지라 부를 수
있다는 하늘의 뜻을 기록하여 전하였
음이니,
23 나의 아들은 그 모두를 거쳐 하늘나라
내 품에 올 수 있는 나의 아들이기 때
문에 그는 명을 받은 자라 그리 말함
이니,
24 너희는 두 번 죽으면서 그 영혼이 얼
마나 아름답고 깨끗한가에 따라서 그
때 나를 아버지라 부를 수 있거나 부
르지 못하는 그와 같은 형국이 되어
있으며, 그 강을 넘어야 하며 그 시험
을 통과해야 하는 것이 너희요,
25 나의 아들은 그 모두를 다 넘은 자라
내가 그리 말하였음이니, 이게 너희와
나의 아들의 차이점이니라.
26 그와 마찬가지로 내가 나의 아들을 통
하여 너희를 구원하는 마지막 성령이
요, 마지막 법전을 내려보내는 의의가
거기에 있음을 너희는 알아야 할 것이
니라.
27 그와 같은 나의 아들을 통하여 내가
내려보내는 나의 법전이요, 성령이 과
연 사탄이요, 이단이요, 사악한 자가
만들고 역사하는 것이라 너희가 그리
말할 수 있는가?
28 그를 너희는 알아야 할 것이니라.
29 너희는 모든 재물을 거둬들이는 데 혈
안이 되어 그와 같이 지금 가고 있으
나,
30 나의 아들은 재물이 아니요, 만백성에
게 참진리요, 나의 뜻을 표현하여, 그
리고 하늘을 향하여 한 점의 부끄럼이
없는 삶을 살 것이며, 그 길을 위해 그
는 지금 모두를 바쳐 가고 있음을 너
희는 알아야 할 것이니라.
31 너희가 지금 나의 아들을 따르는 제자
들이요, 그들이 가는 믿음의 형태를
바라본다면,
32 과연 어느 것이 진리의 뜻이요, 나 여
호와의 뜻에 역사하는지를 너희 스스
로 알 것이거늘, 어찌하여 그를 보고
도 깨우치지 못한단 말이던가?
33 내가 너희에게 다시 한 번 명하노니,
너희는 나의 법전을 접하지 아니하고
는 절대 심판을 받을 수 없으며, 하늘
에 오르는 길을 알지도 못하며, 그 뜻
을 모른다는 것을 알아야 할 것이며,

내가 명하는 그 뜻을 깊이 새겨야 할
것이니 그리 알라.
34 너희는 너무나도 나와는 먼 길을 가고
있음이니라.
35 내가 나의 아들을 통하여 보혈의 의미
를 너희에게 다시 가르쳐 주겠지만,
36 나의 아들의 보혈이 무엇인지도 모르
고 그저 보혈로써 구원을 받았다고 말
하는 너희가 얼마나 어리석고 불쌍한
백성이냐?
37 구약 시대에 짐승을 잡아 그 피로써
제사를 지내던 것과 마찬가지로 나의
아들의 피로써 제사를 지냈다고 그리
말함이니,
38 너희는 나의 아들의 피와 짐승의 피가
동등하며 같다고 생각한다는 그 자체
가 얼마나 어리석으며,
39 그 보혈의 의미도 모르고 지금 보혈로
써 구원을 받았다는 백성인가를 머지
않아 알게 될 것이며 깨달음을 얻게
될 것이니, 너희는 보혈의 그 의미부
터 알아야 할 것이니 그리 알라.

6,691 번째 하나님 말씀

2003년 7월 11일 17시 22분

1 사랑하는 나의 아들아!
2 "네, 아버님! 말씀하옵소서."
3 나의 백성 너희는 나 여호와가 존재
하며 예수가 존재하였으니 예수가 나
의 아들이요, 그리고 그를 믿으며 나
를 경배함으로써 너희는 구원을 받는
다는 것으로 알고 있는 백성이 수없
이 있으며 또한 그와 같은 믿음을 가
고자 하는 백성이 많이 있음을 알아
야 할 것이니라.
4 또한, 나의 피조물 만백성이 그 길을
지금 가고 있으며 저희만이 정통의 길
이요, 저희만이 구원을 받으며 하늘에
오르는 길이라 하여 수많은 백성이
그리 달려가고 있음이니라.
5 그러나 그들에게 너희가 알려 주어야
하며 전해야 할 가장 중요한 것이 있
음을 알아야 할 것이니라.
6 너희가 진정한 믿음의 길을 가는 백성
이라면, 나의 뜻을 알며 나의 뜻에 역
사하고자 하며 나의 뜻에 순종하는 백
성이라면,
7 너희가 편안한 길을 믿으며 즐겁고 행
복한 길을 가는 것이 진정한 믿음의
길이라는 것을 알아야 할 것이니라.
8 지금의 모든 종교 집단처럼 너희가 한
번 발을 들여 놓기만 하면 평생 돌아
오지 못하며,
9 너희에게 다시 돌아오지 않는 그 많은
재물을 바치고, 돌려받을 수 없는 그
재물을 바치고 또 바치는 것만이 구원
을 받는다고 가르치는 그들에게 너희
는 지금 평생 재물을 바치며,
10 그 재물로 인하여 지금 어렵고 힘든
길을 가는 것이 너희의 믿음의 길이
아니던가?
11 시간과 모두를 다 버리며 인간관계를
모두 저버리며 부모와 형제간에도 같
이 믿음을 가지 않는 자는 저버린다
해도 죄가 되지 아니한다고 그리 가르
치는 것이 지금의 종교 집단이 아니던
가?
12 너희는 지금 정녕 가장 행복하고 편안
한 마음으로써 가고 있는가?

13 그와 같은 믿음을 가지 못하고 있음이
너희일 것이니라.
14 물질에 대한 부담이요, 시간에 대한
부담이요, 또한 너희의 이웃이요, 부
모 형제까지 같은 길을 가지 않는 모
두에게 등을 돌리고 살아야 하는 그
와 같은 아픈 마음이야 이루 말할 수
없을 것이니라.
15 너희가 한 조상을 놓고 경배하는 그날
에도 믿음의 행사를 하며, 한쪽에서는
믿음이 아닌 행사를 하는 이와 같이
웃지 못할 형국으로써 살아가는 것이
나의 피조물 만백성 너희가 아니던가?
16 같은 형제끼리 우상을 섬긴다는 자,
그리고 우상을 섬길 수 없다 하여 형
제지간에 반목하며,
17 조상을 위하는 기도를 하며 또한 제사
를 지내며 그리하여 반목하며 형제지
간에 하나로 통일하지 못하며,
18 한 조상 앞에 두 가지, 세 가지 형식으
로써 그 부모에 대한 예의를 갖춘다는
행동을 하고 사는 것이 지금 너희가
아니던가?
19 그 모두를 사랑으로써 다스릴 수 없는
것이 너희며, 하나의 마음으로 이루지
못하는 것이 그 형제이니,
20 지금 형제지간에 반목하는 그와 같은
믿음의 길을 가는 것이 너희니라.
21 그와 같은 믿음의 길을 가는 것이 진
정한 나에게 오르는 길이요, 하늘에
오르는 길이라 과연 생각할 수 있겠는
가?
22 그는 정녕 나에게 오는 길이 아니니,
23 진정한 믿음의 길을 오는 백성은 물
질의 부담이요, 재물의 부담이요, 시
간의 부담이요, 이러한 어려움을 겪지
않는 신도로서, 그리고 그와 같은 고
통을 주지 않는 종교 집단으로써 이끌
어 가는 것이 진정한 나로부터 선택된
인도자라는 것을 알아야 할 것이니라.
24 너희가 감당하기 어려운 그와 같은 모
든 마음이요, 재물의 부담을 주면서
평생 돌려받지 못하며 돌아오지 않는
그 재물을 수없이 갖다 바치는 것이
하늘에 오르는 길이라 하여 마음과 정
신의 부담을 주고 이끌어 가는 그와
같은 집단은 이는 아니니라.
25 재물을 위하여 우상을 섬기는 기본적
이고 대표적인 집단이라는 것을 너희
는 알아야 할 것이니라.
26 너희 자신의 욕심을 버리고 사랑을 실
천하며 너희 자신이 악습을 버리려고
노력하는 그와 같은 변화되는 삶을 살
며,
27 그리고 어렵고 힘든 길을 가며 그와
같이 평생 악습을 버려 가며 나에게
부끄럽지 않은 삶을 살아가고자 노력
하며 그와 같이 변해 가며 노력하는
그 삶이 나의 뜻이요, 나에게 오르는
길이며 진정한 믿음의 길을 가는 백성
이라는 것을 너희는 알아야 함을 잊
지 말라.
28 너희는 어렵고 힘든 길을 평생 재물을
바치며 시간을 바침으로써 모두를 다
대신한다는 그와 같은 생각으로써 지
금 지옥행으로 간다는 것을 잊어서는
절대 아니 됨을 알라.
29 그와 같이 지옥 길로 가고 있는 지금
의 육체의 고달픔이요, 그리고 너희가
짊어지고 가는 그 믿음이 잘못되었음

을 알아야 할 것이니 그리 알라.
30 지금 너희만이 위대한 믿음이요, 진정
한 하늘에 오르는 길이라 하나,
31 너희는 하늘에 오르는 길이 아니요,
지옥의 길을 위하여 죄의 명분만 목에
칭칭 감아 놓아 얽히고설켜 있는 형국
이니 그리 알아야 할 것이니라.
32 얽히고설킨 그 실타래의 끝을 찾으며
찾는 방법을 알며, 그리고 푸는 방법
을 알며, 그것이 잘 풀릴 수 있는 것처
럼 하나,
33 너희는 지금 죄의 덕목을 갖다 감기만
하며 그를 푸는 길을 찾으려 아니하며
풀려고 생각하지도 아니하는 것임을
알아야 할 것이니라.
34 너희가 죽어 내 앞에 왔을 때 얼마나
많은 죄악이 너희를 감고 있는지 너
희 스스로 알게 될 것이니라.
35 그때는 이미 나를 아버지라 부를 수
없으며 아무리 몸부림치고 발버둥쳐
도 돌이킬 수 없는 것이 너희임을 알
아야 할 것이니라.
36 그러니 지금 어렵고 고통스러운 길을
마다하지 아니하고 진정한 믿음의 길
을 가는 길,
37 그리고 그곳에서 헤어나는 현명한 삶
을 찾지 않는다면 너희는 영영 나에
게 올라올 수 없음을 알아야 할 것이
니라.
38 너희가 인간 세상의 어려운 문제도 그
답을 아는 자를 만나면 쉽게 깨우칠
수 있는 것이며 배울 수 있는 것이 아
니더냐?
39 학문도 너희가 모르는 것을 훌륭한
스승을 만나 배운다면 그것을 즐거움
으로 깨달으며 그 요령을 알게 됨이
니, 그 모든 것을 쉽게 터득하지 아니
하는가?
40 진정한 믿음이요, 하늘에 오르는 길도
그러하니라.
41 진정한 믿음이요, 나 여호와가 역사하
는 것이요, 내가 이루고자 하는 그 의
미의 길을 알아야만,
42 너희가 하늘에 오르는 길을 알게 되며
편안한 마음으로써 믿음의 길을 올 수
있다는 것을 알아야 할 것이니라.
43 나에게 오는 길은 가장 행복하며 즐거
운 길이며 그 즐거움 속에서 너희가
나에게 오를 수 있다는 것을 잊지 말
라.
44 너희 스스로 나의 뜻에 따라오는 백
성, 그리고 나의 뜻에 역사하는 백성,
변하고자 하는 백성은 악습을 하나하
나 버리고 잘못된 것을 하나씩 고칠
때마다 너희 마음속에 얻어지는 그 기
쁨은 이루 말할 수 없을 것이니,
45 그게 바로 너희가 악습을 버리며 한
점의 부끄럼 없이 살아가고자 노력하
며 행함을 천사와 같이 했을 때,
46 그때마다 너희 스스로 행복을 느끼며
즐거움을 느끼는 것이 나 여호와가 너
희에게 내리는 은혜요, 상임을 너희가
알아야 할 것이니 그리 알라.

6,692 번째 하나님 말씀

2003년 7월 11일 17시 29분

1 사랑하는 나의 아들아!
2 **"네, 아버님! 말씀하옵소서."**
3 너희가 나로부터 생명이요, 영혼을 받

아 세상에 나가 육의 삶을 엮어 가며
살아감이니라.
4 그러니 진정한 믿음의 길이요, 나 여
호와의 뜻이요, 내가 내린 십계명이
요, 나의 율법이요, 지금 내가 나의 아
들을 통하여 내리는 나의 법전을 믿으
며 그를 행하며 그와 같이 살아가는
것은
5 너희가 영원히 구원받을 수 있는 믿음
의 길이요, 축복의 길을 가는 것임을
알아야 할 것이니라.
6 그러나 지금의 모든 종교 집단이요,
지도자가 과연 진정한 믿음이요, 진정
한 깨달음을 위하여 협착하고 어렵고
힘든 길을 가는 종교 지도자들이요,
집단이라 그리 말할 수 있는가?
7 너희가 진정한 믿음을 찾는 것, 진정
한 믿음의 길을 가는 것, 고통과 어려
운 길을 마다하지 아니하고 가는 것이
구원의 길이요, 나에게 오를 수 있는
길이나,
8 너희가 믿음이라는 것을 빙자하여 재
물을 탐하며 재물을 거둬들이는 그와
같은 믿음의 길을 가는 지도자요, 집
단이요, 그리고 재물을 바쳐 무엇을
살 수 있다고 그리 말하는 백성의 믿
음은 다 물거품이 되어 버림을 알아야
할 것이니라.
9 너희가 인간사에 물건을 사고파는 것
도 파는 자가 있으며 사는 자가 있음
이니,
10 쓰고자 하는 자가 있으며 사는 자가
있어야 물건을 파는 것이 아니던가?
11 종교 집단이요, 지도자들이 우리 부자
의 이름을 팔아 수없는 재물을 갈취하
고 파나, 또한 사는 자가 있으며 그것
을 필요로 하는 자가 삼이니라.
12 그러니 너희는 어디에 필요해서 그것
을 사는 것인가?
13 너희가 살아가는 농기구요, 살아가는
기구요, 삶에 필요한 옷이요, 삶의 식
량이요, 그와 같은 것이 필요해서 사
는 것이 아니요,
14 우리 부자의 이름을 파는 종교 집단이
요, 사악한 자들이요, 사탄의 후예들
에게 너희가 사는 것은 무엇이던가?
15 너희 일상생활에 필요한 소모품이요,
필수품을 사는 것이 아니니라.
16 너희는 그저 말로써 재물로써 구원을
받겠다는 그와 같은 마음으로써 편안
한 마음으로 재물을 바쳐 나에게 오를
수 있는 그 영원한 소원의 뜻이요, 갈
급한 구원의 길을 사겠다는 것이며,
천국의 문을 들어서는 길을 사겠다 하
며, 천국에 들어올 수 있는 그 권한이
요, 은혜를 사겠다는 것이니,
17 그 허황된 욕심을 부리는 자가 있기에
허황된 자들을 상대로 하여 장사를 하
는 자들이 있음이니, 그 죄가 파는 자
보다 너희가 더함을 알아야 할 것이
니라.
18 너희가 지금 사는 것이 무엇인 줄 아
느냐?
19 너희가 노력하고 변하여 선하게 사는,
그리고 어렵고 힘든 길을 가며 사랑을
나누며 살아 나에게 오르는 길을 오고
자 함이 아니니라.
20 오른손이 베푸는 선행을 왼손이 모르
도록 그와 같이 선행을 하며 어렵고
힘든 이웃에게 베풀고 나누며 사는 길

이 하늘에 오르는 길이거늘,
21 너희는 행함은 그리하지 아니하고 말
로써 모두를 다 이루며 입으로써 모두
를 다 이루고자 하는 그와 같은 자들
이 지금 종교 집단이요, 지도자요, 사
탄들의 후손들에게 구원이요, 천국의
문을 들어서겠다는 그 허황된 욕심에
의하여 재물을 바치고 시간을 바쳐 사
탄들이 이 세상을 지배하게 만든 것
이니,
22 물건을 사고자 혈안이 되어 그저 광분
하는 너희 죄가 더 무서움을 이제 알
아야 할 것이니 그리 알라.
23 이제 사랑하는 나의 피조물 만백성 너
희는 알아야 할 것이니라.
24 어느 종교 집단이요, 어느 종파가 재
물을 거둬들이기 위하여 너희를 이용
하는가?
25 그리고 재물의 탐심을 갖고 너희에게
거둬들이는 것인가?
26 그와 같은 종교 집단의 실체를 파악해
야 할 것이며,
27 그와 같이 거둬들이지 아니하며 참진
리요, 나 여호와의 뜻만을 가르치는
종교 집단이 과연 어디에 있으며, 그
와 같은 집단이요, 단체가 어디에 있
는가를 분석해서, 너희가 어느 길을
선택해야 할 것인지를 알아야 할 것
이니라.
28 너희가 눈을 뜨고 귀를 열고 세상을
살펴보면 진리를 가르쳐 주기 위하여
재물을 거둬들이는 것이 아니요,
29 하늘에 오르는 길이요, 반석 위에 서
서 하늘에 오르는 찬란한 빛을 볼 수
있도록 안내하고 인도하는 자가 나의
명을 받아 세상에 내려가 만백성에게
전하고 있음을 볼 것이니,
30 너희는 그 빛을 보지 못하면 구원을
받을 수 없다는 것을 알아야 할 것이
니라.
31 이제 너희는 무엇을 위해 살아가야
하며 무엇을 위하여 누구를 위하여 지
금 가야 하는지 알 것이니라.
32 그러니 영원히 사는 영혼을 위한 삶을
살 것인가, 육에 대한 삶을 살 것인가?
33 물질에 대한 탐욕을 버리지 못하며 물
질에 연연하는 그와 같은 삶을 사는
것은 물거품이 된다 하였으며,
34 영혼을 구하는 참진리의 길을 찾아가
는 것은 구원의 길이라 내가 하였음이
니, 너희는 어떠한 길을 선택할 것인
지 그를 알아봐야 할 것이며,
35 시도 때도 없이 각종 명칭을 붙여 작
든 크든 재물을 거둬들이는 그와 같은
종교 집단은 물질을 탐하는 자니,
36 물질을 탐하는 자는 물거품이 된다는
나의 뜻을 버리지 말며 너희 가슴 깊
이 깨우쳐 그 모든 실체를 바라보도록
그리하라, 사랑하는 나의 아들딸들아!

6,693 번째 하나님 말씀

2003년 7월 11일 17시 36분

1 사랑하는 나의 아들아!
2 "네, 아버님! 말씀하옵소서."
3 지금의 모든 집단이요, 종파요, 그들
이 성령으로써 변화되는 새로운 역사
요, 진리를 연구하고 깨우치지 아니한
다면 그들은 정녕 구원을 받을 수 없
다 그리 말하였음이니라.

4 그들은 나 여호와의 뜻을 가르치며 나
의 아들 예수가 죽음으로써 너희에게
그 보혈의 대가로써 했던 사랑을 실천
하라 명한 것, 그리고 사랑을 실천하
며 살도록 너희에게 보여 준 것, 그리
고 나 여호와의 사랑이 무엇인가를 너
희에게 보여 준 그와 같은 진리를 깨
우쳐 연구하며 살아가는 것이 아니요,
그를 위하여 믿음의 길을 가는 것이
아니라,
5 외형적인 성장과 인간의 욕구를 충족
시키는 믿음으로 지금 변질하였으며,
그를 위하여 모두 존재하며 모든 믿음
의 집단이 그리 타락하여 이제는 썩어
간다고 내가 그리 말하였음이니, 이것
이 오늘의 믿음의 길을 가는 백성의
실체임을 알아야 할 것이니라.
6 나 여호와가 원하는 성령의 변화를 이
루는 종교 집단이 아니요, 나의 뜻을
거역함이요, 성령으로 거듭나는 나의
아들딸이 없었다 함을 내가 너희에게
말하지 아니하였던가?
7 너희는 육의 세상에 살면서 육이 존재
하는 동안 나의 아들딸이요, 나를 아
버지라 부를 수 있으나,
8 정녕 나를 영원히 아버지라 부를 수
있으며 나의 영원한 아들딸이 되는 것
은,
9 너희가 죽어 두 번째 죽음의 심판에서
구원을 받는 그와 같이 거듭나는 자
식이 되어 천국의 문에 들어오는 자만
이 나의 아들딸이요, 나를 영원히 아
버지라 부를 수 있으며 영원한 나의
아들딸이라는 이 무서운 하늘의 이치
를 내가 나의 아들을 통하여 너희에게
기록하였건만,
10 과연 너희는 그 의미의 뜻을 알고 있
는가?
11 이 두렵고 무서움을 너희는 알아야
할 것이니라.
12 지금 기독교인이라는 그 많은 백성이
어찌 사는가?
13 나 여호와가 기뻐하는 삶이 아니요,
내가 원하는 삶이 아니요, 내가 이루
고자 하는 길을 감이 아니요, 나의 뜻
을 따르는 것이 아니요,
14 나의 뜻을 거역하는 그와 같은 믿음의
길로 지금까지 몇천 년 동안 흘러왔으
며,
15 너희 조상이 그리 살아왔듯이 지금의
모든 종교 집단이요, 지도자들 또한
그와 같이 흘러가고 있다는 것을 너희
는 알아야 할 것이니라.
16 이제 너희는 알아야 할 것이니라.
17 지난날 너희가 만든 성경에 의하여,
너희가 만든 교리요, 인간이 만든 역
사에 의하여 거기에 연연하여 변화하
는 것을 보지 못하며 변화되는 곳에
동참하지 아니하는 자는 영원히 구원
의 길을 볼 수도 없으며,
18 너희 조상이 지옥으로 갔듯이 너희
또한 지옥 불로 떨어짐을 알아야 할
것이니라.
19 이제 내가 모든 주자가 다 끝났으며
마지막 시대를 열며 마지막 새로운 시
대를 열어 가고자 하는 것이 나의 뜻
이 아니던가?
20 그리하여 지금 내가 이 새로 역사하는
곳에 선택된 나의 사랑하는 백성 너희
는 과연 어떠한 은혜와 영광을 입었느

냐?
21 넓고도 넓은 그 끝이 보이지 않는 백
사장의 모래와 같은 나의 백성 중에서
선택된 백성이니, 얼마나 너희가 축복
과 영광인지를 알겠는가?
22 끝이 보이지 않는 백사장의 그 많은
모래알 중에서 선택된 것이 바로 나에
게 선택된 오늘의 나를 따르는 아들딸
이요, 나의 법전을 읽고 깨우친 자요,
나의 아들을 통하여 내린 강론을 직접
듣는 너희니,
23 너희가 얼마나 축복이요, 영광인가를
알아야 할 것이니,
24 세상천지에 무엇과도 바꿀 수 없는 은
혜를 입은 것이 너희임을 다시 한 번
가슴에 깊이 새겨야 할 것이니 그리
알라.
25 나 여호와의 백성으로 거듭나고자 한
다면, 나의 아들을 통하여 내리는 새
로운 성경이요, '하늘에 오르는 길'이
요, '하나님! 말씀하옵소서' 마지막 법
전이라는 이 책을 읽고 깨우치고 거듭
나지 아니하면 절대 알 수 없다는 것
을 만백성에게 그리 전해야 할 것이
니라.
26 너희를 정신 나간 자요, 미친 자요, 세
상에 날벼락 같은 소리라 하거든,
27 너희는 노아의 방주도 날벼락 같은 짓
을 했으며 그 모든 역사의 흘러온 과
거사를 들여다보라 그리 깨우쳐 주어
야 할 것이니라.
28 나의 아들이 죽어 가며 너희에게 사
랑이라는 것을 부르짖었으며 사랑이
라는 것을 실천하고 사는 것이 하늘에
오르는 길이라 하며 내 아들이 그리
죽어 간 것도 너희에게 날벼락 같은
소리를 한 것이니,
29 지금 내가 나의 아들을 통하여 이 법
전을 읽지 아니하면 구원을 받지 못한
다는 이 엄연한 사실을, 이는 미친 자
요, 정신박약아가 하는 소리라 말할
것이나,
30 너희는 이를 통하지 아니하고는 절대
심판을 받지 못한다는 것을 알라.
31 마지막 시대에 내가 직접 관장하며 역
사하기 때문임을 알라.
32 직접 나 여호와가 내리는 성령의 가르
침을 접하지 아니한다면, 너희는 절대
나의 나라의 문을 들어설 수가 없으며
천국의 빛을 볼 수 없는 것임을 알아
야 할 것이니라.
33 너희가 과연 나의 법전이 잘못되었으
며 내가 나의 아들을 통하여 너희를
깨우치고자 하는 그 역사가 잘못되었
다면, 그 부분을 찾아 나의 아들에게
와서 갑론을박하라.
34 그러면 내가 너희에게 나의 아들을 통
하여 직접 답을 명할 것이니 그리하라.

6,694 번째 하나님 말씀

2003년 7월 11일 17시 43분

1 사랑하는 나의 아들아!
2 "네, 아버님! 말씀하옵소서."
3 수천 년 동안 흘러오는 종교 집단의
만행이요, 그들이 잘못 가는 것을 나
의 피조물 만백성이 깨닫고 아는 자들
이 있으며 그를 광분하는 자들이 있음
이니라.
4 그리하여 모든 종교 집단이요, 지도자

들이 지금 가는 것, 그리고 나의 아들
예수의 보혈로써 구원을 받았으며 천
국의 문을 들어올 자격을 받았다는 그
백성 속에서도 자기들이 가는 것이요,
지금의 믿음의 형태로써는 절대 구원
을 받을 수 없으며, 하늘에 오를 수 없
으며 나 여호와가 절대 기억조차도 하
지 아니할 것이며,
5 그리고 너희가 나를 위해서 오는 길
이 아니요, 지옥으로 가는 길을 달려
가는 백성의 집단이라 하여 울분하여
글로 써서 전하는 자가 있으며,
6 몇 권의 책으로 역사하여 그들에게 믿
음의 길을 깨우치며 하늘에 오르는 길
을 바로잡고자 몸부림치는 선택된 백
성이 수없이 있음이니라.
7 종교 지도자들이 잘못한 것을 목에 걸
고 서서 전하는 사람도 있지 않더냐?
8 그와 같이 책으로 전하며 말로써 전하
며 광분하는 백성이 수없이 있음이니
라.
9 때로는 나의 성령을 직접 받았다고 말
하는 자, 나로부터 메시지를 직접 받
았으며 예수로부터 직접 받았다 하여
한두 권의 책을 만들어 세상에 전하면
서 그것이 하늘의 뜻이요, 지금의 가
고 있는 너희가 잘못된 것임을 알고
부르짖는 백성이 많이 있음이니라.
10 그리고 그들은 다시 태어나지 아니하
면 절대 구원을 받지 못하며, 오늘의
교회의 형태로써는 아니 되며 모든 종
교 집단들이 변화되지 아니한다면 절
대 구원을 받지 못한다는 것을 아는
백성이 수없이 몸부림치며 외치고 있
음이니라.
11 그러나 너희는 여기서 알아야 할 것
이니라.
12 그들이 책 한두 권을 만들어서 부르짖
으며 메시지를 받았다며 나의 성령을
직접 받았다 말하며 나의 성령을 직접
받았다 말하며 책으로 기록하여 전하
는 그 백성은 과연 어떤 것을 깨우쳤
는가?
13 그들 역시 지금의 기존의 틀에서 벗어
나지 못하고 개혁하고 변화한다 하며
그리 말하고 있음이니,
14 이것이 나의 법전과 거리가 먼 것임을
너희는 알아야 할 것이니라.
15 지금의 믿음이 잘못 가며 잘못되었다
고 울분하며 광분하는 백성, 그리고
책으로 만들어 그를 전하며 깨우치고
자 몸부림치는 백성, 그리고 성서를
태우며 너희 손으로 지은 그 교회를
가지 아니하며 그곳에 침을 뱉어 향변
하는 백성, 다른 길을 가지 아니하면
안 된다는 그와 같은 백성, 너희가 개
혁하고 변화하고자 하는 것을 나는 아
나,
16 너희는 지금의 모든 종교 집단의 그
기본 틀을 벗어나지 못하며 지금 개혁
하고 변하고자 하니, 이것이 잘못되었
음을 알아야 할 것이니라.
17 헌금을 받아들이는 것을 탓하지 아니
하며, 재물을 거둬들이는 것을 탓하지
아니하며, 종교 지도자들이 변하지 아
니하는 것을 탓하지 아니하며,
18 그저 예수의 보혈로써 구원받았다는
것, 천국의 문을 저희가 마음대로 들
어올 수 있다고 말하는 이와 같은 모
든 기본의 틀이요, 그 모든 것을 고치

지 아니하며 변화되지 못하는 그 속에
서 개혁을 부르짖고 변화를 부르짖음
이니, 이게 바로 무엇인 줄 알겠는가?
19 너희는 개혁이요, 변화를 가는 것이
아니요, 제 꼬리를 제가 잘라 먹는 그
와 같은 형국으로써 개혁하며 변화를
한다 그리 울부짖으니,
20 그게 세상에 이루지 못하며 그 역사를
이루지 못하는 것이 바로 무엇인 줄
알겠는가?
21 나의 뜻이 아니기 때문임을 너희는
알아야 할 것이니라.
22 이제 너희는 나의 법전을 들여다보라.
23 내가 말함이 어디에 있는가?
24 나는 나의 아들을 통하여 지금 모든
기존의 틀을 바로잡으며, 그 기존의
틀을 벗어나서 하늘의 뜻이요, 나 여
호와가 이루고자 하는 그 역사를 나의
아들을 통하여 지금 전함이니,
25 그것이 바로 내 뜻임을 알며 내가 역
사함을 알아야 할 것이니라.
26 지금 성서를 가지고 잘못 가르치는 종
교 집단이요, 지도자요, 너희 지금의
형태로써는 절대 구원을 받을 수 없으
며 하늘에 올 수 없으며,
27 교회라는 문을 닫지 아니하면 하늘에
오르는 역사가 있을 수 없으며, 종교
지도자가 바뀌지 아니하며 믿는 신도
들의 정신 자세가 바뀌지 아니하면 절
대 구원을 받을 수 없다고 몸부림치
고 부르짖는 그 지도자라는 백성, 그
리고 지금의 집단에서 뛰쳐나오고자
하는 백성,
28 그러나 그들도 성서에 기록되어 있는
것이며, 지금까지 저희가 보고 배운
그 틀을 벗어나지 못하며, 그 속에서
맴돌고 있으며, 그 원천적인 사악한
뿌리를 벗어나지 못하며, 가지를 가지
고 몸통처럼 이루겠다는 그와 같은 어
리석은 짓을 하고 있음이니,
29 내가 제 꼬리를 잘라 먹어 가면서 부
르짖는 형국이라 말함이 여기에 있음
이니라.
30 그러나 나의 법전은 이 모든 것을 바
로잡음이니라.
31 모두를 다 바로잡는 이 무서운 역사함
을 너희는 알아야 할 것이며,
32 이와 같이 그 틀을 벗어 버리며 그 틀
을 잘라 버리며 그 틀을 벗어나서 새
로운 역사요, 새로운 시대를 열어 가
는 것은 나 여호와가 아니면 절대 이
룰 수 없으며 역사할 수 없다는 것을
알라.
33 이 세상에 변화하는 책이요, 개혁하는
책이요, 지금의 종교 집단을 질타하는
책이요, 종교 지도자들이요, 그 집단
들이 잘못 가는 것을 바로잡지 아니하
면 아니 된다고 부르짖는 그와 같은
백성, 너희가 수천수만 가지의 그와
같은 어떤 방법으로써 지금 가고 있는
것을 바로잡고자 한다 해도 그는 나와
관계없음이니라.
34 그는 무엇인 줄 알겠는가?
35 바로 너희가 기본의 틀을 바꾸지 못
하고 기존의 틀 속에서 벗어나지 못하
고 개혁이요, 변화를 하고자 함이니,
36 썩은 뿌리요, 썩은 것을 그대로 놔두
고 개혁하면 무엇을 하겠는가?
37 종자가 썩은 것을 가지고 아무리 심는
다 해도 아니 됨이니라.

38 먼저 심은 자는 썩었으니 제가 심는 것만이 새로운 싹을 틔울 수 있다 하여 너희가 심는 것이 썩을 것을 갖다 심으니,

39 썩은 그릇에 담겨 있는 것을 같이 심으면서 제 것은 새로운 것이요, 남의 것은 구습이니 버려야 한다 말하면 되겠는가?

40 그 모두를 다 버리며 새싹이 날 수 있는 건전한 씨앗으로써 심어야 하며, 새로운 씨앗으로써 심어야 그가 성장한다는 것을 알아야 할 것이니,

41 바로 그리하여 내가 그 모든 기틀에서 벗어나지 못하는 너희를 다스리며 문을 닫게 하며 새로운 새싹으로써 세상에 심어 그 씨앗이 뿌리를 내려 만백성에게 양식이 되고자 함이니라.

42 너희가 '일용할 양식을 주옵소서.' 하는 그것이 무엇이던가?

43 지금 바로 너희가 먹고사는 그와 같은 재물이던가?

44 그 양식이 아니니라.

45 나 여호와의 성령이요, 나 여호와의 뜻이니라.

46 그러니 일용할 양식이라는 것은 나의 뜻임이니, 내가 바로 나의 성령을 지금 나의 법전에 너희의 소원을 들어 내려보내는 것이니 그리 알라, 사랑하는 나의 아들딸들아!

6,695 번째 하나님 말씀

2003년 7월 11일 17시 53분

1 사랑하는 나의 아들아!

2 **"네, 아버님! 말씀하옵소서."**

3 일찍이 성서에 기록하여 내가 전하였느니라.

4 다른 보혜사가 올 것이며 성령이 또다시 올 것이며,

5 그리하여 다른 보혜사와 성령이 세상에 나와 '너희의 죄에 대하여, 의에 대하여, 심판에 대하여 너희를 책망하리라.' 그와 같이 소중하고 귀한 뜻을 내가 일찍이 너희에게 전하였음이니,

6 과연 나의 피조물 만백성이요, 믿음의 길을 가는 백성이라 하며 하늘에 오르는 은혜를 받았다는 백성, 그리고 저희만이 나로부터 선택된 백성이라 하여 오만방자함 속에서 젖어 있는 너희들, 과연 너희는 이 구절의 의미를 어찌 깨우치고 가르치고 있는가?

7 너희는 이를 한번 들여다봐야 할 것이니라.

8 너희는 구약과 신약의 성서를 예수의 시대요, 예수의 지난날의 한 시대는 2천 년으로써 새로운 시대가 열리고 있음을 인정해야 할 것이며, 새로운 시대를 내가 열어 가고 있음을 알아야 할 것이니라.

9 나의 성령이요, 새로운 성경이요, 너희를 심판하는 법전이 이 세상에 내려짐이니,

10 이제는 나의 법전을 갖고 공부하고 깨우치지 아니한다면 너희는 정녕 구원의 길을 올 수 없다 내가 그리 너희에게 말하였음이니라.

11 그러나 너희는 아직도 변하려 하지 아니하며, 그저 조상으로부터 대대로 이어받아 온 그 지난날 것에만 연연하고 있으며 그 길을 가고자 하는 데 온

갖 것을 다 바치고 있지 않은가?
12 그를 지키려고 너희는 목숨까지 바치
는 그와 같은 형국으로 지금 가고 있
음이니,
13 어찌하여 너희는 지금 새로운 시대가
열리고 있음을 모르고 새로운 시대에
동참하여 역사하고자 아니하며, 나 여
호와가 새로운 시대를 열며 새 시대를
역사하는 것에 참여하지 아니하며 그
를 핍박하는 자로 돌아서는가?
14 내가 새 시대를 여는 것은 천 년에 걸
쳐 새로운 역사를 이루며 너희가 그
리 갈구하는 하늘에서 이루어진 것같
이 이 지상의 낙원을 이루는 것이니,
15 그것이 나의 뜻이요, 내가 역사하는
것임을 중히 여겨야 할 것이니라.
16 너희는 지금까지 오면서 모든 종교 집
단이요, 너희가 가는 그 믿음이 잘못
되었다는 것을 그 지도자나 집단이나
또 믿음을 몇십 년 갔다는 그 백성은
알고 있을 것이니라.
17 그리고 너희 스스로 느끼고 있으며,
오늘의 삶으로써는 절대 구원을 받지
못한다는 것을 다 알고 있지 않은가?
18 그러면서 어찌하여 인간이 만든 교리
요, 교회의 법을 가지고 관습에 젖어
서 지금 벗어나지 못하며,
19 아무리 새로운 진리요, 나의 아들 예
수가 직접 내려가 너희를 깨우치며
내가 나의 음성으로써 직접 깨우친다
해도, 오늘의 그 믿음에서 절대 발을
빼지 아니하며 돌아서지 못하게 되어
있음이니라.
20 그것은 왜 그와 같이 굳어져 있는지
알겠는가?
21 종교 집단이요, 지도자 그들이 거기에
연연하는 것은 그 속마음이요, 그 뜻
이 따로 있으며 다른 데 있음을 너희
는 알아야 할 것이니라.
22 그들이 가진 속뜻은 무엇이던가?
23 나의 피조물 만백성을 진정한 진리의
길로 인도하여 구원을 받고 못 받는
것은 뒷전이요, 그저 무상으로 말로써
재물을 거둬들이며 육의 삶을 편안하
게 사는 길을 너무나 잘 알고 있기 때
문에 버리지 못함이니라.
24 꿀을 빨아 먹는 벌레처럼 그와 같이
단것을 빨아 먹고 살아온 그들은 자생
력이 없으며 그를 벗어나서 살 능력이
없는 자니라.
25 그와 같이 무능하게 되어 있음이니라.
26 너희가 세뇌되어 참진리를 모르며 듣
지 못하며 보지 못하는 무능한 것보
다도 종교 집단이요, 지도자가 그저
백성으로부터 무상으로 받아들이고
거둬들여 착복하고 살아왔기에, 그저
있는 꿀을 퍼마시며 있는 꿀을 빨아
먹는 그와 같은 삶을 살았기에,
27 감히 두렵고 무서워 변화하고자 하여
도 변화를 하지 못하며, 진정한 선택
의 길이 있다 해도 협착하고 어렵고
힘든 고난의 길을 갈 수 있는 능력이
없는 자들이니,
28 그들이 참진리를 모르고 '옳소! 믿습
니다!' 하며 재물과 시간을 바치고 따
라가는 백성보다 더 무능해졌으며 더
어리석은 백성이 되어 있음을 알아야
할 것이니라.
29 어린아이가 부모의 품을 떠나면 절대
살지 못하는 것처럼 그들은 겁먹고

사는 아이의 마음이 아니더냐?
30 그러나 그 아이가 서서히 크면 그 부
모의 품을 떠날 수 있는 용기가 생기
나,
31 어려서는 부모의 품을 떠나면 절대 살
지 못할 것처럼 울며불며 그 품을 떠
나지 아니하려는 그 어린아이보다도
못한 것이 오늘의 종교 지도자이니라.
32 그들은 재물을 거둬들이지 아니하면,
금화와 은화를 나의 피조물 만백성으
로부터 거저 무상으로 착취하지 아니
하면 살 수 없으며 견딜 수 없으니 그
끈을 끊을 수 없으며,
33 그 끈을 끊어 버리면 저희는 죽는 것
이요, 죽음이라는 것을 생각하며 살
수 없다고 그들이 깨닫기 때문이니,
이게 바로 무엇이더냐?
34 육의 고통에서 죽는 것보다도 올바른
믿음이요, 진정한 하늘에 오르는 길을
보고 죽음으로써 그 길을 달려올 수
있는 그와 같은 용기와 깨달음이 없는
자들이니라.
35 그리하여 무상으로 거둬들여 꿀을 빨
아 먹는 그 마음의 편안함과 즐거움
속에서 그들은 그것을 놓으면 살 수
없다는 것을 스스로 알기 때문에,
36 아무리 참진리요, 내가 직접 내려가
그들에게 강론하며 나의 아들 예수가
직접 내려가서 강론한다 해도 절대로
믿지 아니하며 발을 빼지 못하도록 너
희를 끌고 갈 것이니라.
37 나의 아들을 통하여 160권의 법전이
세상에 나감이니, 이를 보고도 저희가
기적이요, 나 여호와의 역사라는 것을
알 수 있지만, 그들은 절대로 그리하
지 아니하느니라.
38 아무리 나의 법전을 읽고 깨우쳐 이것
이 나 여호와의 뜻이라 해도 그들은
절대 이를 너희에게 읽게 하지 아니
하며,
39 이는 사탄이요, 사악한 자요, 성서에
기록되었듯이 마지막 시대에 오는 사
악한 자라 그리 가르칠 것이니라.
40 성서의 비유의 뜻을 알지 못함이니,
저희에게 유리한 쪽으로만 해석하며
저희 생각대로 갖다 붙여 대기 때문에
그러함이니 그리 알라.

6,696 번째 하나님 말씀

2003년 7월 11일 18시 02분

1 사랑하는 나의 아들아!
2 "네, 아버님! 말씀하옵소서."
3 이제 수천 년 동안 구약의 시대요, 신
약의 시대가 흘러오면서 준비의 출발
단계요, 중간 단계요, 그와 같은 과정
을 거쳐 왔음이라 내가 너희에게 말하
였음이니라.
4 그리하여 지금 마지막 시대에 나 여호
와가 직접 주관하여 제3의 시대를 열
어 가며 나의 성령이요, 나의 모두를
태워 내가 너를 통하여 160권의 법전
으로써 하늘의 뜻을 내림이니,
5 이를 보고 깨우치는 것이 하늘에 오르
는 기본이요, 근본이라 하였음이니,
6 내가 너희에게 내린 상 중에서 가장
큰 상이며 영광이요, 축복인 것을 너
희는 알아야 할 것이니라.
7 그러나 지금의 모든 백성 너희에게 무
엇이 가장 소중한 것인지를 알겠는가

지금 소중함이 무엇인지를 모르고 살
아가는 백성이 너희니라.
8 그저 구약 시대에 이루었던 그 역사
요, 모세의 그 역사요, 나의 아들 예수
가 이루었던 지난날의 그 역사만이 위
대한 것이며,
9 그때 시행되었던 그 모든 것만이 환상
적으로써 그와 같은 역사가 너희에게
도 이루어질 것이며,
10 그것만이 나 여호와의 뜻이요, 나를
믿는 백성이요, 나로부터 축복받는 백
성은 그와 같은 것이 이루어지는 것이
라며 그와 같이 이루어지기를 바라고
간곡히 기도하는 것이 너희가 아니더
냐?
11 그러나 너희는 그 모든 것에서 깨어
나야 함을 알아야 할 것이니라.
12 지금 너희에게 가장 소중한 것은 나
여호와가 역사하고자 하는 뜻과 내가
이루고자 하는 그 뜻과 방향을 올바로
깨달아 육이 살아 있는 이 세상에서
너희가 다시 태어날 수 있는 그와 같
은 삶을 사는 것임을 알아야 할 것이
니라.
13 지금 나 여호와가 이루고자 하는 것은
천 년에 걸쳐 새로운 시대요, 하늘에
서 사는 천사처럼 지상에 사는 나의
피조물 만백성이 그와 같이 변화되는
세상,
14 그리고 하늘에서 이루어진 것같이 지
상에서 모두가 이루어지는 그와 같은
형국으로 내가 역사하는 것을 알며 그
를 깨달으며 거기에 동참하는 그와 같
은 길을 살아감이요,
15 죽어서 두 번째 심판을 받는 그 죽음
에 대비하여 그 순간에 영원히 다시
태어날 수 있는 그 역사의 은혜를 입
을 수 있는 오늘의 삶이 얼마나 중요
하고 귀한 것인가를 너희는 알아야
할 것이니라.
16 너희가 오늘의 삶을 허송세월하며 오
늘의 삶을 그저 말로써 믿으며 말로써
구원받으며 사랑과 선행을 하지 아니
하고 산다면,
17 너희에게 한 번 주어진 그 위대한 기
회요, 소중한 기회요, 너희가 모두를
얻을 수 있는 것을 스스로 버리고 사
는 삶이라는 것을 알아야 할 것이니라.
18 너희가 두 번째 죽음의 그 순간에 영
원히 다시 태어날 그 기회를 내가 너
희에게 다시 한 번 주었거늘,
19 그 영광된 기회를 그저 버리는 것이며
그 모두를 다 함부로 쓰고 감이니라.
20 그리고 그 소중함을 알지 못함이니,
너희가 나의 아들딸로서 다시 태어나
는 영광은 정녕 지금의 오늘의 삶으로
써는 절대 이룰 수 없다는 것을 너희
는 알아야 할 것이니라.
21 오늘의 그와 같은 삶이요, 믿음으로써
는 절대로 나의 아들딸로서 다시 태어
나며, 영원히 나를 아버지라 부르며,
내가 나의 아들딸로서 내 품에 영원히
안고 살 수 있는 그와 같은 은혜의 영
광이요, 우리의 만남은 이룰 수 없다
는 것을 너희는 알아야 할 것이니라.
22 지금부터 너희라도 바로 살아야 할
것이니라.
23 그리고 나 여호와의 뜻을 올바르게 깨
달으며 내가 역사하는 것을 바로 알아
야 할 것이니라.

24 그리 살아가기 위해서는 나의 법전을 정독하고 읽고 또 읽어 그 속에 기록되어 있는 내용을 보는 것이니라.
25 그를 보지 아니하면 구원의 길을 볼 수 없다는 것을 내가 수천 번 기록하여 전함이니, 너희는 이 뜻을 어찌 생각하는가?
26 나의 모두를 태워 보내는 나의 법전을 정독하는 것이 하늘에 오르는 길이라 그리 가르쳤거늘,
27 어찌하여 너희는 이를 보려 하지 아니하며 읽으려도 하지 아니한단 말이던가?
28 이 세상에 역사하는 모든 것은 나의 주관이라 그리하였거늘, 어찌하여 너희는 나의 법전 하나를 읽으려 하지 아니하는가?
29 너희가 얼마나 어리석고 우매한 백성이라는 것을 내가 가르쳐 주지 아니하였더냐?
30 너희가 아무리 똑똑하며 과학의 극치라 해도, 떨어지는 낙엽이요, 밟고 다니는 그 풀잎이요, 그리고 땅속에 사는 하나의 미물이요, 그것 하나도 제대로 연구하고 제대로 아는 것이 없으며 변화의 역사를 알지 못하는 것이 너희라 하지 아니하였더냐?
31 그런 너희가 어찌하여 내가 나의 뜻을 기록하여 나의 아들을 통하여 이 대장정의 역사를 하는 것마저도 그저 알아보지도 아니하려 하며, 연구하여 보지 아니하려 하며, 들여다보지 아니하려 하는가?
32 이 세상의 존재하는 모든 것은 다 나의 뜻이니라.
33 그러니 나의 법전을 읽고 깨우치는 자만이 이 세상의 모든 이치를 알 수 있음이니라.
34 과학의 극치로써 가장 머리 좋은 사람이 현대 무기요, 현대 과학이라는 것을 만들어 내도,
35 너희가 밟고 다니는 그 이파리 하나 제대로 어떠한 성분이요, 특성이며, 어떠한 의미에서 이 세상에 존재하는지를 모르고 간다 하지 아니하였더냐?
36 그 모두를 알 수 있는 것이 나의 법전에 기록되어 있음을 알라, 사랑하는 나의 아들딸들아!

6,697 번째 하나님 말씀

2003년 7월 11일 18시 13분

1 사랑하는 나의 아들아!
2 "네, 아버님! 말씀하옵소서."
3 너희는 나의 아들 예수의 보혈로써 구원을 받았다 말하며 그로 인하여 다 천국에 들어올 수 있다 그리 말하고 사느니라.
4 그 말의 의미는 과연 어디서부터 전래되었는가?
5 너희가 구약 시대에 속죄 제사의 제물로써 제사를 지낼 때 양이요, 소를 잡아 제사를 지냈으니,
6 그 피를 흘려 죽은 것으로써 너희 죄가 속죄되었으며, 죄를 사하는 제사를 지내어 너희는 속죄받았다 말하며 그와 같이 살아오는 것이니라.
7 그와 같이 너희가 양이나 소를 죽여 그 피로써 속죄함 받은 것을 머릿속에 기억하며 그를 지우지 못하고 있기에,

8 너희는 그를 연계하여 그 생각 속에서
아직도 나의 아들 예수가 죽음으로써
그 피로써 죄 사함을 받은 것은 당연
하며,
9 짐승의 피로써 죄를 사함 받았던 것을
나의 아들이 직접 죽음으로써 나의 아
들의 피로써 구원받았다 그리 생각하
니,
10 그 착각 속에서 너희가 나의 아들의
'보혈, 보혈' 부르짖으며 나의 아들을
찾기만 해도 '주여!', 구세주라 부르기
만 하여도 너희는 구원받았다는 생각
을 하고 살아가는 것이 아니던가?
11 짐승이 죽어 갈 때 무엇을 남기는가?
12 짐승은 죽어 갈 때 아무런 유언을 너
희에게 남기지 못했으며 깨우침을 주
지 못하고 그저 그리 죽어 갔음이니라.
13 그러나 다만 너희가 죄를 지으면 그
짐승들은 너희 인간이 지은 죄를 저들
이 대신 죽어 감이니,
14 저들이 죽어 가는 이와 같은 형국을
보고 너희 죄가 무서운 것이 무엇인가
를 깨달으라는 그 하나의 본보기로서
그와 같이 죽어 간다고 내가 말하지
아니하였는가?
15 그러나 너희는 알아야 할 것이니라.
16 짐승들은 죽어 가면서도 말이 없었음
이니라.
17 그리고 그들은 유언을 남기지 아니하
였음이니라.
18 그리고 너희를 깨우쳐 가르치고자 하
는 어떠한 말도 남기지 못했으며 너희
에게 전하지 못하였음이니라.
19 아무런 죄도 없는 그 짐승이 비참하게
죽어 가면서 제가 왜 죽느냐 하는 항
변도 하지 못했으며,
20 그가 죽어 갈 때의 그 고통스러운 심
정을 너희에게 말하지 못했으며, 그것
하나 전하지도 못하고 그저 죽어 간
것이 짐승이니라.
21 그는 짐승이기 때문이니라.
22 그래도 나의 백성을 깨우치는 그 하
나의 일은 다하고 그들은 죽었음이니
라.
23 그러나 너희는 지금 나의 아들이 죽어
간 것을 뭐라 말하느냐?
24 짐승은 말없이 죽어 갔으나, 나의 아
들은 죽어 가면서 무엇을 남겼느냐?
25 사랑이라는 것을 남겼으며, 그리고 너
희가 베풀며 살아가는 것을 남겼으며,
26 '저를 죽게 하는 자들을 용서하여 주
옵소서.' 하여 나 여호와의 사랑이 어
디까지며 나 여호와의 사랑이 끝이 없
음을 나의 아들 예수는 그리 남겼으
며, 너희는 그리 지키고 살라 그리 나
의 아들이 너희에게 남겨 준 것이니라.
27 더군다나 나의 아들의 그 피와 짐승들
의 피와 견주어서 지금 똑같이 속죄양
으로서 썼다는 것과 속죄양으로서 이
세상에 와 죽어 간 것처럼 같은 맥락
으로써 생각하는 너희가 지금 얼마나
사악하고 간악한 자들인가?
28 짐승이 죽어 가는 그 피로써 제사 지
내 죄 사함을 받았으면서도, 이제는
나의 아들이 죽어 가 그 피로써 너희
가 죄 사함을 받았다 하여,
29 짐승이 죽어 간 피와 나의 아들이 죽
어 가면서 마지막 한 방울까지 흘렸던
그 피의 대가를 똑같이 생각하고 똑같
이 바라보는 그 착각과 생각 속에서

나의 아들 예수의 보혈로써 구원받았
다고 너희는 말하는 것이 아니던가?
30 짐승의 피로 죄를 다 씻어 준 것이라
는 그와 같은 의미를 아직도 버리지
못하고 있기에,
31 나의 아들 예수의 보혈도 그 피와 같
이 견주어 보며 그 보혈로써 은혜를
받았다 하며 지금 그와 같이 하고 있
지 않은가?
32 나의 아들이 죽어 가면서 남긴 그 말
의 의미를 너희는 아느냐?
33 나의 아들이 죽어 가면서 너희에게
남긴 그 말의 의미를 되새겨야 할 것
이며,
34 말없이 죽어 간 그 짐승들이요, 나의
아들이 남기고 간 그 위대한 말의 차
이점이 하늘과 땅보다도 더 위대한 것
이거늘,
35 어찌하여 너희는 그저 보혈로써 구원
을 받았으며 보혈로써 은혜를 받았다
는 그 착각 속에서 그리 생각하며 살
아가는가?
36 너희는 나의 아들이 죽어 가면서 남긴
말의 그 뜻이 그가 흘린 보혈보다도
더 위대하고 소중하다는 것을 알아야
할 것이니라.
37 나의 아들이 피를 흘리는 것보다도 나
의 아들이 죽어 가면서 너희에게 마
지막 남긴 말이니라.
38 '그들을 사랑하여 주옵소서.' 하여 나
여호와의 사랑이 끝이 없음을 보여 주
며,
39 그대로 지키고 행하며 사는 것이 하늘
에 오르는 길이요, 구원을 받는 길이
라 너희에게 가르쳐 준 것이 나의 아
들이 흘린 보혈보다도 더 위대함이니,
40 그러니 나의 아들의 그 보혈은 무엇인
줄 아느냐?
41 나의 아들이 죽어 가면서 너희에게
남긴 그 소중한 말 한마디이니라.
42 '저들을 용서하여 주옵소서, 아버님!'
그리고 나 여호와의 뜻을 만백성에게
깨우쳐 주며 전하고자 했던 나의 아들
의 그 죽음이,
43 그리고 그가 남긴 그 말 한마디가 어
찌 그 피와 견주어 본다 말할 수 있겠
느냐?
44 그 피보다 더 소중한 것이 나의 아들
이 남긴 그 말이니라.
45 그러니 너희가 그 피가 가장 소중하다
면, 나의 아들의 그 보혈은 무엇인 줄
알겠느냐?
46 '아버님, 저들을 용서하여 주옵시고,
저를 죽게 한 자들을 용서하여 주옵소
서.' 그리 남긴 그것이 바로 보혈의 의
미임을 너희는 알아야 할 것이니라.
47 예수의 보혈이라는 것은 피를 흘려 죽
어 간 것이 보혈이 아님을 알라.
48 그가 죽어 가면서 남긴 그 말 한마디,
'모두를 사랑하노라. 그리고 저를 죽
게 한 그들까지도 사랑하느니라.' 그
리하여 전한 그것이 보혈임을 알라.
49 너희가 예수의 보혈의 소중한 뜻을 알
지 못하며, 짐승이 흘린 피와 나의 아
들이 마지막 한 방울까지 흘린 그 붉
은 피로 구원을 받으며 그것 때문에
너희의 모든 죄를 용서해 주었다 생각
하니,
50 나의 아들의 피로써 너희 죄를 대속
한 것이 아니요,

51 나의 아들이 너희에게 남긴 말 한마
디요, 모두를 사랑하며 저를 죽게 한
자를 사랑해 달라는 나 여호와의 끝
이 보이지 않는 그 사랑을 만백성에게
전하고 죽은 것이니,
52 보혈이라는 것은 예수의 피 흘림이 아
니요, 예수가 남기고 죽어 간 그 말 한
마디가 보혈임을 너희는 알아야 할
것이니,
53 이 귀중한 것도 모르는 자들이 어찌하
여 만백성을 깨우쳐 하늘에 오르는 길
을 인도한다 말하느냐?
54 나 여호와의 이 아픈 가슴을 이제는
너를 통하여 만백성에게 전함이니,
55 너의 제자들에게 깨우쳐 주며 만백성
에게 전하도록 그리하라, 사랑하는 나
의 아들아!

6,698 번째 하나님 말씀

2003년 7월 11일 18시 19분

1 사랑하는 나의 아들아!
2 "네, 아버님! 말씀하옵소서."
3 모세가 선택된 그 백성을 이끌어 나오
며 광야의 그 역사함이요, 그를 이끌
기 위하여 그가 보였던 모든 기적이
요, 광야의 그 모든 생활이요, 모세가
나로부터 십계명을 직접 받은 그 역사
요,
4 그리고 나의 음성을 들으며 나의 형체
를 본 그와 같은 역사를 생각하며, 그
와 같은 것이 이루어지기를 생각하는
것이 너희가 오늘의 믿음의 길을 가
는 것이 아니던가?
5 너희는 그와 같은 역사에 연연해서는
아니 되며 그와 같은 역사가 또다시
이루어질 것이라는 생각을 해서는 아
니 됨이니라.
6 너희가 모세의 일대기를 통하여 얻을
것은 무엇인 줄 알겠는가?
7 순종함이니라.
8 어렵고 힘들 때마다 순종했으며 그가
기도로써 역사한 것, 바로 그것을 배
워야 함을 잊지 말며, 그것이 너희의
몫임을 잊지 말라.
9 노아의 방주는 그 노아가 그와 같이
방주를 만든 것은 무엇이더냐?
10 그가 노아의 방주를 탐으로써 그 가족
이 은혜를 입어 구원의 길을 얻은 것
을 생각하며, 너희도 그와 같은 자가
되고자 하는 생각을 해서는 아니 됨이
니라.
11 모든 비웃음과 비아냥거림을 다 접어
두고 그 방주를 만든 노아의 순종함
이요, 나의 뜻에 거역하지 않는 그것
만이 너희 것임이니라.
12 노아의 방주에서도 그 뜻을 거역하지
않는 것을 배우며, 그것만이 너희 몫
임을 알라.
13 또한, 욥의 그 고통은 무엇이던가?
14 욥의 훈련 또한 그러하니라.
15 그가 모든 고통을 겪고 나서 얻은 그
영광이요, 그가 견디는 것이 문제가
아니라,
16 그가 나의 뜻에 순종하며 내 뜻에 따
라 행했던 그 믿음을 너희 것으로 만
들며 그와 같은 믿음의 길을 가는 것
이 너희가 행해야 할 것임을 알아야
할 것이니라.
17 나의 아들 예수가 죽음으로써 피 한

방울까지 모두를 다 쏟으며 죽어 갔던
그 삶은 또 무엇이더냐?
18 나 여호와의 뜻에 순종하였으며 나의
뜻에 따랐음이니,
19 예수가 살아가면서 이루었던 수많은
기적이요, 역사에 연연하지 말며, 그
와 같은 역사가 지금 이루어지기를 바
라며 네 주변에서 그와 같은 은혜와
역사가 이루어지기를 바라는 것이 아
니라, 너희는 오로지 무엇을 바라야
되겠는가?
20 예수가 그와 같은 고통으로써도 거역
하지 아니하며 순종하며 명에 따라왔
던 그 순종함을 배워야 하며 그것이
네 것이라는 것을 잊어서는 아니 됨을
알라.
21 지금 너희는 어찌해야 하는가?
22 나의 아들을 따르는 제자들이요, 나의
법전을 읽고 깨우친 백성 너희는 알
아야 할 것이니라.
23 내가 나의 아들에게 '너는 나의 뜻을
기록하여 법전으로 만들어 세상에 내
라.' 명한 한마디에 '예.'라는 대답과
함께 지금 160권의 법전을 만들어 세
상에 전하고자 밤과 낮을 가리지 아니
하며,
24 어떠한 시련과 고통이 온다 해도 굴하
지 아니하며 생각지 아니하며, 오로지
기도와 경배로써 법전을 만드는 나의
아들이 따라가는 그 모습이요, 순종하
는 그 모습을 너희는 거기서 봐야 할
것이니라.
25 순종하는 그 믿음이요, 내가 존재함을
믿고 가는 그것만이 너희가 배워야
할 것이며 너희 것으로 만들어야 할
것이니라.
26 기적과 역사를 이루는 것을 너희 것으
로 만들며 그와 같은 것을 생각하는
믿음의 길을 가는 것은 너희의 욕심
이며, 아직도 너희는 욕심의 뿌리를
버리지 못한 백성이니라.
27 너희는 나의 아들을 통하여 내리는
160권의 법전이요, 강론을 듣는 것이
요, 그 역사함의 위대함 속에
28 무엇을 생각하며, 무엇을 이루고자 생
각하며, 너희가 육의 편안한 점을 생
각하고 산다면, 너희는 정녕 반석 위
에 서서 하늘에 오르는 빛을 볼 수 없
음이니라.
29 구약과 신약에서 모든 역사한 것, 그
리고 나의 아들을 통하여 역사하는
것, 그 모두 다 너희에게 순종하는 것
을 가르치며, 순종이 곧 믿음이니라.
30 나를 향하는 믿음이 얼마나 굳었기에
그들이 순종했으며 그 역사를 했는가?
31 너희는 두 주먹을 불끈 쥐고 오로지
믿음이요, 순종만을 가슴에 생각하고,
32 노아가 그 가족의 은혜를 입은 것, 그
리고 욥이 은혜를 입은 것, 나의 아들
예수가 역사했던 것, 그리고 모세가
받았던 그 은혜요, 이루었던 그 기적
의 역사 그것은 모두 너희와 관계없
는 것이니,
33 거기에 아직도 꿈에서 깨어나지 못하
는 그와 같은 생각 속에 헤매지 말라.
34 너희가 오로지 할 것은 순종이요, 믿
음이니라.
35 그리고 내가 존재한다는 절대적인 믿
음이요, 그 순종에서 욥이요, 모세요,
예수요, 지금의 나의 아들이 '네, 알겠

습니다.' 하고 대답하고 지금 160권을
만들어 가는 그 순종함을 너희 것으
로 만드는 것임을 잊지 말라, 사랑하
는 나의 아들딸들아!
36 이제는 너희가 예수의 보혈의 의미를
알았을 것이니라.
37 예수의 보혈의 의미는 예수가 피를 흘
려 너희를 구원하고자 하는 것보다
더 위대한 것은,
38 '저를 죽인 자를 사랑하여 주옵소서.
39 용서하여 주옵소서.' 그리하여 나의
사랑이요, 내가 너희를 사랑하는 그
깊이와 넓은 마음을 만백성에게 길이
전하여 내가 사랑하는 것을 깨우쳐 주
고자 했던 나의 아들 예수의 그 마음
이요,
40 그를 보고 배워 하늘에 오르라 가르친
예수가 남긴 그 말이 보혈임을 알라.
41 그러니 너희가 예수의 보혈로써 구원
을 받았으며 구원을 받고자 한다면,
42 예수가 남기고 깨우쳐 주고자 했던 그
행적을 그대로 행하고 사는 것이 너희
가 예수의 보혈로써 구원받는다는 이
무서운 사실을 알라.

6,699 번째 하나님 말씀

2003년 7월 11일 20시 48분

(강론을 마치며)

1 사랑하는 나의 아들아!
2 **"네, 아버님! 말씀하옵소서."**
3 너희는 이 우주 공간의 움직임이요,
형성되는 것이 과연 얼마나 많은 것으
로써 이루어지는가?
4 하나의 오차도 없이 물속에서, 지상에
서, 나무 위에서, 공중에서, 나의 우주
공간의 그 모두가 존재하며 생명체들
이 지금 움직이고 살아가고 있음이니
라.
5 그것이 얼마나 방대하고 위대한 것인
지 알겠는가?
6 너희가 그를 깨우치며 알고 보고 접하
고 가는 것이 과연 얼마나 된다고 생
각하느냐?
7 우주 공간에 너희 눈으로 보는 것, 만
질 수 있는 것, 확인할 수 있는 그와
같은 것도 단 하나라도 그 특성의 깊
이까지는 깨닫지 못하는 것이 너희라
그리 말하지 아니하였던가?
8 지금 내가 나의 법전 160권을 세상에
내려보냄이니, 대장정의 160권을 가
지고 깨우치고 읽는다 해도, 이를 다
암송한다 해도
9 너희가 변화되는 삶을 살지 못한다면,
너희는 하늘의 뜻을 아무것도 알지 못
하는 자와 같음이니라.
10 160권의 나의 법전으로써 하늘의 뜻
을 다 표현할 수 있겠는가?
11 너희가 하늘을 두루마리 삼고 바다를
먹물 삼아 쓰고 또 써도 그를 다 전하
지 못한다는 말이 있듯이,
12 과연 나의 160권의 법전을 읽으면서
몇 분의 몇이나 알 수 있겠느냐?
13 그러니 너희가 이를 알 수 있는 것은
무엇인 줄 알겠느냐?
14 너희가 마음을 비우는 것이니라.
15 너희가 욕심을 비우고 마음을 비우고
정독했을 때, 이 160권을 기초로 하여
하늘의 뜻을 알며 그 모두를 깨우치는
그와 같은 깨달음을 얻게 되며, 내가

너희 눈을 뜨게 하며 마음을 열어 줌
이니라.
16 그러니 너희가 마음을 아직 열지 못
하는 자세로써는 160권을 암송한다
해도 거기에 기록되어 있는 그 뻣뻣
한 내용이요, 굳어진 내용밖에는 알
수 없는 것이니라.
17 그러니 너희는 160권을 읽고도 깨우
치지 못하거늘, 지금 구약이요, 신약
성서가 내려졌음이니, 그와 같은 것을
깨우치는 것이 또한 어떠한 의미가 있
는 줄 알겠는가?
18 너희가 욕심을 버리며 천사와 같은 마
음으로써 그를 접했을 때 그 비유의
뜻을 알며 성서에서 너희에게 가르쳐
주고자 하는 뜻을 알 수 있음이니라.
19 그러나 마음을 비우지 못한 백성이
아무리 암송하고 읽고 읽는다 해도
20 그것은 나무토막을 보는 것처럼 너희
들이 깨달음이 없으며, 생명력이 없으
며, 숨 쉼이 없으며, 움직이는 것을 알
수가 없음이니라.
21 그러니 너희가 마음을 비우고 읽는
것밖에는 없음이니, 너희가 마음을 비
워야 함을 알아야 할 것이니라.
22 이 우주의 공간에 있는 그 모두도 알
지도 못하는 자들이, 성서의 구약이
요, 신약을 읽고 깨우쳐 과연 얼마나
깨달았으며 얼마나 알기에,
23 하늘의 문을 여는 것처럼, 그리고 나
의 고유 권한이요, 내가 너희를 구원
하고 구원하지 않는 그 결정적인 모두
를 다 너희가 역사하는 것처럼 그리
하니,
24 얼마나 오만방자한 행위를 하고 있는
지 과연 너희는 알고 있는가?
25 그러면서 나의 피조물 만백성을 구원
한다며 너희는 그 대가를 거둬들임이
니,
26 내가 사랑은 무엇이라 말하였느냐?
27 하나를 받았을 때 둘을 주는 것이 사
랑이요, 선물도 갚을 자격이 없으면
받지 말라 내가 일찍이 너희에게 그리
깨우쳤거늘,
28 너희는 우리 부자의 이름을 팔면서 평
생 거둬들이는 그와 같은 행위를 하고
있음이니,
29 그것이 사랑이며 그것이 나의 뜻에 의
해 사는 자라 생각하는가?
30 이제 내가 너희에게 말함이니, 너희는
피를 묻힌 그 손과 발이요, 입으로써
나에게 기도하고 경배한다며 행동하
는 것, 그 모두가 나를 아프게 하고 있
음을 너희는 알고 있는가?
31 이제는 너희의 피 묻은 손을 씻어야
할 것이며, 피로써 얼룩진 너희 몸을
씻을 때가 되었음을 알아야 할 것이
니라.
32 너희는 지금 피로 얼룩진 손과 피로
얼룩진 몸으로 나에게 기도하고 경배
하나, 이는 내가 듣지 아니하며 들을
수 없음이니라.
33 그리하여 내가 160권의 법전을 내리
는 것은 너희의 피 묻은 손이요, 피 묻
은 몸을 씻어 주는 그 진리의 뜻이 거
기에 있기에 내려보냄이니,
34 나의 법전을 가슴에 안고 정독하여 피
비린내나는 그 손발을 다 깨끗이 씻
으라.
35 그때만이 너희의 기도하는 소리를 내

가 들을 수 있으며 형체를 볼 수 있음
이니라.
36 지금 너희의 모든 형태는 피로 덮여
있으며 피로 범벅이 되어 있어 너희를
볼 수 없음이니, 이는 무엇을 의미하
는가?
37 너희가 지금까지 살아온 그 죄목 하나
하나를 내가 알고 있음이니라.
38 내가 번갯불보다 빨리 지나가는 너희
가 짓는 죄를 하나도 놓치는 것이 없
다 하였거늘,
39 지은 죄를 너희 몸에다 감고 감아 놓
으니 피로 얼룩진 것과 같이 그 죄목
이 덮여 있는 것이 바로 피를 묻히며
피로 덮여 있는 형국이라 함을 알겠
는가?
40 너희는 그와 같이 모든 죄목으로써 몸
을 감지 않는 자 있거든 나와 보라.
41 너희의 몸을 감고도 남는 것이 지금까
지 살아오면서 지은 죄니, 바로 사탄
의 피로써 몸을 다 덮어 놓고 있으며
피로써 물들어져 있는 것이 너희 모
양이니라.
42 그러니 나의 법전으로써 그 피를 씻도
록 그리하라, 사랑하는 나의 아들딸들
아!
43 그 길밖에 없음을 알라.

6,700 번째 하나님 말씀

2003년 7월 11일 23시 50분

1 사랑하는 나의 아들아!
2 "네, 아버님! 말씀하옵소서."
3 네가 이 세상에 나로부터 생명을 받아
나감이니, 네가 살아왔던 그 세월의
삶은 과연 어떠했는가?
4 그리고 네가 나의 성령을 받아 나의
법전을 기록하여 만백성에게 전하는
그 대명을 받은 그 후에 네가 산 세월
은 과연 얼마나 되는가?
5 네가 나의 성령을 받기 전에 살아온
것이 60에 가까운 세월을 살았으며,
또한 네가 나로부터 성령을 받아 역사
한 것이 3년이라는 그 세월이 흐르고
있음이니,
6 과연 너는 60이 다 되는 그 삶까지 살
았던 네 삶이 얼마나 아름다우며 정교
하고 질서정연한 삶을 살았다 생각하
는가?
7 너희가 말하듯이 앞뒤가 맞지 않으며
뒤죽박죽 같은 인생의 삶을 네가 살았
음이니,
8 나의 성령을 받아 내가 깨우치게 한,
그 3년의 세월과 네가 60년이 가까운
그 삶을 산 것 중에 어떠한 것이 더 소
중하며, 지금의 삶이 얼마나 귀하고
소중한 것인가를 너는 알 것이니라.
9 그러니 내가 너에게 이와 같은 뜻을
묻는 이유는 무엇인 줄 알겠는가?
10 네가 지금 근 60이 가까워 오도록 살
아온 삶에 의미가 없으며 뜻이 없으며
그리고 목적 의식이 없으며 남에게 내
놓을 만한 삶을 살지 못했다 하면,
11 네가 3년 동안 산 삶이 얼마나 값진
것이고 위대한 삶인지를 알겠는가?
12 네가 지금 160권의 법전을 제대로 만
들어 만백성에게 전하는 그 과정에서
바로 서지 못하며 네가 깨우치지 못하
여 천사와 같은 삶으로 변하지 못한다
면,

13 네가 60평생을 육으로써 살아온 삶보
다도, 나의 성령을 받아 3년이라는 세
월을 살아와 지금 90여 권에 가까운
나의 법전을 기록하며 살아온 삶이 너
의 육의 삶보다 몇 배 더 소중하며 값
진 삶이라는 것을 너 스스로 알 것이
니라.
14 그러니 네가 나의 성령을 받아 기록하
는 것은 몇 년이 되지 아니하였으나,
그 삶이 얼마나 소중하고 귀한가를
알 것이니,
15 그 모두가 다 물거품이 되는 것이요,
아래로는 네가 무너지는 것이요, 위로
는 창조주 나의 뜻이 역사하지 못하며
만백성을 구하는 그 대명을 이루지 못
하여 그것이 지연되며,
16 또 새로운 변화 속에서 이루어지는 그
와 같은 역사가 있다면 내가 말하지
않겠지만,
17 이제는 그와 같이 새로운 역사의 변화
속에서 나의 법전이요, 새로운 성경이
내려감도 아니요,
18 나의 아들이라 하여 세상에 나가 내가
이루고자 하는 그 역사를 이룰 자가
없으며 이루고자 함이 없음이니,
19 네가 무너지며 그 모두를 이루지 못할
때, 그 죄가 어떤 것인지를 알겠는가?
20 너를 통하여 어쨌든 160권의 법전은
세상에 나갈 것이며, 새로운 역사의
기틀은 다져지며 그 준비를 완벽히 해
야 하는 것이 너의 대명이니라.
21 그러니 네가 3년이요, 160권의 법전
을 쓰기 위하여 지금까지 90여 권의
법전을 쓰는 그 세월 속에 네가 얼마
나 힘들고 어려운 길을 갔는가?
22 아래로는 그 모두가 물거품이 되는 네
마음이 얼마나 아프고 저려 오는가?
23 그와 같은 것을 생각한다면 네가 작은
일이요, 또 네가 나로부터 부끄러운
소소한 일들에 대하여, 그리고 너의
제자들이요, 만백성에게 당당히 말할
수 없는 그와 같은 불미스러운 삶을
살 수 있다고 생각하는가?
24 너는 그것이 억울해서도 그리 살아서
는 아니 될 것이며,
25 네가 그리 살아 너 자신이 무너지며
나의 법전이 무너지는 그와 같은 역사
가 있어서는 아니 될 것이니,
26 이제 너는 오늘의 삶을 바로 살아야
할 것이며 3단계의 훈련을 들어감에
있어서 차질이 없도록 그리 행하고
살아가야 할 것이 네가 가야 할 길이
라는 것을 알라, 사랑하는 나의 아들
아!
27 네가 나의 법전을 160권 중에서 90여
권을 역사하며 만백성에게 전하는 오
늘의 과정이 얼마나 어렵고 힘들었으
며, 또 때로는 얼마나 귀하고 소중한
삶이었는가?
28 그 모두가 하루아침에 물거품이 되는
그와 같은 네 작은 인간의 무너지는
삶을 살지 말라.
29 인간 세속에서 60년 동안 살아온 네
가 아름답게, 그리고 당당한 모습으로
써 남에게 내놓을 수 있는 그와 같은
삶을 살지도 못하였음이니,
30 그 모두를 네가 다 너 자신이 아름다
운 삶으로 승화시키며 그 모두를 값진
삶으로 바꿔 놓을 수 있는 것은 네가
바로 서는 길밖에 없음을 너는 알아야

할 것이니라.

31 지금까지 나의 법전을 접하고 살아온 그 세월이 얼마나 너에게 소중하고 귀한 시간이었더냐?

32 그게 물거품으로 돌아가는 일이 없도록 해야 할 것이며, 나의 성령이 또한 물거품이 되어서는 아니 되며,

33 내가 이루고자 하는 지상에 천 년에 걸쳐 하늘에서 이루어진 것같이 이 땅에서 이루어지는 역사가 더디다든지 늦다든지 무너져서도 아니 됨이니, 너는 그를 알아야 할 것이니라.

6,701 번째 하나님 말씀

2003년 7월 11일 23시 54분

1 사랑하는 나의 아들아!

2 "네, 아버님! 말씀하옵소서."

3 나 여호와의 뜻에 따라서 살지 못하며 나의 계명대로 살지 못하며 나의 율법대로 살지 못하는 백성은 종교 지도자로서 자격이 없으며 종교 지도자가 될 수 없음을 너희는 알아야 할 것이니라.

4 정녕 나로부터 선택된 종교 지도자요, 만백성을 이끄는 목자라면,

5 나의 계명이요, 또는 제3의 시대에 내가 내리는 나의 성령이요, 나의 법전대로 사는 것만이 나로부터 선택된 종교 지도자요, 만백성을 구하는 전사로서 너희가 나로부터 명을 받았다는 것을 알아야 할 것이니라.

6 그를 지키고 행하지 아니하는 자는 절대 종교 지도자가 될 수 없으며 나의 전사로서 만백성을 구하는 그 일을 이룰 수 없다는 것을 너희는 알아야 할 것이니라.

7 그리하여 정녕 지금의 모든 종교 집단이요, 지도자들이 바로 된 자가 없으며 나의 뜻에 역사하는 자가 없다고 내가 그리 말함이니,

8 나를 등지고 가며 나와 거리가 먼 반대의 길을 가고 있으며, 그들이 지옥으로 이끌어 가는 자 앞에 선봉장이 되어서 이끌어 간다는 말을 내가 기록하지 아니하였던가?

9 그와 같은 형국이 지금 지상에서 이루어지는 것이요, 구원을 받았다 말하며 울고불고하며 믿음의 길을 가는 자들의 형국이라는 것을 잊지 말라.

10 너희는 우리 부자의 이름을 팔며, 또한 나를 빙자하여 위로는 나를 속이며 나를 기만하는 행위를 하고 있는 것이며,

11 아래로는 나의 사랑하는 백성을 속이며 교회라는 것을 부흥시키고자 하여 재물과 금화를 거둬들이는 데만 모두 전념하는 그와 같은 형국으로 되어 있음이니,

12 이것이 바로 너희가 구원받을 자가 없으며 구원할 지도자가 없다는 것이 나 여호와의 뜻임을 알라.

13 구원의 길이란 어떤 것이냐?

14 너희가 살아감에 있어서 한 점의 부끄럼이 없는 그와 같은 삶을 사는 것,

15 그리고 지도자라는 것은 재물이요, 헌금이요, 그것을 거둬들이는 데 연연하지 않는 자요,

16 거기에 마음을 쏟는 자는 두 마음을 가지고 있으니, 진정한 종교 지도자로

서 바로 설 수 없다는 것을 너희는 알
아야 할 것이니라.
17 다만, 믿음이라는 길을 가는 종교 집
단이요, 지도자는 어디에 모두를 다
바쳐야 하는가?
18 하늘나라의 축복을 받을 수 있는 미래
를 위하여 하늘나라에 재물이요, 금화
와 은화를 적금을 들어 보관 창고에
쌓아 놓는 그와 같은 역사를 하지 아
니하면 구원을 받지 못한다 하여,
19 나의 피조물 만백성으로부터 거둬들
이는 그와 같은 사기극을 이제는 중
단해야 할 것이니라.
20 내가 그를 중단시키기 위하여 나의 백
성이요, 선택된 나의 아들딸들로 하여
금 나의 법전을 들고 만백성을 다스리
고자 하는 것이 여기에 있음을 너희는
알아야 할 것이니라.
21 '너희는 이제 사기극을 그만두라.' 하
는 것이 나 여호와의 뜻이며, 그를 바
로잡아야 하는 것이 너희가 해야 할
일이라는 것을 절대 잊어서는 아니 될
것이니 그리 알라.
22 너희가 지금 믿음의 길을 가는 길에
얼마나 가증스러운 행위를 하고 있는
가?
23 지도자요, 또한 구원을 받는다는 백성
이 서로 가증스러운 그와 같은 형태에
서 지도자는 가르침이요, 또한 배우며
구원의 길이라 가는 백성 너희도 똑
같은 자요, 그 가증스러운 짓을 하고
있음을 알아야 할 것이니라.
24 너희는 진정한 믿음을 위해서 기도하
며 경배하는 것이 아니요, 복을 받기
위하여, 소원하는 것을 위하여 기복
신앙의 대표자로서 가는 자들이요,
25 욕심에 가득 차 있는 가증스러운 나의
백성의 마음이요, 심리를 이용하여 오
늘의 가증스러운 종교 지도자들이 지
금 이 세상을 덮고 있으며 모두를 다
지배하고 오는 그와 같은 형국으로 전
락하였음을 알아야 할 것이니라.
26 이를 바로 세우고 바로잡고자 함이 나
의 뜻이며, 그리하여 나의 아들을 따
르는 제자들이요, 내가 선택한 백성
너희가 바로 해야 할 일이 그 일이라
는 것을 잊지 말라.

6,702 번째 하나님 말씀

2003년 7월 12일 06시 08분

1 사랑하는 나의 아들아!
2 "네, 아버님! 말씀하옵소서."
3 내가 너에게 십계명을 지키며 나의 법
전대로 살아가는 그와 같은 삶을 살라
명하였음이니라.
4 그것이 네가 모든 백성을 구하는 목
자요, 지도자로서 해야 할 일이며, 너
는 그리 지키고 살아야 한다 내가 그
리하였음이니라.
5 그러나 지금 나의 피조물 만백성 그들
은 과연 어찌하는가?
6 종교 지도자라는 자, 그 집단에 속해
있는 자, 그들이 과연 나의 계명대로
살아가고자 얼마만큼 노력하며,
7 그들이 구원의 생명이요, 영혼의 구원
이요, 생명의 근본이라는 것을 생각하
며 십계명을 지키며 살아가고자 하는
노력을 얼마나 하는가를 너는 알아야
할 것이니라.

8 지금 인간 세상에서 살아가면서 애완
동물을 훈련을 시키고 교육을 해서
그들이 인간의 뜻을 알며 인간의 말을
알며 인간의 글을 알며 인간이 욕을
하는 것을 알고 또 배워 따라서 그리
행함이니라.
9 그러니 나 여호와, 창조주인 너희가
말하는 아버지가 자식에게 나의 뜻을
지키고 살라 하여 너희에게 훈련하고
또 강도 높은 훈련을 하지만,
10 그를 따르지 아니하고 지키지 아니한
다면 과연 너는 무엇이라 생각하는가?
11 너희 자신은 또한 무엇이라 생각하는
가?
12 이제 너는 알아야 할 것이니라.
13 나의 계명대로 네가 지키지 아니하며
나의 법전대로 지키고 살지 아니하며
그를 행하지 아니하는 것은 동물을 훈
련하는 사람으로부터 훈련을 받아 인
간이 명하는 것을 따르며 순종하는 그
동물보다 못하다는 것을 너는 알아야
할 것이니라.
14 너 자신이 그와 같은 자라 생각해야
할 것이니라.
15 내가 너를 그만큼 훈련을 시키며 네가
가야 할 길을 깨우쳐 주었으며, 너의
제자들 또한 가야 할 길이 무엇인가를
내가 깨우쳐 주었음이니,
16 그를 알고 들은 백성이 그를 지키지
아니하고 행하지 아니할 때는 애완동
물을 훈련시켜서 그 주인의 뜻을 따
르는 동물만도 못하니,
17 너희는 그 짐승만도 못한 자라는 것을
스스로 알아야 할 것이니라.
18 이제 너는 알아야 할 것이니라.
19 네가 정녕 나의 아들로서 만백성을 구
하는 목자요, 지도자로서 존재할 것인
가?
20 그렇지 못하면 짐승만도 못한 그와 같
은 인간으로서 전락하여 살다 나에게
와 네가 한 만큼, 네가 저지른 그 대가
를 다 치르는 그와 같은 나의 아들로
서 남아야 할 것인지 너 자신도 이제
는 결정해서 지키고 행해야 할 것이
니라.
21 네가 바로 가지 못한다면 그 누구도
갈 수 없으며 그 길을 역사할 수 없음
이니라.
22 그러니 네가 짐승이 아니요, 나의 아
들로서 존재한다면, 내가 너에게 명한
그 모두를 지키고 살아가야 할 것이니
라.
23 아무리 훈련을 해도 내가 너에게 지키
라는 것을 지키지 아니하고 살아간다
면,
24 너는 정녕 사람이 아닌 짐승이라 내가
너에게 말할 것이니라.
25 나의 아들이기 때문에 내가 너에게 그
리 말함이니, 너는 과연 어떠한 길을
선택할 것인지를 네가 알아서 행해야
할 것이며 하나의 오차가 없도록 그리
가라.
26 또한, 너의 제자들도 그리 가르치라.
27 너의 제자들 또한 그러하니라.
28 나의 강론을 들으며 나의 법전을 읽고
정독하면서 그 길을 가지 아니하며 그
삶을 살지 아니하면, 너희는 인간이
훈련해서 다스리는 짐승만도 못하다
는 말을 그들에게 반드시 전해야 할
것이니라.

29 그 말이 틀린다면 너희는 나 여호와
를 원망할 것이나,
30 내가 하는 그와 같은 뜻은 너희가 내
가 원하고 가르치는 것, 나로부터 모
든 은혜를 받아 간 자가 평생 고치고
자 하는 악습 하나를 버리지 못하며,
해서는 안 되는 행위를 버리지 못한다
면, 바로 무엇이더냐?
31 먹이를 놓고 기다리라는 주인 앞에서
그를 먹지 않고 기다리는 짐승만도 못
한 자가 너희라는 것을 명심해야 할
것이니 그리 알라.

6,703 번째 하나님 말씀

2003년 7월 12일 12시 06분

1 사랑하는 나의 아들아!
2 "네, 아버님! 말씀하옵소서."
3 너는 이제 나 여호와의 이름을 망령되
이 일컫는 그와 같은 삶이요, 생활이
있어서는 아니 됨을 깊이 알아야 할
것이니라.
4 네가 나의 1, 2단계의 훈련을 잘 마쳐
3단계의 훈련에 돌입하고 있음이니,
5 이제는 네가 나 여호와의 이름을 망령
되게 일컫는 그와 같은 말과 행동이
있어서는 아니 될 것이니라.
6 이제는 모든 백성이 너를 찾아옴에
있어서 네 눈빛에서 그들이 아름다움
을 느끼며, 그리고 네 눈빛에서 모든
백성이 진실을 느끼며 사랑을 느끼며,
7 네가 하나하나 전하는 음성의 메시지
요, 그 가르침은 나 여호와가 그들에
게 직접 가슴에 심어 주는 것과 같은
가슴이 저림을 느낄 수 있는 그와 같
은 네 음성으로 그들에게 진실되게 전
해야 하며,
8 네가 말하고 전하는 그 모든 가르침이
진정 진심이라는 것을, 그리고 진실에
서 아름다움을 느낄 수 있도록 너는
그리해야 할 것이며,
9 네 얼굴을 보는 그들에게 인자함이요,
거기에 사랑스러움이요, 그 모두가 진
실로 뭉쳐져 있는 모습으로써 보여야
할 것이며,
10 네 행동과 말 하나하나 그 모두가 진
실로 보이는 그와 같이 변화되는 삶
을 살아야 하는 것이 네가 가야 할 길
이며,
11 이제 3단계의 훈련에 접한 네가 가야
할 길이라는 것을 잊지 말라.
12 모두 진실한 것이며 아름다운 모습으
로써 비치는 그와 같이 변한 삶으로
사는 것이 네가 160권의 법전을 역사
하는 것보다도 더 위대함이요,
13 그보다 더 증거함이 바로 너를 찾아오
는 나의 백성이 느끼고 돌아서는 그
마음이어야 될 것이니라.
14 나의 성전에 와 너를 만나고 간 백성
이 오늘의 그 시간을 행복을 느끼며
즐거움을 느끼며,
15 그리고 내가 너를 통하여 내리는 모든
법전에 기록된 강론 내용을 그들이 들
을 때, 이는 정녕 나 여호와의 뜻이라
인정하고 들을 수 있도록 그리해야 함
을 너는 잊지 말아야 할 것이니라.
16 모든 백성이 어느 집을 찾아가든, 사
업장을 찾아가든, 장터를 벌여 놓았
든, 물건을 보든, 사람들이 오고 안 오
는 것은 다 너희에게 달린 것이 아니

던가?
17 너희가 진실한 마음으로써 사업하며
장사하며 물건을 사고팔며 속은 것이
없다고 생각하는 사람은 그 집을 찾게
될 것이며,
18 너희가 지급한 대가만큼 먹은 음식이
요, 모든 거래한 것에서 밑지지 아니
하였으며 손해 본 것이 없다 생각할
때,
19 그 손님은 그곳을 다시 찾을 것이며
너희 사업장을 찾아오는 것이 인간의
마음이 아니더냐?
20 그러니 믿음에 갈급하여 너를 찾아와
대화하는 그 백성이 과연 이 성전에
온 것이 제가 평생에 이보다 영광된
것이 없으며, 축복받은 것이 없으며,
이보다도 더 위대한 것이 없으며, 이
보다 진실된 것이 없다는 그 마음을
가슴에 안고 갈 때,
21 그들은 반드시 너를 찾을 것이며 나의
성전을 찾을 것이니라.
22 이제는 네가 그와 같은 모습으로 설
때가 되었음이니라.
23 네가 1, 2단계의 훈련을 하는 동안은
너에게 그를 강조하지 아니하였으나,
이제는 그와 같이 엄격히 지켜야 함을
잊지 말라.
24 네 눈빛을 보는 그들이 진실을 느낄
것이며, 네가 전하는 말이요, 그 가르
침이 다 진실임을 네 모습에서 느낄
수 있는 그와 같은 삶의 자세를 갖고
살아가야 한다는 것,
25 이제 네가 모든 역사를 이룰 수 있는,
나의 백성이 너를 찾을 것이며 나의
성전을 찾아오게 된다는 것, 그것이
가장 중요함을 알라.
26 지금은 나의 160권의 법전이 세상에
전해지는 것보다도,
27 너와 너의 제자들이 바로 서는 모습이
요, 너의 제자들과 네가 살아가는 모
습이 진실 속에서 살아가는 사람으로
비쳤을 때,
28 그것이 더 우선으로 소중하며 지금은
그것이 더 갈급함을 잊지 말라.
29 이를 명심하여 너 자신을 항상 그리
다스려 가며 초를 다퉈 나 여호와가
너와 같이 있으며 존재하고 있다는 것
을 잊지 말라, 사랑하는 나의 아들아!
30 그것이 가장 중요함이니라.
31 초를 다퉈 초라는 그 순간에도 시곗바
늘이 하나가 지나가는 그 순간에도 너
는 나를 잊지 말며, 내가 같이 존재한
다는 것을 가슴 깊이 새기며, 가슴 깊
이 안고 살아가야만 네가 실수하지 아
니할 것이니 그리 알라, 사랑하는 나
의 아들아!
32 너는 갈 수 있으며 너는 역사할 수 있
기에 네 자리를 내가 만들어 기다린다
하지 아니하였더냐?
33 그것이 네가 나의 피조물 만백성과의
차이점이니, 네가 오는 거기에 너의
제자들이 더불어 같이 올 수 있는 그
영광을 얻도록 하라.
34 그 상이야말로 네가 나로부터 받는 가
장 큰 상일 것이니, 너의 제자들이 얼
마만큼 너를 따라 더불어 내 앞에 올
수 있느냐는 그 역사함이 가장 소중함
이니,
35 그 모두는 다 그것으로써 평가함이니,
많은 제자와 만백성이 너에게 가르침

을 듣고 나에게 왔을 때 사탄이요, 천
사요, 그 누구도 너에 대한 어떠한 말
도 하지 못할 것이며,
36 내가 너희를 거둬들여도 시시비비를
할 수 없을 것이니 그리 알라, 사랑하
는 나의 아들아!
37 너는 나의 뜻을 받아 역사하라.
38 그리고 내가 원하며 내가 바라는 것이
무엇인가를 아는 네가 아니던가?
39 그대로 행함에 있어서 주저하지 말라.
40 그리고 네 마음을 다스림에 있어서
주저하지 말라.
41 네 마음을 다스리는 그 용기가 필요하
지 아니하느냐?
42 내가 오죽하면 성서에 기록하여 너희
눈이 너희를 실족게 하면 그 눈을 빼
내 버리라 하였으며, 손발이 너희를
실족게 하면 그를 찍어 내 버려 바로
서라 하지 아니하였던가?
43 그보다 더 굳은 결의요, 그보다 더 강
한 마음으로써 지키고 가야 하는 것이
너라는 것을 잊지 말라.
44 이 세상에 한 사람의 의인이 있으면
세상과 바꾸지 아니한다 하였으니, 네
가 천사로서 변하는 것이 우선이며,
45 그리하여 네가 변했을 때, 너의 제자
들도 버리지 못하는 악습을 버릴 것이
며, 건너지 못하는 강을 건널 것이니
라.
46 그것이 오늘의 네가 있어야 할 자리임
을 알라, 사랑하는 나의 아들아!

6,704 번째 하나님 말씀

2003년 7월 12일 12시 12분

1 사랑하는 나의 아들아!
2 "네, 아버님! 말씀하옵소서."
3 너희가 욕심을 버리지 못하고 파멸의
굴레에서 벗어나지 못하면서 회개하
고 반성하며 눈물의 기도를 드린다 하
나, 그것은 형식적이요, 가증스러운
행위라 내가 너희에게 그리 말하지 아
니하였던가?
4 너희가 진정한 믿음이요, 너희 자신
안에 도사린 욕심의 굴레를 벗지 못
하며 지우지 못하고, 나에게 기도하며
경배하며 눈물로 기도를 드리고 돌아
서서 그와 같은 짓을 또 반복함이니,
5 그를 내가 들을 수 없으며 그 기도를
들어줄 수 없다 그리 말하였음이니라.
6 그리하여 내가 너희에게 일찍이 깨우
쳐 말하기를, 그와 같이 기도하는 백
성의 기도 소리는 내가 듣지 아니하고
귀를 막고 있으며, 그와 같은 추한 모
습을 보지 않으려고 내가 눈을 감고
있다 그리 말하지 아니하였느냐?
7 귀를 막고 눈을 감고 있으니, 너희가
하는 기도요, 그 원하는 회개의 기도
라는 것을 듣지도 못하며 보지도 못하
는 것이 나 여호와라 내가 너희에게
일찍이 깨우쳐 주었음을 너희는 깊이
깨달아야 할 것이니라.
8 너희가 나의 백성으로 거듭나고자 한
다면, 너 자신의 마음속에 깊이 뿌리
박은 욕심과 탐욕의 뿌리를 제거하며
그것을 버리는 것이 급선무임을 알아
야 할 것이니라.

9 이를 버리지 못하고 이를 지키지 못하
는 백성이 지금 하늘에 올라와 구원
을 받겠다는 자들이요, 또한 그것을
버리지 못한 자들이 종교 지도자라 하
여 믿음의 길이라 이끌고 가는 형국
이니,
10 이를 보는 나 여호와의 마음이 얼마나
저리고 아픈가를 알겠는가?
11 너희가 지상에 그 교회요, 성당이요,
회당이요, 성전을 지어 놓고 나의 백
성을 진리의 길로 깨우쳐 하늘에 오르
는 길로 인도하는 것이 아니라,
12 영리적인 사업장으로 변화되었으며
세를 확장하여 힘을 기르는 데 모두를
다 바치는 길을 가고 있으며 그와 같
은 목적을 이루고자 역사함이니,
13 너희가 과연 나의 백성을 구하는 길
로 인도하는 자인가?
14 너희가 교회요, 성당이라는 것을 화려
하게 지어 놓고 거기서 나의 사랑하는
피조물 만백성의 영혼을 죽이는 일을
하고 있다 함을 잊어서는 아니 될 것
이니라.
15 내가 너희에게 다시 한 번 전함이니,
이 세상 지구는 나의 발등이라 그리
말하였음이니라.
16 나 여호와의 발등 위에 너희가 무엇
인가를 짓고 역사하여 내가 그곳에 안
식하며 그곳에서 나의 피조물 만백성
을 구한다 그리 말하지 말라.
17 내가 만든 이 자연의 아름다움 속에서
기도하고 경배하는 그것이면 너희가
구원을 받는 길이라는 것을 잊지 말
라.
18 지금 모든 종교 집단의 지도자들이 나
의 사랑하는 백성을 하늘로 이끄는
길에 앞에서 선봉장이 되어 인도하고
안내하며 달려오는 것이 아니라,
19 지옥으로 가는 길 앞에서 깃발을 높이
들고 선봉장으로서 나의 사랑하는 백
성을 쉬지 않고 지옥으로 밀어 넣고
있음이니, 그것이 너희의 오늘의 형태
라 하였음이니라.
20 그러니 내가 이와 같이 나의 법전에
수없이 기록하고 전한 뜻을 너희가
한 번쯤은 들여다보며 그 의미를 조용
히 한번 생각해 보라.
21 그러면 내가 왜 이와 같은 말을 나의
아들을 통하여 나의 그 소중한 법전에
수없이 기록하고 반복하고 또 반복하
여,
22 욕심의 뿌리를 버리라, 탐심의 뿌리를
버리라, 탐욕스런 마음을 버리라,
23 그리고 나의 성전이라 너희가 지은
곳에서 기도하고 경배하는 것으로써,
재물을 바치는 것으로써 구원을 받는
것이 아니라는 것,
24 그리고 모든 종교 집단이 영리사업이
요, 그리고 과시하기 위해 세 확장에
연연하는 그와 같은 인간 세속에 거
래하는 것이요,
25 인간 세상에 이루어지는 사업장보다
도 더 추한 모습으로 변질하여서 썩어
졌다 내가 그리 말하지 아니하였는가?
26 인간 세상의 사업장엔 서로 주고받는
것이 있으며 정당한 거래법이 있음이
니라.
27 그러나 너희는 나의 사랑하는 백성에
게 거래의 법이 없으며, 거기에는 기
준이 없으며, 주고받는 것이 없으며,

평생 그저 사악한 마음으로 거둬들이
기만 하는 것이니,
28 얼마나 욕심을 채워야 너희 마음이
든든하며 너희 앞에 얼마나 더 거둬
들여야만 그 욕심을 채울 수 있단 말
이던가?
29 너희는 죽을 때까지 나의 피조물 만백
성 앞에 군림하며 재물을 거둬들이는
그 단물을 빠는 즐거움에서 벗어나지
못함이니,
30 너희는 죽어 나에게 올 때까지 그 짓
을 하니 그 죄야말로 얼마나 무서운
것인가를 너희가 알 날이 머지않았음
을 알라.

6,705 번째 하나님 말씀

2003년 7월 12일 12시 17분

1 사랑하는 나의 아들아!
2 "네, 아버님! 말씀하옵소서."
3 욕심의 뿌리를 버리지 못한 집단들이
지금 다른 집단들을 뭐라 말하는가?
4 참진리를 가르치고자 하며 나의 뜻을
가르치고자 아무리 몸부림친다 해도
그들은 다 사탄이요, 이단이라 그리
말하니,
5 그리하여 나의 참진리를 가르치며 전
하고자 하는 깨달음이 있는 그 백성도
이 세상에 존재하지 못하고 있음이니
라.
6 그러니 지금 욕심의 뿌리로써 이루어
진 모든 종교 집단들이 어떠한 종교
집단이요, 진리도 절대로 이 세상에
존재하지 못하게 하며 어디에도 뿌리
를 내릴 수 없도록 그리 방해하고 있
으며,
7 그리고 그 진리는 정녕 이 세상 어디
든 발붙여 역사하지 못하게 만들고
이끌고 가는 것이 종교 집단이요, 지
금의 지도자 그들이 하는 오만방자한
행위라는 것을 너희는 알고 있는가?
8 그들의 오만이 도가 지나쳐 하늘의 나
여호와가 노하고 있음을 너희는 과연
알고 있는가?
9 모두 악에 받쳐 나를 능멸하며 나의
뜻을 거역하는 데 그들이 앞장서고 있
으며 그들은 붉게 물들어져 있음이니
라.
10 붉게 물들어져 있는 그 사악한 마음의
뿌리를 과연 어떤 방법으로써 구원하
며 그들을 구제할 수 있단 말이던가?
11 어떠한 방법으로써도 그들을 다스리
며 붉게 물들어진 그 마음 자체를 돌
이킬 수 없음이니라.
12 속과 겉까지 함께 붉게 물들어진 그
모습을 정녕 씻어 내고 닦아 낸다는
것은 얼마나 어렵고 힘든 길이더냐?
13 이는 내가 너에게 일찍이 말하기를,
네 몸에 흐르는 피가 하얗게 될 때까
지 네가 나의 뜻을 지키며 나의 명을
지키며 나의 계명을 지키며 나의 법전
을 지키고 살아가는 삶을 살라 했듯이,
14 붉게 물들여진 자들을 하얗게 씻어 내
고 닦아 내는 길이 얼마나 힘들고 어
려운 길인 줄 알겠는가?
15 이는 누구도 할 수 없으며 누구도 역
사할 수 없는 것이니라.
16 다만, 나의 법전뿐이니라.
17 나의 법전을 읽고 정독하여 변화되는
역사의 삶 속에서 그들이 변화되는 길

은 그것뿐이니라.
18 그러니 붉게 물들여진 그 백성에게
나의 법전을 전하는 그 역사는 누가
해야 하는가?
19 바로 너희뿐이니라.
20 선택된 백성 너희만이 나의 법전을
만들며, 너희 손으로써 그 붉게 물들
여진 나의 백성에게 나의 법전을 전
해 줘 그들이 읽고 깨우치도록 하는
그 일은 오로지 너희밖에 없음이니,
너희들의 그 중요함을 알라 함이니라.
21 지금 종교 집단이 잘못 가고 있기에
그곳에 몸담고 있던 백성이, 그것이
잘못된 것이며 잘못 흘러가고 있으며
그곳에서 저희가 구원을 받을 수 없
다는 것을 아는 백성이 서서히 늘어
나고 있으며 그 숫자 또한 헤아릴 수
없음이니라.
22 그리하여 용기 있는 자는 그곳을 뛰쳐
나와 방황의 길을 헤매고 있으며, 또
한 그들이 설 자리가 없으며 갈 곳이
없어 지금 고통의 세월 속에서 허덕이
고 있음이니라.
23 또한, 종교 집단에서 아직 뛰쳐나오지
못한 용기 없는 자들도 그들의 마음속
에는 갈등이 이루 말할 수 없음이니라.
24 그들에게 나의 법전을 전해 주며 일깨
워 주어 그들을 우선 인도하는 것이
너희 대명이니, 너희가 그와 같은 길
을 가기 위해서는 곧고 바른 모습이
요, 인자한 모습이요, 진실한 모습이
요, 너희가 살아가는 그 모두가 진실
한 모습으로써 비치는 너희의 그와
같이 변하는 모습이요,
25 개인의 변화된 역사 속에서 그들이 너
희를 보고 말없이 따를 것이며, 너희
에게 감사하다는 말을 전할 때가 올
것이니라.
26 오로지 그들을 위하여 너희가 먼저
변하는 그 삶에 주저하지 말며 게을
리해서는 아니 될 것이니 그리 알라,
사랑하는 나의 아들딸들아!

6,706 번째 하나님 말씀

2003년 7월 12일 12시 25분

1 사랑하는 나의 아들아!
2 "네, 아버님! 말씀하옵소서."
3 지금의 모든 종파요, 그 집단들과 지
도자 그 백성이 지금 얼마나 어리석
고 우매한 행위를 하며, 또한 그 말을
듣고 따라가는 나의 백성이 얼마나
어리석은 자들인가?
4 저희 스스로 깨닫고 얻을 수 있는 진
리요, 깨달음마저도 버리고 가는 그와
같은 형국이니라.
5 저희가 아름다운 진리요, 하늘에 오르
는 그 참뜻을 저희 것으로 만들어 손
을 치료하는 것이 아니요, 모두를 다
손을 펴 놓고 오로지 지금 이끌어 가
는 종교 집단 속에 있는 지도자들의
그 가르침만이 하늘에 오르는 길이요,
천국에 오르는 길이라 그리 맹종하고
가고 있음이니,
6 너희가 얼마나 어리석은 백성인가를
알아야 할 것이니라.
7 너희 손으로 지은 교회에 와서 기도하
고 설교를 듣고 재물을 바치는 것만이
구원을 받는 것이요,
8 다른 곳에서는 구원을 받지 못한다고

말하고 가르침이니, 이것이 얼마나 어
리석은 것이던가?
9 동양의 작은 나라에서 나의 백성 너희
가 그저 한 마을을 이루고 사는 백성
이기에 그 말이 위대한 말같이 들리며
그게 믿을 수 있는 말같이 들릴 수 있
을 것이니라.
10 저희가 사는 지역에 있는 그 백성이
교회에 와서 구원을 받는다고 생각하
며 그를 들을 수 있을 것이니라.
11 그러니 그들이 말하기를 저희가 지은
교회에 와서 경배하며 설교를 듣지 않
는 자는 구원을 받지 못한다고 그리
가르치는 것이 그들이 얼마나 사악한
자며 저희 자신도 모르고 하는 소리
인 줄 알겠는가?
12 저희 교회의 주변에 있는 자들은 그를
들을 것이며, 저희 자신이 그 말에 도
취하여 저희 교회에 와서 기도하고
경배하는 것이 구원을 받는 것이라 말
할 것이니라.
13 그러나 너희 동양의 작은 나라의 그
림을 펼쳐 놓고 한번 보라.
14 너희 손으로 지은 교회에 와서 구원을
받는다는 것은 너희 주변 사람들은
그리 들을 것이나, 너희는 만백성을
상대로 하여 그 말을 하는 것이 아니
던가?
15 너희 주변에 있는 몇몇 사람에게 하
는 것이 아니요, 만백성을 상대해서
그와 같은 소리를 외치고 있음이니,
16 동양의 작은 나라 서쪽에 사는 백성은
너희 교회라는 것이 동쪽에 있음이니,
17 그 동쪽에 너희 손으로 지은 그 교회
에 와서 기도하고 경배하는 것만이 구
원을 받는다는 억지를 부리는 것이 아
니면 무엇이더냐?
18 동쪽에 사는 백성이 작은 교회가 서쪽
에 있다면 그곳의 모든 백성이 다 모
여 기도하는 것이 구원을 받는다는 것
이 아니던가?
19 나의 동양의 작은 나라의 곳곳에 사는
산과 들에 사는 그 모든 백성이 몇 시
간씩 달려와서 너희 손으로 지은 작
은 교회에 와서 기도하고 경배하는 것
이 구원을 받는다는 말이 아니더냐?
20 이것이 얼마나 어리석고 오만한 짓인
지 알겠는가?
21 너희가 작은 교회에 나와서 구원을 받
는다고 말함이니, 그것은 또한 무엇을
의미하며 무엇을 가르치며 얼마나 미
련한 짓을 하고 있는지 알겠는가?
22 너 자신이 누워 얼굴에 침을 뱉는다는
말이 있듯이, 너 자신이 오만하며 나
의 백성이 아니요, 나의 지도자가 아
니라는 것을 네가 증명하는 것이니라.
23 그렇다면 너희의 작은 교회에 와서
구원을 받으니, 이 지상의 각 나라요,
내가 지구상에 만든 모든 백성이 수
천수만 리에 떨어져 있는 백성까지도
너희가 지은 교회 그곳에 와야만 구원
을 받으며 하늘에 오르는 길을 올 수
있다 함이니,
24 동양의 작은 한구석에 있는 그 교회에
찾아와야만 구원을 받는다는 말과 무
엇이 다르단 말인가?
25 이 세상의 모든 백성이 그저 하루든
한 달이든 1년이 걸려서라도 너희가
지은 그 작은 교회에 와서 기도하고
경배하는 자만 구원을 받는다고 그리

선포하고 강요하는 것과 무엇이 다르
던가?
26 너희는 그 의미를 알며 그 뜻을 알며,
너희 교회라는 곳에 와 네가 지은 성
전에 네가 설교하는 곳에 오는 자가
구원을 받는다는 그와 같은 억지요,
말도 안 되는 소리로써 나의 백성을
과연 현혹할 수 있는가?
27 그와 같은 이치를 한 발짝만 내다보면
알 것을, 어찌 허황된 소리를 하는 그
지도자 앞에서 구원을 받겠다고 울고
불고하는 백성 그들이 얼마나 불행한
백성이며 얼마나 나의 뜻을 모르는
백성들이더냐?
28 그러면서 하늘의 진리요, 하늘의 뜻이
요, 복음을 전한다 하는 것이니, 그들
의 그 행위를 너희가 한번 들여다보
라.
29 너희 조상이 말했듯이 예루살렘 성전
에 와 기도하고 그곳에 와 기도하고
경배하는 것, 그 장소에 가서 기도하
는 자만이 구원을 받는 것이며 그렇지
않은 자는 구원을 받지 못한다 말하는
그 고집스러운 어리석은 백성과 너희
가 무엇이 다르던가?
30 나는 나의 아들 예수를 통하여 너희에
게 일찍이 깨우쳐 전하였음이니라.
31 산과 들과 어느 곳도 너희가 정하지
말며 관계하지 말라.
32 그리고 너희가 나 여호와가 존재함을
믿는 것이요, 진정 너희는 나 여호와
가 지은 자며 너희는 삶을 마치고 나
로부터 심판을 받는다는 것,
33 그와 같은 마음을 깨닫고 나를 경배하
고 기도하는 것은 어느 곳에서 하든
내가 그를 다 받아들인다 하지 않았는
가?
34 장소가 정해진 곳이 없으며 일정하게
기도하는 것이 만들어진 것이 없으며,
너희가 지금 말하는 그 교회라는 곳에
서만 기도하고 경배하는 것이 나의 진
리를 들을 수 있으며 나에게 구원을
받을 수 있는 길이라 그리 가르치는
자들, 그들이 얼마나 우스운 모습으로
써 지금 하고 있는가?
35 고깔 쓰고 춤을 추는 자보다도 더 웃
기는, 웃지 못할 행위를 하는 것이 너
희가 지금 하는 짓이니라.
36 세상의 모든 백성이 동양의 한 산비탈
에 지은 작은 교회에 와서, 그리고 뒷
골목에 지어진 그 교회에 와서 기도하
고 경배하며 네가 강론하는 것을 듣는
것만이 구원을 받는 길이라 하는 그
어리석음을 어찌하여 지금도 부르짖
으며,
37 그리 부르짖으면서도 너희는 어찌하
여 허황된 짓이요, 나와는 관계없는
짓이요, 이룰 수 없으며 역사할 수 없
는 짓을 지금 하고 있는가?
38 너희가 사탄이요, 사악한 자라는 것을
증명하는 것이 바로 수만 리에 있는
모든 백성이 지금 너희 교회에 와서
기도하고 강론을 듣는 것이 구원을 받
는다 말하는 그것이니 그리 알라, 사
랑하는 나의 아들딸들아!
39 너희는 현혹되지 말며 흔들리지 말며
속지 말라.
40 너희가 흔들리지 아니하고 속지 아니
하고 깨달음이 있거든, 네 이웃의 모
든 나의 백성에게 이를 깨우쳐 주도록

하라, 사랑하는 나의 아들딸들아!

6,707 번째 하나님 말씀

2003년 7월 12일 12시 34분

1 사랑하는 나의 아들아!
2 "네, 아버님! 말씀하옵소서."
3 너희가 지금 재물을 바치며 그로써 용
서를 받으며 하늘에 많은 보화와 재물
을 쌓음으로써 나에게 와 심판을 받아
그 영광을 얻는다고 그리 말함이니,
4 그리하여 수단과 방법을 가리지 않고
수없이 거둬들이는 그 재물이 나 여호
와에게 무엇이 유익하며 내가 어디에
필요하겠는가?
5 과연 너희는 그를 생각해 보았느냐?
6 너희가 재물을 모으기 위하여 목숨을
바치며 모두를 다 바쳐 살아가는 그
와 같은 재물이 과연 나 여호와가 어
디에 유익하며 어디에 쓰며 이를 누구
에게 줄 수 있단 말이던가?
7 그리고 내가 어디에 보관하며 내가 어
디에 이를 가지고 견딘단 말이더냐?
8 너희가 정성을 다하여 짐승의 피로써
기도를 드리며 너희가 그와 같은 정
성을 다 들인다 해도 내가 기뻐하지
아니하며,
9 나는 그와는 아무런 관계가 없다 함을
오늘 내가 나의 아들을 통하여 너희에
게 전함이니라.
10 너희가 어떠한 방법으로 어떠한 형국
으로써 나에게 경배한다 해도, 세상
것을 다 모아 놓고 나에게 기도하고
바친다 해도,
11 그 모두는 다 나에게 유익함이 없으며
내가 쓸 수가 없으며 쓰지 아니함을
알아야 할 것이니라.
12 내가 너희에게 일러 말하였느니라.
13 형체를 가진 것은 나 여호와가 아니
요, 신이 아니요,
14 형체를 갖지 아니한 것이 나 여호와
요, 창조주라 하였음이니,
15 물질이요, 재물이요, 그 모두는 다 육
을 가지고 있는 너희에게 세상에서
필요함이니,
16 너희가 살찐 송아지요, 살찐 양이요,
그와 같은 것을 잡아서 나에게 경건하
게 기도한다 해도 나는 기뻐하지 아니
하며, 나와 관계없다는 의미가 거기에
있음을 이제는 알아야 할 것이니라.
17 너희의 수많은 그 재물은 육이 존재하
는 그 세상에서 필요하며, 눈으로 보
고 얻고 잃는 그와 같은 세상에서 필
요한 것이지, 나 여호와에게 필요한
것이 아니니라.
18 형체가 없는 나 여호와에게는 그 모두
가 다 아무 곳에도 유익하게 쓸 곳이
없으며, 필요치 아니하다는 것을 너희
는 알아야 할 것이니라.
19 그러니 그와 같은 방법으로써 역사하
는 그들이 지금 육의 세상에서 저 자
신을 위해 하는 행위요,
20 정녕 하늘에 보물을 쌓아 놓아 너희가
구원의 길을 인도하고자 하는 것이 아
님을 알라.
21 모든 것을 다 바친다 해도 내가 너희
에게 내린 것이라 하지 아니하였더냐?
22 숨 쉬는 모든 생물이요, 동물이요, 식
물이요, 미물들까지도 내가 다 그들에
게 생명을 주었거늘,

23 내가 어찌하여 그들의 죽음의 피로써,
깨끗한 피라 하여 그 바치는 것으로써
내가 기뻐하며 영광 받는다고 너희는
그리 생각하는가?
24 그와 같은 것도 나에게는 기쁨이 아니
요, 나에게는 필요가 없거늘,
25 이 세상에 존재하는 모든 것 또한 누
가 만들었느냐?
26 나의 주관하에 나의 뜻에 의해 이 세
상에 모두가 존재하는 그것을 나에게
제물이라 아무리 갈고 깨끗하게 닦아
서 바친다 해도 그것이 다 나에게는
무익하며, 나는 필요하지 아니하며 내
가 유익하게 쓸 데가 없다는 것을 알
라.
27 그러니 너희가 재물을 바치는 것으로
써 나를 기쁘게 하는 것이 아니요, 갓
태어난 짐승으로써 피를 받아 나에게
기도하며 경배하는 것도 내가 기뻐하
지 아니하며 내가 받지 아니함을 이제
너희는 알아야 할 것이니라.
28 오로지 나 여호와가 기쁘게 받아들일
수 있으며 너희가 바칠 수 있는 제물
이요, 기도는 무엇인 줄 알겠는가?
29 내가 친필로 써 내린 나의 십계명을
지키고 사는 변화되는 모습이요, 아름
다운 마음이니라.
30 그리고 너희가 나의 법전을 읽고 깨
우쳐 천사가 되는 그 길이니라.
31 그리하여 내가 너희에게 가장 바라고
소원하는 것이 무엇인 줄 알겠는가?
32 내가 너희가 상상할 수 없는 천국의
집을 지어 놓았음이니, 그곳에 들어올
수 있는 나의 아들딸들을 기다린다 하
였음이니라.
33 그것이 나에게 가장 큰 기쁨이요, 나
에게 가장 큰 영광을 돌리는 것이니,
34 너희가 천국의 문을 들어와 나의 아들
딸로서 거듭나며, 나를 아버지라 부르
며 내가 너희를 아들딸이라 부를 수
있는 그와 같은 영광된 길을 오는 것
이 나에게 가장 기쁨이요, 축복됨이
요, 나의 행복이라는 것을 잊지 말라,
사랑하는 나의 아들딸들아!
35 너희가 아무리 새로운 양이요, 염소
요, 송아지요, 비둘기요, 모든 날짐승
을 잡아 그 피를 뿌리면서 기도를 한
다 해도,
36 그것이 천국에 들어오는 길이 아니요,
그것으로써 너희 죄가 용서됨이 아니
요, 죄가 없어지는 것이 아님을 알라.
37 어찌하여 그 높은 지혜요, 깨달음을
가지고 있는 백성 너희가 그리 어리
석더냐?
38 무엇으로써 대속하여 너희 죄를 용서
하며 대속을 받을 수 없다는 것을 알
라.
39 너희가 죄의 대속을 받으며 나를 기
쁘게 하며 나에게 오를 수 있는 것은
너희의 마음이 변함이라 하는 것을
잊지 말라.
40 너희가 하나의 선한 행위요, 아름다운
행위를 할 때마다 나 여호와의 기쁨
이요, 나 여호와의 영광임이니라.
41 그리고 너희를 세상에 내보낸 것을
내가 보람으로 느낌이니라.
42 그러니 선함이요, 선행함이요, 아름다
운 마음으로 천사로 변화되어 사는 것
을 나에게 보여 주는 것은 너희 가슴
속에 하나하나 차곡차곡 그를 쌓는 삶

을 사는 것이니, 내가 그보다도 기쁨
이요, 영광이 없음이니라.
43 너희가 모두 그와 같은 마음으로 변하
는 것이 나 여호와의 행복이요, 나의
배부름이요, 나의 편안함이니라, 사랑
하는 나의 아들딸들아!
44 너희는 오로지 그것만을 유념하고 살
라.
45 이 세상의 모두는 내가 다 내린 것이
니, 나의 것으로 너희가 아무리 정성
을 들여 제물을 드린다 해도 내가 만
든 것이며 너희에게 필요하여 내려
준 것이지,
46 그를 잡아 너희가 나에게 기도하며
경배하며 그 붉은 피를 뿌려 너희 죄
를 대속받기 위한 것이 아니니라.
47 그러니 나의 아들 예수가 죽어 피를
흘려 갔음이니, 그 예수의 피로써 너
희 죄를 대속하는 것이 아니요, 너희
를 용서하는 것이 아니며, 절대 용서
받을 수 없다는 것을 알라.
48 나의 아들 예수가 죽어 가면서 마지막
남긴 그 말에 '모두를 사랑하라. 나를
죽이는 자를 사랑하라.' 하여 나 여호
와의 그 사랑의 깊이요, 넓이를 전한
그를 간직하고 사는 것이 너희가 하
늘에 오르는 길이요,
49 나를 배부르게 함이요, 나를 편안하게
하며 나를 기쁘게 하는 것임을 절대
잊지 말라, 사랑하는 나의 아들딸들아!
50 지금까지 배우고 깨우쳐 왔던 모든 틀
을 바꾸지 아니하면, 그 모두를 뽑아
내는 변화의 역사가 없이는 새로운 시
대가 열릴 수 없음이니라.
51 구습이요, 악법을 가지고 너희에게 단
물을 빨아 먹는 그와 같은 지도자를
놓고 너희가 개혁하고 뿌리를 바꾼다
해도 그 원천의 변함이 되지 아니하는
것이니라.
52 일국의 지도자를 바꾸는 것도 그 사악
한 집단들이 계속 유지된다면 그 원천
의 뿌리를 뽑지 못하며,
53 제가 지은 죄를 덮기 위하여 저는 그
보다 더 사악한 방법으로써 행하는 것
이 너희니,
54 그 모두를 다 일순간에 바꿔 새로운
자로서 들어서는 것, 새로운 자로서
지도자를 만드는 것, 그래야만 너희가
일부라도 변화될 수 있는 것이니라.
55 지금의 썩고 썩은 모든 종교 집단의
이 형태를 완전히 도려내지 아니하고
는 새로운 시대를 열 수 없다는 것을
너희는 가슴 깊이 간직하고 살라.
56 그리고 너희가 그를 위하여 목숨을 바
쳐 최선을 다하며 목숨을 바친다 해도
두려워하지 않는 삶을 살라, 사랑하는
나의 아들딸들아!

6,708 번째 하나님 말씀

2003년 7월 13일 0시 39분

1 사랑하는 나의 아들아!
2 "네, 아버님! 말씀하옵소서."
3 너를 따르는 제자들이 어렵고 힘든 길
을 가는 것을 보며 네가 아파 울지 말
라.
4 네가 그들이 아프다 하여 그들을 위하
여 울 이유가 없음을 어찌하여 모르는
가?
5 너의 제자들이 나의 법전을 접하지 아

니하였으며, 내가 너에게 내리는 강론
을 듣지 아니하였으며, 인간이 살아가
는 도리가 무엇이며 하늘에 오르는 길
이 무엇이며 정녕 참진리의 길이 무엇
인가를 모르고 간다 하면,
6 그 백성보다 더 불행하고 가련한 백
성이 어디에 있던가?
7 너희가 정녕 나의 법전을 접하지 아니
하며, 내가 나의 아들을 통하여 내리
는 강론을 들어 너희가 하나하나 변
화되어 가며 악습을 버리면서 변해 가
는 그와 같은 삶을 살지 못하며,
8 죄가 죄인 줄을 모르고 살며 잘못 가
는 길이 잘못 가는 줄을 모르고 간다
하면, 과연 너희는 어떠하겠는가?
9 너희가 피에 젖어 있는 그 백성 속에
서 그들과 더불어 어울려 가지 아니하
고, 나의 법전을 가슴에 안고 정독하
여 하늘에 오르는 그 이치요, 변하는
삶을 사는 그것으로써 너희가 무엇을
더 바라고 원할 수 있단 말이던가?
10 까마귀가 노는 곳에 가지 않는 깨달음
의 오늘의 삶이 얼마나 영광되던가?
11 너희가 정녕 나 여호와의 뜻을 접하지
못하는 백성이요, 나를 빙자하며 나를
팔아먹는 자들, 그와 같은 자들을 너
희가 구더기와 같은 자라 말하면,
12 너희가 구더기 속에 가서 놀지 아니하
고 살지 않는 것만도 얼마나 은혜요,
영광이요, 축복인가를 어찌하여 모른
단 말이던가?
13 너로부터 무엇을 바라며, 무엇을 역사
하기를 바라며, 너희가 육의 편안함이
요, 인간의 삶의 부귀영화에 대해 무
엇을 생각한다면 아니 되느니라.
14 너희가 어떠한 길을 지금 가고 있는가?
15 나 여호와가 너희에게 이와 같이 예
를 들어 말해 주었음이니, 너희가 까
마귀 노는 곳이요, 피 묻은 자들 속이
요, 벌레들이 우글거리는 속에서 그들
과 더불어 살아가지 아니하며 그들과
어울리지 않는 그와 같은 삶을 사는
것이요, 그 길을 가지 않는 것을,
16 과연 너희는 무엇으로써 나의 은혜에
보답하며 나에게 너희가 선택된 그
영광을 무엇으로써 보답할 수 있단 말
이던가?
17 이제는 울지 말라, 나의 아들아!
18 네가 너의 제자들의 힘들고 어려운 삶
때문에 밤마다 가슴 졸이며 우는 것을
나 여호와가 아느니,
19 그러나 너는 울 이유가 없으며 울어
서도 아니 됨이니라.
20 너의 제자들이 이 대목을 읽으면 깨우
칠 것이니라.
21 너희가 까마귀 노는 속에 가서 어울
려 놀지 않는 것, 그리고 피 묻은 자들
로서 아귀와 같이 들끓어 악마가 되어
지금 아우성치는 그 속에서 빠져나온
것,
22 그 속에서 그들과 피를 묻히며 너희
손에 붉은 피를 묻히며 너희도 같이
그들과 얽히고설켜 그곳에서 발버둥
치며 또 그와 같은 더럽고 추한 몸으
로써 나에게 오르겠다 몸부림치는 그
와 같은 세상에서 너희가 같이 살아
가지 아니하는 것을 내가 말하지 않았
는가?
23 짐승은 가르치고 길들이는 만큼 주인
에게 순종하며 따른다 했음이니라.

24 내가 너희에게 생명을 준 아버지요,
너희가 말하는 창조주 아버지 내가
지키고 살라는 것을 지키지 아니하며,
그리 내가 가르치고 또 가르쳐도 그를
행하지 않는 것은 짐승만도 못하다 했
음이니, 너희는 어찌하겠는가?
25 정녕 지금의 가는 모든 집단이요, 믿
음이 잘못 가 벌레와 같이 우글거리는
세상이라고 생각한다면,
26 벌레와 같이 더불어 얽히고설켜 그
속에서 너희가 죽을 날을 기다리는
그와 같은 형국에서 벗어나는 것만이
라도 나에게 무엇으로써 은혜를 갚으
며 나의 아들에게 무엇으로써 너희가
그 공을 다 갚을 수 있단 말이던가?
27 나의 아들을 통해서 강론을 듣는 것,
나의 아들을 통하여 나의 성령이 내려
가 법전을 만드는 것을 읽고 만들며
만백성을 구하는 그 역사 속에 너희가
하는 것이 무엇이던가?
28 내가 너희를 나의 아들딸이라 부른다
했음이니라.
29 그와 같은 이치의 뜻을 모른다면 과연
너희가 어찌하여 깨달은 자요, 나에
대한 은혜요, 영광에 감사하는 백성이
라 할 수 있던가?
30 세상에 생명을 내려 준 것도 모르는
백성처럼 너희도 그와 같이 우매하고
둔한 백성으로서 살아가고자 하는가?
31 이제 너는 너의 제자들 때문에 울지
말라.
32 그들의 육의 고달픔이요, 삶이 어렵다
하여 안타깝게 생각하며 우는 눈물을
거두라.
33 그들은 지금 바로 피 묻은 그 손을 모
두 다 씻었으며, 깨끗하고 아름다운
몸으로써 나를 향하여 오는 너의 제
자들이니, 그보다 더 큰 영광과 은혜
가 어디에 있단 말인가?
34 까마귀 노는 속에서 너희가 까마귀와
더불어 놀지 않고 어울리지 않고, 하
늘에 오른다고 그저 울부짖는 그 속
에서 벗어난 삶만 해도 그것으로써 너
희는 나에게 더할 것이 없으며, 나의
아들에게 더 바랄 것이 없을 것이며,
35 그와 같이 구원을 받았으며 인간 세상
에서 하늘에 오르는 길을 오는 자들
이, 어찌하여 죄지은 자가 복을 달라
는 것처럼 이것저것 세상에 인간사의
것을 비교하여 나의 아들을 원망하며
오늘의 믿음을 불평할 수 있는가?
36 내가 내리지 않는 그 육의 은혜에 대
해 마음 한 자리라도 불편한 마음을
가지고 있어서는 아니 될 것이니,
37 그들을 불쌍하다 생각하여 눈물을 흘
리는 나의 아들이 되지 말라.
38 너의 눈물을 거두라, 사랑하는 나의
아들아!

6,709 번째 하나님 말씀

2003년 7월 13일 0시 41분

1 사랑하는 나의 아들아!
2 "네, 아버님! 말씀하옵소서."
3 내가 법전에 기록하여 전했으며 네가
너의 제자들에게 어찌 강론을 했더냐?
4 너희가 나 여호와를 아버지라 부르는
것은 내가 입을 열어 주는 자만이 나
를 아버지라 부를 수 있다 하였음이
니, 그 뜻을 이제야 네가 알겠는가?

5 "네, 아버님! 그 뜻을 알았사옵나이다.
6 저희가 두 번 죽어 마지막 아버님께
심판을 받아 아버님의 그 영광스러운
천국의 문에 들어가 아버지와 영원히
살 수 있는 세상에 가는 백성, 아버님
의 집에 들어갈 수 있는 자만이 아버
지라 부르며 아버지가 아들딸이라 그
리한다 하셨으니,
7 육의 세상에 사는 것은 저희가 그와
같은 육의 세상에서만이 부를 수 있으
며 아버지를 찾을 수 있다 하셨사옵
나이다."
8 그러니 너희가 회개하고 깨우치고 반
성하여 나를 아버지라 부를 수 있는
입을 열어 주는 자가 나를 찾으며 나
를 창조주라 부를 수 있다 내가 말한
뜻을 이제 네가 깨달았음이니,
9 너의 제자들에게 다시 한 번 그와 같
은 이치를 깨우쳐 주어야 할 것이니
라.
10 너희가 스스로 회개하고 반성하며 뉘
우치는 그 눈물의 회개 속에서 너희
스스로 이 세상에 버러지만도 못하며
너희가 말하는 구더기만도 못하다는
것을 느껴 참회의 눈물을 흘렸을 때,
그때 내가 너희 입을 열어 주니,
11 '앗, 하나님!' 하고 부르는 그 순간에
내가 입을 열어 주어 너희가 나를 아
버지라 부르며 하나님이라 부를 자격
이 있다 내가 그리한 그 의미를 알겠
는가?
12 선택된 자들이 그리할 수 있기 때문
이니, 그 의미를 너의 제자들에게 이
제 깨우쳐 주고 스스로 그리 변하는
역사를 하도록 전하라.
13 그리고 그들에게 전하라, 너희가 수천
수만 가지를 다 변화해야만 한다는 것
을.
14 마음을 비우는 것, 남을 용서하는 것,
그리고 악습을 버리는 것만이 아니요,
15 너희가 생활의 태도요, 삶의 방법이
요, 천 가지 만 가지를 다 변화해야 하
고 탈바꿈을 해야 하며 벗어 던져야
하며,
16 새로 태어나는 삶은 이 세상에 너희가
살아가며 부딪치는 모든 것에서 다 변
화되는 삶을 사는 것이 너희가 변화되
는 길이니,
17 너희가 얼마나 어렵고 힘든 길이며
얼마나 많고도 많은 과제를 다 풀어
야 하는가를 알아야 할 것이니 그리
알라, 사랑하는 나의 아들딸들아!

6,710 번째 하나님 말씀

2003년 7월 13일 0시 48분

1 사랑하는 나의 아들아!
2 "네, 아버님! 말씀하옵소서."
3 너희가 기도하며 경배하는 것을 보이
고자 하는 행동은 절대 하지 말라 내
가 너희에게 그리 명했으며, 성서에도
내가 너희에게 그리 전하였음이니라.
4 너희가 나 여호와를 아버지라 찾으며
하늘에 오르고자 기도하며 경배하는
그 모든 행사요, 행동을 나에게 보이
고자 하는 그와 같은 행위를 하지 말
라 하였으며,
5 모든 백성에게 너희 자신의 존재함을
과시하기 위하여, 너희만이 선택된 백
성이요, 구원을 받은 백성이라는 그와

같은 오만방자한 모습을 보이는 행위
를 하지 말라 내가 너희에게 일찍이
깨우쳐 주었느니라.
6 그와 같은 행위를 하는 것이 너희가
얼마나 가증스러운 것인가를 알겠는
가?
7 지금의 모든 종교 집단 그들은 진정한
믿음의 길을 가며, 오른손이 하는 것
을 왼손이 모르도록 그와 같이 조심스
럽고 안정된 마음 자세에서 과시하지
아니하며 남에게 보이고자 하는 그와
같은 행위를 하지 말라 하였거늘,
8 지금 너희가 나의 피조물 만백성을 이
끌어 가며 열 명에서 열 명이 늘면 또
그 열 명의 숫자가 들어갈 수 있도록
새로운 성전을 짓는다 하여 때려 부
수고 또 지으며,
9 그리고 호화롭고 찬란하게 짓는 것이
나 여호와의 성령이 임하며 내 휴식처
라 하여 너희가 그를 다시 지으며 호
화롭고 찬란하게 만들어야 한다는 그
와 같은 행동이 얼마나 너희 자신을
속이며 나를 속이는 가증스러운 지도
자요, 종교 집단의 행위인 줄 아는가?
10 너희의 그 가증스러운 마음이 지금의
하늘을 다 덮고 있다는 것을 너희는
알아야 할 것이니라.
11 나 여호와는 보이는 성전이요, 보이는
화려함이요, 보이고자 하는 행동이요,
그 모든 행사요, 그와 같은 것을 절대
하지 말라 하였음이니,
12 누가 너희에게 그와 같은 행동으로써
나에게 경배하며 나에게 은혜를 보답
하는 길이며 구원의 길에 오를 수 있
다고 그리 가르쳤으며, 어디에 그리하
라 명했는가를 찾아보라.
13 너희는 그와 같은 대목이 없음을 알게
될 것이니라.
14 어찌하여 너희는 내가 행하라는 성서
에 기록된 것은 하지 아니하며, 행하
지 말라 하여 기록되지 아니한 것만
골라서 하고 있는가?
15 너희는 보이는 형식적인 행동을 하지
말라.
16 나 여호와는 너희에게 누구의 재물을
거둬들이라 하는 것이 없으며, 나의
백성으로부터 재물을 거둬들이라는
명령을 내린 적이 없음이니라.
17 너희는 그와 같은 행위를 중단해야 할
것이며, 그와 같은 행위 속에 너희가
지금까지 끌고 간 그 죄도 다 해결하
지 못할 것이거늘,
18 앞으로 너희가 그와 같은 역사를 계속
자행한다면 어떠한 벌을 받을 것인가
를 알게 될 것이니라.
19 너희는 세리라는 그 백성을 어찌 생
각하는가?
20 너희가 세리라는 백성을 인간으로 취
급하지 아니하며 벌레만큼도 취급하
지 않는 것이 그 시대의 세리요, 세금
을 거둬들이는 자가 아니었던가?
21 너희가 그와 같이 인간 이하로 취급했
던 그 세리는 그래도 나라의 명이요,
상부의 명을 받아 어찌할 수 없이 그
일을 행했느니라.
22 그러나 지금 나의 백성으로부터 재물
을 거둬들이며 금화와 은화를 거둬들
이며 우리 부자의 이름을 팔아 그와
같은 행위를 하는 것은 어떤 것인 줄
알겠는가?

23 너희가 인간 이하로 생각했던 세금을
징수했던 세리보다도 더 악독한 것이
너희라는 것을 알아야 할 것이니라.
24 그보다도 더 악독하고 사악한 집단으
로서 이루어진 것이 지금의 종교 집단
이요, 그 속에서 지도자 너희라는 것
을 잊지 말라.
25 너희가 정말로 세리보다도 더 추하고
더러운 자요, 더 사악한 자라는 것을,
너희는 세리를 탓할 자격도 없음이니
라.
26 그들보다도 더 악독한 백성이 지금의
종교 집단으로서 나의 피조물 만백성
에게 주는 것 없이 그저 말로 우리 부
자의 이름을 팔면서 재물을 거둬들이
는 너희니,
27 너희가 세리보다 열배 백배 사악한 자
들이니, 세리보다도 사악한 행위를 하
는 자 앞에 가서 무슨 구원을 받으며
하늘에 오르는 길을 본다 하는가?
28 이제 너희는 깨우쳐야 할 것이니라.
29 내가 나의 법전에 기록하여 하늘의 뜻
이요, 너희가 모르는 그 마음의 문을
열어 줌이니,
30 이를 보고도 너희가 행하지 아니하고
지키지 아니하는 어리석은 백성이라
면,
31 너희는 정녕 나의 아들딸이요, 나를
아버지라 부를 자격이 없는 백성으로
서 전락함을 잊지 말라, 사랑하는 나
의 아들딸들아!

6,711 번째 하나님 말씀

2003년 7월 13일 0시 55분

1 사랑하는 나의 아들아!
2 "네, 아버님! 말씀하옵소서."
3 지금 수천 년 동안 믿어 온 종교 집단
이요, 나의 백성의 신앙 생활이 정녕
무엇인 줄 알겠는가?
4 그들은 믿음이요, 신앙 생활에 충실하
며 열심을 다했으며 나 여호와의 뜻에
살아 저희는 구원받은 백성이라 그리
열심히 살았다고 말하고 있느니라.
5 그러니 그들이 어찌 가는 것인가를
아느냐?
6 나 여호와가 내려다보는 그들은 신앙
생활이요, 믿음의 생활이요, 믿음의
길이 무엇인지도 알지 못하는 백성이
니라.
7 아무것도 알지 못하는 자들이 구원을
받았다고 말하며,
8 저희만이 선택된 백성이요, 오로지 그
믿음의 길을 가는 것이며, 나 여호와
의 뜻에 따라 다른 신을 섬기지 아니
하며 살아가며, 그리고 나 여호와를
욕되게 하지 아니하고 살아가는 충실
한 백성이라 생각하고 살아가느니라.
9 그러나 너는 그들에게 물어야 할 것이
니라.
10 그들은 나에게 무엇인가를 얻고자 하
는 기복 신앙의 대표자며 그와 같은
믿음의 길을 가는 자니라.
11 그리하여 기도하는 것마다 나에게 무
엇을 이루어 달라, 그리고 소원을 이
뤄 달라, 역사해 달라 그리 기도하니,
그들이 얼마나 모르고 우매한 백성이

던가?
12 나 여호와는 너희에게 아무것도 주는
것이 없으며 내려 주는 것이 없음을
알아야 할 것이니라.
13 너희가 울고불고한다 하여 내가 지키
지 못할 약속을 하며, 나에게 무엇을
원한다 해서 나 여호와는 너희에게
주는 것이 아무것도 없음이니라.
14 너희는 나에게 무엇을 받으며 무엇을
얻는 것도 모르며 그저 달라 애원하며
기도하니, 너희가 얼마나 믿음의 길을
잘못 가는 백성이더냐?
15 너희가 자격이 있을 때만이 내가 준비
된 상을 너희에게 내려 준다 하였음
이니라.
16 너희가 욕심을 버리며 천사와 같은 마
음으로 살아갈 때 내가 그 은혜에 대
한 상을 너희에게 줌이니,
17 그것도 너희에게 재물이요, 육의 편안
한 삶을 위해서 내려 주는 것이 아님
을 알아야 할 것이니라.
18 너희가 나로부터 상을 받을 수 있는
자격이라 함은 너희가 아름답게 사는
그 점수가 쌓이고 쌓여 선함에 그게
얹어지기 때문이니, 그것이 바로 나로
부터 받는 상임을 알라.
19 나로부터 받는 것이 무엇이며 나 여호
와가 너희에게 무엇을 주는 것인지도
모르는 자들이 그저 달라 매달리며 울
고불고 애원하며 기도하며 소리 지르
면 이루어지는 것처럼,
20 그리고 나로부터 은혜요, 영광을 받았
다며 감사한다고 소리 지르며 살아가
는 그 믿음은 다 무상한 짓이며 허황
된 짓을 하고 있다는 것을 알라.
21 믿음의 길을 가는 자가 정녕 믿음의
길이요, 나로부터 상을 받는 것은 무
엇인 줄 알겠는가?
22 내가 직접 써 내린 나의 친필인 십계
명대로 살며, 이제 너희를 심판하는
나의 법전을 읽고 그대로 행하고 살아
갈 때 너희야말로 하늘의 문을 열어
줌이니,
23 너희는 천국의 길을 올 수 있으며 내
집에 들어올 수 있는 것이니라.
24 내 집에 들어올 수 있도록 내가 문을
너희에게 열어 주며 그 문을 들어올
수 있도록 허락하는 것이 내가 너희에
게 주는 선물이며,
25 그보다도 더 위대한 선물이 없으며 그
외에는 내가 너희에게 아무것도 주지
않는다는 것을 알라.
26 그것도 모르는 자들이기에 너희가 지
금 가는 그 믿음이요, 충실한 믿음이
요, 다른 신을 두지 아니하며 나를 욕
되게 하지 아니하며 그와 같이 가고
있다는 그 믿음 자체가,
27 너희가 나로부터 무엇인가를 받으며
내가 너희에게 내려 주는 것도 모르며
내가 상으로 너희에게 내려 주는 그
자체도 모르니, 얼마나 불쌍하고 가련
한 자들이더냐?
28 이제 너희는 알겠는가?
29 나 여호와가 너희에게 내리는 가장 큰
상은 무엇인 줄 알겠느냐?
30 내 집에 너희가 들어올 수 있도록 문
을 열어 주는 것이니,
31 그 문을 들어올 수 있도록 허락하는
것이 내가 너희에게 가장 큰 선물이
요, 위대한 영광이요, 내가 너희에게

주는 것임을 알라.
32 그보다 더 큰 사랑이 없음이니라.
33 그리고 그 영광을 너희는 어디에서도 찾을 수 없으며 이룰 수가 없는 것이니라.
34 그게 바로 내가 너희에게 주는 상이며 베푸는 은혜라는 것을 알라.
35 너희가 나로부터 얻는 것은 그것뿐이니라.
36 그 길을 위해서 너희가 어찌 살아야 하는 것인지 기록된 것이 바로 십계명이요, 나의 법전임을 잊지 말라, 사랑하는 나의 아들딸들아!
37 나는 너희에게 천국의 문을 열어 주는 것이니라.
38 너희가 어찌 살았느냐에 따라서 내가 나의 집의 문을 열어 주는 것이 너희에게 내리는 가장 큰 영광이요, 축복이라는 것을 이제 그들에게 깨우쳐 주라, 사랑하는 나의 아들딸들아!

6,712 번째 하나님 말씀

2003년 7월 13일 01시 06분

1 사랑하는 나의 아들아!
2 "네, 아버님! 말씀하옵소서."
3 나의 아들 예수를 세상에 보낸 나 여호와가 있으며, 나는 보낸 자요, 나의 아들은 보냄을 받은 자이니라.
4 그러나 그들은 나의 아들 예수를 과연 어찌 평가하는가?
5 모든 종교 집단들은 그리 말하느니라.
6 나의 아들 예수는 내가 육을 통하여 세상에 내려갔다 그와 같은 말을 너희가 하며 그리 가르치는 자들이니라.
7 예수가 내려간 것은 예수의 육을 빌어 나 여호와가 직접 세상에 내려가 너희를 다스리고 통제했다 그리 말하며 그와 같이 가르치는 종교 지도자요, 집단이 지금 있음이니,
8 그러한 믿음과 깨달음 속에서 너희가 헤어나야 한다는 것을 알아야 할 것이니라.
9 그와 같이 사악한 말을 하는 자들 앞에서 헤어나지 못하며 그 속에서 연연하며 그것을 '옳소! 믿습니다.' 하는 백성 너희는 정녕 변화되는 삶의 역사를 알 수 없으며 내가 이루고자 하는 뜻을 알 수 없음이니라.
10 모든 것은 나의 주관하에 있지 아니하는 것이 세상에 없음이니,
11 사탄이요, 천사요, 지상의 모든 것이 내 뜻에, 내 주관 안에서 벗어날 수 없는 것임을 너희는 모르는가?
12 사탄이 나의 아들 예수를 광야에서 어찌했는가?
13 나의 아들을 사탄은 시험했음이니라.
14 그리하여 나 여호와의 아들인 예수가 인간으로 세상에 나왔음이니, 그를 가지고 그들은 시험했으며,
15 사탄들은 내가 원해서 그에게 내려 주었던, 또 내가 그에게 명했던 모두를 다 포기하면 모든 것을 다 준다 하며 나의 아들을 시험하는 것을 너희는 알며 성서에 기록되었으며 시험을 받음을 아는 것이니라.
16 그러니 예수의 몸에 나의 성령이 임하여 내가 직접 예수의 몸을 빌려 세상에 내려가 너희에게 역사했다 하며, 그와 같은 시험을 직접 사탄으로부터

받았다면 과연 누가 받은 것인가?
17 나 여호와가 직접 사탄에게 시험을 받
았다는 것이 아니던가?
18 나 여호와를 사탄에게 시험을 당했다
그리 말하는 백성, 그와 같이 가르치
는 지도자는 사탄의 자식이니라.
19 사탄의 자식이 사탄인 제 아비를 위하
여 저희 아비의 능력이, 저희 아비가
가지고 있는 그 모든 권한이 나 여호
와를 능가한다는 것을 만백성에게 깨
우쳐 주며 그들의 머리에 심어 주는
것이 지금 너희가 하는 행위라는 것
을 잊어서는 아니 될 것이니라.
20 나의 아들 예수의 육에 나 여호와가
들어가 이 세상에 임하여 너희에게
모든 역사를 임했다고 감히 말하는 자,
21 그러면서 나의 아들이 사탄으로부터
시험을 당한 내용이 성서에 상세히
기록된 것을 알 것이니, 그와 같이 말
하는 너희가 바로 무엇인 줄 알겠는
가?
22 나 여호와가 사탄으로부터 시험을 당
했다면, 사탄의 자식으로서 사탄인 제
아비가 나보다 힘이 좋고 능력이 있으
며, 나보다 모든 것을 다 역사할 수 있
으며, 나와 대적해서 싸울 수 있는 자
며, 나를 능멸할 수 있는 자라 너희가
제 아비를 칭찬하는 것이며, 제 아비
를 자랑스럽게 말하는 철없는 자와 같
음을 알아야 할 것이니라.
23 예수는 나의 아들이기에 사탄이 그가
가진 모든 은혜요, 그가 역사할 수 있
는 것을 나를 거역하며 나로부터 떠나
도록 그와 같이 그를 시험했음이니라.
24 그 모든 능력을 다 그로부터 회수하기
위하여 그리하여 내가 내린 모든 그가
할 수 있는 영광의 기적을 버리도록
그리 유도하였음이니라.
25 사탄이 나의 아들 예수를, 보내진 나
의 아들이 아니라면 과연 그리 시험을
했겠는가?
26 나 여호와가 직접 육을 빌어 예수의
몸으로써 세상에 나갔다는 그와 같은
행위를 하는 자, 그들의 말에 귀를 기
울여서는 절대 아니 됨을 너희는 알
아야 할 것이니라.
27 육의 형체로써 예수를 빌어 인간으로
내가 세상에 내려가 모두를 역사했다
고 가르치는 종교 집단이요, 지도자
그들은 정녕 사탄의 자식이며,
28 저희 아비의 능력과 저희 아비의 영광
됨과 저희 아비를 과대평가하며 자랑
하는 철없는 자와 같은 자들이니, 그
들의 말에 현혹되지 말라.
29 그렇다면 너희는 정녕 나에게 올 수
있는 길을 갈 수 없다는 것을 알라.
30 너희는 이제 알아야 할 것이니라.
31 참진리의 길을 가는 것이 무엇이며 참
진리의 길을 역사하는 것이 무엇인가?
32 그리고 나 여호와가 인간의 형상으로
써 이 세상에 강림했다는 그와 같은
자들은 너희가 진리를 깨우치며 하늘
에 오르는 길을 보며 반석 위에 서서
하늘에 오르는 찬란한 빛을 보고 따라
가고자 하나, 너희를 훼방하며 너희
눈을 가리는 자들이니라.
33 이제 내가 그들을 용서하지 않으려 함
이니라.
34 나의 백성을 지옥으로 이끌어 가는
그들을 용서하지 않으려 함이 나 여호

와의 뜻임을 알라.
35 나 여호와가 사탄에게 시험을 당했다
말하는 그 망발하는 백성의 말에 너희
자신이 지옥으로 떨어지는 그와 같은
너희 자신을 팔지 말라.
36 이게 내가 너희에게 간곡히 전하는
하늘의 뜻임을 알아야 할 것이니, 이
와 같은 나의 가르침이요, 내가 전하
는 뜻을 알고도 너희가 그 이치를 깨
닫지 못한다면 이는 너희의 복이니라.

6,713 번째 하나님 말씀

2003년 7월 13일 01시 13분

1 사랑하는 나의 아들아!
2 "네, 아버님! 말씀하옵소서."
3 내가 너희에게 일깨워 전했음이니라.
4 육을 갖고 사는 나의 백성 너희는 나
를 볼 수 없으며 나의 음성을 들을 수
없으며 나를 만질 수 없는 것이라 내
가 그리 나의 법전에 기록하여 전하였
음이니라.
5 그러나 너희가 나를 만질 수 있으며
나의 음성을 들을 수 있는 것은 어떠
한 길이 있다 했느냐?
6 법전에 기록하여 가르친 그대로 나의
법전을 읽고 깨우치며 욕심의 뿌리를
다 버렸을 때,
7 너희는 나를 볼 수 있으며 나의 음성
을 들을 수 있으며 나를 만질 수 있는
것이라 내가 나의 법전에 일찌이 기
록하여 전하였음이니라.
8 내가 이와 같이 법전에 전한 그 대목
을 읽으면서 너희는 뭐라 말하는가?
9 이는 성서를 평생 연구한 자요, 그리
고 성서에 통달한 자요, 그리고 성서
를 암송한 자요,
10 그리하여 이와 같은 자가 이 세상의
백성을 현혹게 하며, 너희가 가는 것
을 무너트리고자 하는 왕사탄이 세상
에 내려왔다고 그리 말하느니라.
11 그러나 그와 같은 내용이 내가 일찌이
성서에 기록한 내용이 없던가?
12 너희는 이 대목을 다시 한 번 읽어야
할 것이니라.
13 '마음이 청결한 자는 복이 있나니, 너
희는 나를 볼 것이라.' 내가 성서에 나
의 아들을 통하여 너희에게 그리 기록
하여 가르쳐 준 대목이 있음이니,
14 너희가 그와 같은 대목을 읽는다면 지
금 내가 나의 아들을 통하여 법전에
기록하여 내리는 그 내용이 어떠한
내용인지를 알 것이니라.
15 지금 내가 나의 아들을 통하여 상세히
풀어 너희가 모두를 다 깨우칠 수 있
도록,
16 구약과 신약의 그 비유의 말이요, 비
유의 뜻이요, 그리고 내가 뼈대를 내
려보낸 것을, 내가 나의 법전을 통하
여 모두를 상세히 하나하나 풀어서 내
림이니,
17 그 뜻이 성서에 기록된 내용과 같다
하면 이는 사탄이요, 사악한 자가 역
사하는 것이 아니요,
18 성서 공부를 평생 했으며 성서를 다
암송하며 그 성서에 대해 박사가 된
자가 너희를 현혹하려고 사탄이 되어
이와 같은 책이라는 것을 내려보낸다
는 그와 같은 말을 해서는 아니 될 것
이니라.

19 나의 법전에 기록된, 너희가 욕심의
뿌리를 버리며 천사와 같은 마음으로
살아갈 때 나를 볼 수 있다 그리 가르
친 것을, 너희는 어찌하여 이게 사탄
이요, 사악한 자의 말이라 하며,
20 내가 성경에 기록하기를 마음이 청결
한 자는 복이 있나니 너희가 나를 볼
것이라 기록한 대목은 어찌하여 나의
뜻이라 말하는가?
21 지금 성경에 기록된 그 뜻과 내가 나
의 아들을 통하여 내리는 법전에 기록
된 내용이 무엇이 다르던가?
22 다 일맥상통하며, 성서에 기록된 것을
좀 더 세세히 상세히 너희가 가야 할
길을 깨우쳐 주기 위하여 기록하여 전
하거늘,
23 어찌하여 성서에 기록된 것은 나의 뜻
이니 그를 보고 한 획도 고치지 말며
그리 행해야 한다고 말을 하며,
24 내가 나의 법전에 기록하는 내용은 사
탄이요, 이단이요, 사악한 자요, 성서
에 통달한 자가 너희를 지옥으로 이
끌기 위하여 미혹하는 짓을 하고 있다
그리 가르치며,
25 나의 법전을 태워 버리며 나의 아들을
존재치 못하도록 하는 그와 같은 마음
자세로 돌변하는가?
26 과연 이 대목을 읽고 어찌 말하겠는가?
27 일찍이 내가 너희에게 성경에 기록해
준 그 대목과, 지금 나의 아들을 통하
여 내리는 법전에 기록된 내용을 비
추어 보라.
28 과연 거기에 어떠한 것이 사탄이요,
어떤 것이 악마의 것인가, 그리고 천
사의 것인가, 나 여호와의 것인가를
너희가 구분할 수 있을 것이니라.
29 그 모두는 나 여호와의 뜻임을 알아야
할 것이니라.
30 나 여호와가 직접 관장하고 통제하기
에 내가 같은 내용이요, 같은 뜻으로
써 나의 법전에 기록하여 너희를 상세
히 깨우쳐 주는 거울의 역할을 하고
있음을 이제는 알아야 할 것이니라.
31 나를 보지 못하며 나의 음성을 듣지
못하며 나를 만지지 못하는 그와 같은
종교 지도자들은 바로 어떠한 자들인
가?
32 욕심을 버리지 못한 자며 진정 나로부
터 선택된 자가 아님을 너희는 알아
야 할 것이니라.
33 욕심을 비우고 마음을 비우며 천사와
같이 사는 종교 지도자는 나의 음성을
들을 것이며 나를 볼 것이며 나를 만
질 수 있다는 것을 너희는 알라.
34 그와 같이 역사하지 못하는 자는 바로
나와 관계없는 자니, 그 밑에 가 울고
불고 재물을 바치며 구원을 받는다고
몸부림치지 말라.
35 지옥문 앞에 가서 몸부림치는 그 백성
을 나는 수없이 보며, 너희가 지옥문
앞에 서서 울고불고 통곡하며 그곳을
가지 아니하려 몸부림치는 그와 같은
것을 보는 나의 마음이 얼마나 찢어지
고 아픈지 아는가?
36 지옥문에 가서 몸부림치는 백성으로
서 그 길을 가지 말라 그리 전하라, 사
랑하는 나의 아들딸들아!

6,714 번째 하나님 말씀

2003년 7월 13일 01시 18분

1 사랑하는 나의 아들아!
2 "네, 아버님! 말씀하옵소서."
3 내가 너의 제자들에게 뭐라 일렀더냐?
4 모두를 똑같은 마음으로 보며 똑같이
사랑을 하라 그리 말하였느니라.
5 내가 너희에게 모든 백성을 네가 가
장 사랑하는 여인을 보는 마음으로 보
라 그리하지 아니하였던가?
6 네 제자에게 물어보라.
7 과연 너희는 네 자식과 남의 자식을
똑같이 보는 마음이 되어 있는가?
8 그리고 너희가 좋아하고 사랑하는 사
람과 미워하고 보기 싫은 사람을 과연
그 마음이 다 하나가 되어 지금 다스
려지고 있는가?
9 너희는 한번 그들을 봐야 할 것이니
라.
10 너희는 그 나의 뜻을 모르는가?
11 이 세상의 모든 백성을 하나로 보며
똑같이 보라는 것을 모르는가?
12 그러나 내가 모든 미워하는 사람, 고
운 사람을 다 똑같이 마음을 가지라
하였거늘,
13 너희는 나쁜 사람, 미워하는 사람의
그 마음으로 모두를 다 낮추는 것처럼
그리 생각하고 있음이니,
14 너희는 그와 같이 마음을 낮추지 말
며, 가장 사랑하고 소중한 사람을 사
랑하는 마음같이 미워하고 싫어하는
사람을 그리 끌어올리면,
15 너희는 얼마든지 사랑의 변함이 없으
며, 너희가 자식을 소중히 사랑하는
마음이 변함이 없지 않은가?
16 너희가 미운 사람과 고운 사람을 놓고
절충형을 생각해서 올리고 내리는 그
와 같은 마음으로 한다면 너희는 사랑
하는 마음이 무너짐이요,
17 너희가 가장 미워하는 사람으로서 너
희가 사랑하는 여인의 마음을 그 아래
로 낮춘다면 너희는 더 낮은 자며 사
랑을 모르는 자가 아니더냐?
18 그러니 너희는 그와 같은 걱정을 하
지 말라.
19 너희가 지금 사랑을 하는 것은 모든
백성을 똑같이 사랑하며, 네 자식과
남의 자식을 똑같이 보며, 사랑하는
사람과 미워하는 사람을 한마음으로
보라 함이니,
20 너희는 절충형이요, 그렇지 않으면 마
음을 낮추어 떨어지는 것을 생각하나,
21 가장 소중한 사람을 대하듯이 가장 미
웠던 사람을 끌어올리면 너희는 아름
다운 사랑만을 베풀며 사는 사람이 되
지 않더냐?
22 너희가 사랑하는 마음이요, 대중적으
로 그리 보는 마음이 최상의 높이에서
보는 것이 아니더냐?
23 그와 같은 이치를 가지고 너희가 세상
사를 보면 될 것을,
24 어찌하여 미워하는 사람과 사랑하는
사람의 그 마음이 어디까지 내려가며
끌어올려야 할 것이며, 어디에서 멈춰
야 할 것이며 어떤 절충형으로써 마음
을 다스릴 것인가를 고민하고 있음이
니,
25 자식을 사랑하는 마음이 백이요, 미워
하는 사람을 사랑하는 마음이 열이니,

이걸 가지고 너희가 미워하는 마음을
사랑하는 마음의 100으로 올리면 될
것을,
26 사랑하는 마음을 50으로 내리며 미워
하는 마음을 사랑하는 마음의 50으로
끌어올려 그 선에서 맞춰야 할 것인
가, 고민하는 제자들이 있을 것이며
그와 같이 생각하는 나의 백성이 있
을 것이니라.
27 너희는 자식을 사랑하는 만큼, 여인을
사랑하는 만큼 모두를 사랑하는 마음
을 100으로 끌어올려 100에서 멈추도
록 그리하라, 사랑하는 나의 아들딸들
아!
28 그러면 너희가 사랑하는 마음이 어찌
되는가?
29 너희가 사랑하는 마음이 승화됨을 잊
지 말라.

6,715 번째 하나님 말씀

2003년 7월 13일 01시 27분

1 사랑하는 나의 아들아!
2 "네, 아버님! 말씀하옵소서."
3 너희가 이 세상을 살아가면서 눈으로
보는 것보다도 더 정밀하고 위대한 것
으로써 확대하여 세상을 다 살피고 본
다면, 너희는 이 세상에서 살아갈 자
가 없을 것이니라.
4 보이지 않는 그 모든 미물이요, 그 벌
레들이 살아가는 것이 다 보인다면,
너희는 정녕 숨이 막혀 이 세상을 살
아갈 수 없을 것이니라.
5 그러니 나 여호와가 너희가 바라볼
수 있는 것, 보고 느낄 수 있는 것으로
써만 눈의 시력의 그 한계를 만든 것
을 본다 해도 너희는 나 여호와의 위
대함이요, 내가 역사함을 과연 모르겠
는가?
6 그와 같이 모두를 다 맞추고 준비하여
세상에 모두가 돌아가도록 그리 역사
해 놓았음이니,
7 그것 하나만 보더라도 너희는 어찌하
여 나 여호와가 존재함을 의심하며 나
에게 심판을 받는 것을 인정하지 아니
하며 믿으려 하지 않느냐?
8 너희가 현미경이라는 그 확대경으로
써 세상사를 다 본다면,
9 바닥을 보든, 날아다니는 먼지를 보든
너희는 숨을 쉴 수 없으며 너희 자신
이 살아갈 수 있는 자신과 용기마저
잃게 될 것이니라.
10 그러나 너희가 보아서는 아니 될 것은
보지 아니할 만큼 너희 눈의 시력을
다 그와 같이 만들어 세상에 살아가도
록 역사한 것, 그 하나를 본다면,
11 이 지구상에 살아가는 수억 가지의
그들이 다 너희가 신체 구조에서 가
지는 것보다도 더 정밀하며 더 정확하
며 다 필요에 따라 만들어지고 이루
어지고 있다는 것을 너희는 알아야
할 것이니라.
12 그러니 '너희는 나 여호와가 존재함을
믿으라.' 그 제자들에게 그리 가르치
라.
13 오로지 너희가 그 모든 영광을 받는
것은 그저 마음 하나 고치고 마음 하
나 다스리며 욕심이라는 뿌리를 뽑아
내면 너희가 나에게 올 수 있으며,
14 하나도 걱정할 것이 없으며, 근심할

것도 없다고 내가 너희에게 답까지
다 주지 아니하였더냐?
15 너희는 잔잔한 호수와 같이 마음이
변해야 하며 그와 같이 안정을 찾아가
는 백성이 돼야 할 것이니라.
16 아무리 가는 빗방울이요, 아무리 약하
게 내리는 빗방울이요, 너희 눈으로
보이지 않는 그 빗방울이라 해도, 그
빗방울이 호수에 떨어지는 것을 호수
를 바라보면 너희는 비가 오고 있음
을 알게 될 것이니라.
17 그러니 정녕 빗방울이 떨어지지 아니
하며 잔잔한 호수처럼, 빗방울이 하나
도 내리지 않는 것처럼, 그리고 파장
을 이루지 않는 것처럼,
18 너희 눈으로 볼 수 없는, 그 내리는 빗
방울이 호수 위에 떨어지는 것은 파
장을 이루는 것을 볼 수 있지 않더냐?
19 그와 같이 파장이 없도록, 가랑비가
내려서 호수의 파장을 이루는 것만큼
도 너희 마음에 파장을 이루는 것이
있어서는 아니 되며 계산되는 것이 있
어서는 아니 되며 흔들리는 것이 있어
서는 아니 됨이니라.
20 너희 마음이 잔잔한 호수요, 정녕 가
랑비요, 이슬비도 내리지 않는 그 호
수와 같은 마음이요, 편안하고 안정된
마음으로써 가는 것,
21 그것이 천사의 마음이요, 나의 마음이
라는 것을 잊지 말라.
22 모두를 다 접어 두는 것, 그리고 속으
로 겉으로 너희가 파장을 이루지 않
는 마음, 그것이 정녕 나에게 오르는
길이요, 나에게 선택된 백성이 가지고
있는 마음 자세이니, 마음을 고요히
그리 다스린다면 너희가 역사하지 못
할 것이 없음을 알라, 사랑하는 나의
아들딸들아!

6,716 번째 하나님 말씀

2003년 7월 13일 01시 34분

1 사랑하는 나의 아들아!
2 "네, 아버님! 말씀하옵소서."
3 지금 수천 년 동안 내려오는 그 백성
이 창조주 나 여호와가 내린 율법대로
살지 못하며, 내가 친필로 써 내린 십
계명을 지키지 못하며 그리 살 수 없
다는 백성에게 너희는 일깨워 주라.
4 달과 해가 너희가 죽을 때까지 비춰
주며 그는 떴다가 지고 또 뜸이니,
5 이 세상의 지상에 어떠한 파동이 일며
어떠한 재앙이 있다 해도, 이 지구의
땅덩어리는 굳건히 그를 지키고 있음
이니라.
6 그러니 너희가 그 태양이요, 달을 다
스릴 수 있으며 이 지구를 너희가 다
스릴 수 있다 하거든, 내가 내린 그 계
명을 지키지 아니해도 된다고 전해라.
7 너희가 죽을 때까지 뜨고 지는 그 달
과 해도 통제하지 못하며 이 지구 땅
덩어리의 변화의 역사도 통제하지 못
한다면,
8 그를 만들어 창조하여 너희를 존재토
록 한 나 여호와를 너희가 감히 넘볼
수 있으며 나를 능멸할 수 있겠는가?
9 그렇다면 너희는 내가 내린 불로 써
내려 너희에게 지키고 하늘에 오르라
내린 그 십계명을 지키지 아니해도 되
며 그대로 살 수 없다고 그리 말할 수

도 있음이니라.
10 그러나 너희가 그것 하나도 통제하지
못하며 다스리지 못한다 하면, 내가
만들고 존재하게 한 달과 해와 이 지
상 지구 땅덩어리를 너희가 통제하지
못하며 다스리지도 못한다 하면,
11 너희는 내가 직접 써 내린 십계명을
지키지 못한다는 말을 하지 말라.
12 그것이 너희가 얼마나 나를 능멸하는
것이던가?
13 그와 같은 것 하나, 지상의 그 모든 것
의 하나도 다스리지 못하며 풀잎의 그
뜻 하나도, 그가 필요하여 존재하는
그 의미 하나도 모르는 너희가 어찌
하여 내가 친필로 써 내려 지키라는
그 십계명을 지킬 수 없다고 말하는가?
14 그것이 나를 너희가 얼마나 욕되게
하는 것이며, 나를 얼마나 능멸하는
것이며, 얼마나 오만방자한 행위를 하
는 것인가를 알아야 할 것이니라.
15 감히 너희가 나를 창조주요, 아버지라
말하며 전지전능한 아버지라 하며 세
상에 역사하지 못할 것이 없으며 이루
어지지 못할 것이 없다 말하면서,
16 그와 같이 말로써는 나를 경배한다며
울고불고하는 너희가 친필로 쓴 나의
십계명을 지킬 수 없다는 것이,
17 너희가 인간 세상의 생각으로써는 인
간이기 때문에 그럴 수도 있을 것이며
그리 듣는 백성이 수없이 있을 것이
니라.
18 그러나 너희는 그 이치가 얼마나 나
를 능멸하는 것이며 나를 욕되게 하는
것인가를 알아야 할 것이니라.
19 그 말 한마디로 나의 피조물 만백성
을 지금 너희가 지옥으로 이끌어 보
내니, 그 지옥으로 보내는 이유가 무
엇이던가?
20 너희가 재물과 금화와 은화를 거둬들
일 수 있으며 제왕적인 대우를 받기
때문에 나의 피조물 만백성을 지옥으
로 보내는 그와 같은 사악한 말들을
하고 있음이니라.
21 그 또한 그리 말하는 자가 누군 줄 알
겠는가?
22 사탄의 자식이요, 악마의 자식임을 너
희는 알아야 할 것이니라.
23 너희가 나를 아버지라 하며 나를 창조
주라 하며 내가 직접 불로 써 내린 나
의 친필의 뜻을 두고 시시비비를 하
며 지킬 수 있다, 지킬 수 없다 그와
같은 말을 하는 것은 무엇이던가?
24 이는 반드시 나 여호와의 뜻이라는 것
을 너희가 알면서도 나 여호와를 배척
하며 너희 자신도 모르게 사탄의 자식
이 되어 사탄을 경배하며 사탄이 역사
하도록 하기 위하여 감히 그런 말을
함이니,
25 그런 말로써 나의 피조물 만백성이 나
에게 오를 수 있는 앞길을 막았으며,
그들이 천사처럼 변하고자 하는 그 삶
의 근본을 다 무너트리며 막은 자들이
니라.
26 십계명대로 살도록 너희가 그와 같이
지키고 살고자 노력했다면, 나에게 오
를 수 있는 백성이 수없이 있을 것이
며, 나의 문을 들어오는 백성이 있으
며, 내 집이 이리 초라하고 빈집이 되
지는 아니하였을 것이니라.
27 너희가 나의 십계명을 지킬 수 없다는

말 한마디 하는 그것이 모든 죄의 온
상이요, 나를 욕되게 하는 것이며, 나
의 피조물 만백성이 구원의 길로 오는
것을 못 오게 막는 자요,
28 사탄이요, 악마의 자식이 되어서 사탄
이요, 악마의 그 역사를 위하여 나의
불쌍한 백성을 그리 우롱하고 있다는
것을 잊지 말라.
29 그 죄가 얼마나 무서운 것인가를 나
에게 왔을 때 알 것이니,
30 이제 성서의 내용을 정녕 이해 못 하
는 자, 깨닫지 못했던 백성은 나의 법
전을 가슴에 안고 정독하여 깨우치면
모두를 다 알게 될 것이거늘, 어찌하
여 이를 보지 아니한단 말이던가?
31 나 여호와의 아픈 마음을 너희가 어
찌 알겠는가?

6,717 번째 하나님 말씀

2003년 7월 13일 01시 41분

1 사랑하는 나의 아들아!
2 "네, 아버님! 말씀하옵소서."
3 그 많은 백성이 어찌 부르짖다 지옥
을 갔는가?
4 '저에게 복을 주옵시고, 저에게 축복
의 영광을 주옵시고, 저의 소원을 들
어주옵시고, 저의 가정을 편하게 다스
려 주옵시며, 부귀영화를 누릴 수 있
도록 그리 이루어 주옵소서.' 그 기도
를 남기고 죽어 지옥으로 간 것밖에는
지금까지 아무것도 남은 것이 없음이
니라.
5 그러니 그와 같이 몇천 년이 흘러오면
서 지금도 그와 같은 것에서 벗어나지
못하며 기복 신앙의 대표적인 역할을
하는 것이 저희들이면서 그를 알지 못
하고 가는 것이 오늘의 종교 집단이니
라.
6 그러니 나의 법전을 깨우친 백성 너희
는 내가 뭐라 말했느냐?
7 그와 같은 기도를 하지 말라 하였음이
니라.
8 '하나님 아버지! 저의 죄를 용서하여
주옵시고, 저를 거둬 주옵시고, 저를
사용하여 주옵소서.' 그와 같은 마음
으로 너희가 삶을 살아 그들과 차별화
하는 그 역사의 틀을 만들어 가야 할
것이니라.
9 지금의 기복 신앙의 대표자인 그들처
럼 너희도 마음속으로 무엇을 바라고
원하는 그와 같은 마음과 행동으로 살
아가면 절대 아니 될 것이니,
10 너희 자신부터 마음을 다스려 너희를
따르는 제자들이요, 늦게 오는 그 후
배들에게 그와 같이 가르침을 잊지 말
라.
11 '하나님 아버지! 저의 죄를 용서하여
주옵시고, 저를 다스려 쓰시고 저를
거두어 주옵소서.' 이와 같은 마음 자
세로 살라.
12 그리고 내가 너희에게 뭐라 말하였느
냐?
13 하늘에 오르는 빛이 되라 하였으며 만
백성의 소금이 되는 것이 종교 지도자
요, 만백성을 가르치는 자라 그리 말
하였음이니, 너희는 정녕 비추는 빛이
되도록 그리하라.
14 그리고 정녕 너희는 소금이 돼야 할
것이니라.

15 그러나 소금이 돼야 한다는 것이 종
교 집단이요, 나를 믿는 백성이 가야
할 길이거늘,
16 그 소금이 녹는다면 모두를 다 썩힌다
고 가르쳐 주지 아니하였더냐?
17 지금 모든 믿음의 집단이요, 종교 지
도자요, 구원을 받았다는 백성이 소금
이 되는 것이 아니라, 소금이 다 녹아
짠 염분의 맛도 찾을 수 없도록 그리
되었음이니,
18 그리하여 이 세상을 이리 썩게 하였으
며 저 자신이 먼저 썩은 것을 모르느
니라.
19 그들이 그와 같이 잘못 가는 믿음으
로써 저희 자신이 썩었으며 그리고 이
웃의 형제까지 썩게 하였으며 썩었음
을 알아야 할 것이니라.
20 그러면서도 그들은 남이요, 이웃은 썩
었으며 이방인이라 말하는 것은 다 썩
었으나,
21 저희는 썩지 아니하였으며, 소금의 염
분에 절여져 있는 것이며, 영원히 불
변하며 그 소금은 녹지 않는 것처럼
그와 같은 착각 속에서 살아가는 것이
니라.
22 이제 나의 아들을 따르는 제자들, 나
의 법전을 읽고 깨우친 백성 너희는
정녕 빛이 돼야 할 것이니라.
23 그리고 너희는 소금이 되는 삶을 살아
야 할 것이니라.
24 너희마저 소금의 그 염분을 지키지 못
하여 모든 것을 썩지 않게 하지 못한
다면, 이제 두 번 다시 그와 같은 기회
는 없으며 그와 같은 역사는 없을 것
이니라.
25 160권의 법전을 접한 백성이요, 이를
세상에 전한 백성 너희가 쥐고 이고
만백성에게 손에 전해 주며 가슴을 울
려 깨우치게 하는 이 역사를 이루는
빛이 되지 못하며 소금이 되지 못한다
면,
26 이제는 두 번 다시 기회가 없으며 이
세상은 내가 천 년에 걸쳐 이루고자
하는 그 역사가 이루어질 수 없음이니
라.
27 그러니 너희 가슴속에 기복 신앙의 무
엇을 얻고자 하며 이루고자 하는 그
욕심의 뿌리를 버리며,
28 너희는 '아버님! 저의 죄를 용서하여
주옵소서. 저를 거두어 쓰옵시고, 저
를 받아 주옵소서.' 이와 같은 마음 자
세로써 너희가 살아가는 삶에 최선을
다하며,
29 진정 모든 백성의 빛이 되며 모든 백
성의 소금이 되는 그와 같은 삶을 살
도록 그리하라.
30 그것이 나 여호와의 기쁨이요, 나의
행복이니라.
31 그리고 내가 너희를 선택한 것을 후
회하지 않는 삶이니라.
32 이를 명심하여 행하도록 그리하라.

6,718 번째 하나님 말씀

2003년 7월 13일 09시 10분

1 사랑하는 나의 아들아!
2 "네, 아버님! 말씀하옵소서."
3 너희 말에 전하기를 병자를 하나 고치
는 것도 그 약을 처방하는 사람과 약
을 달이는 사람과 그 약을 마시는 사

람의 마음의 정성이 하나가 되어 일치
되었을 때, 그는 병마를 털고 일어날
수 있다는 옛말이 있지 않은가?
4 그와 같이 너희가 마음을 어찌하고
사느냐에 따라서 모든 역사가 이루어
지고 이루어지지 아니함을 알아야 할
것이니라.
5 너희가 하나를 이루기 위하여 인간적
인 세상의 삶에 있어서도 얼마나 집중
하며, 얼마나 거기에 대해 연구하고
노력하느냐에 따라서 그 결과가 얻어
지는 것이 아니더냐?
6 얼마만큼 그 상대방에게 초점을 맞추
며 정성을 들이며 네가 가지고 있는
그 모든 진실된 것을 어찌 표현하고
전하였느냐에 따라서 상대방이 너희
가 원하는 것을 듣고 안 듣고 함이니
라.
7 요즘에 모든 물건을 파는 사람들이 있
지 않더냐?
8 그들이 어찌해서 파는 줄 알겠는가?
9 온갖 정성을 들이며 상대방의 뜻을 헤
아리며 그와 같이 노력과 노력을 경주
했을 때, 그 주인의 정성에 의하여 그
사람의 요구를 들어주며 그가 팔고자
하는 물건을 사는 그와 같은 마음의
변화를 이루는 것이 아니더냐?
10 너희는 이 세상에서 무엇보다도 위대
한 역사를 하며, 가장 위대한 것을 만
들며, 또한 위대한 것을 파는 자들이
아니더냐?
11 그러니 너희의 정성이 어디에 있으며
마음이 과연 어디에 있느냐?
12 너희가 정성을 들이지 아니하면 아무
것도 이루어지는 것이 없음을 알아야
할 것이니라.
13 나의 법전을 깨우쳐 만백성에게 전하
며 그들을 구원한다 하는 너희가 과연
정성이 얼마나 깃들어 있으며, 얼마나
노력하며, 얼마만큼 한 곳에 정신을
집중하여 일하느냐에 따라서 모든 것
을 역사한다는 것을 잊어서는 아니 될
것이니라.
14 너희가 나로부터 은혜를 받고자 하며
무엇인가를 역사하고자 하는 것, 그
모두는 내가 너희에게 내려 주는 것이
아니요,
15 너희가 얼마만큼 그 일에 최선을 다하
며 정성을 다했느냐에 따라서 그 답은
이루어지는 것이니라.
16 그리하여 너희는 나에게 은혜를 받고
영광을 받았다고 말하나, 그는 너희가
노력하는 그 정성에 달렸음을 알아야
할 것이니라.
17 너희 동양의 작은 나라에 전해 오는
말이 있지 않으냐?
18 그저 남들처럼 불을 때고 불을 지피며
온도를 높이면 익는 그 떡도 너희가
어찌 불을 지피며 얼마나 정성을 들여
불을 지피고 열과 온도를 올리느냐에
따라서 그것이 익고 안 익는다는 그와
같은 말이 있지 않더냐?
19 똑같이 열을 올리거늘 열을 올리는 것
에 정성이 어디에 필요하며 마음가짐
이 그 열을 올리는 데 어디에 도움이
되고 도움이 안 되겠느냐?
20 그러나 너희가 마음의 정성을 어찌 갖
고 어떤 마음을 가지고 하느냐에 따라
서,
21 그와 똑같은 불을 지피며 온도와 열을

올린다 해도 거기에서 익는 그 물건이
잘 익고 익지 않는다는 그와 같은 말
이 있으니, 그것이 하늘의 진리요, 하
늘의 뜻임이니라.
22 이와 같은 말의 의미를 너희는 깊이
알아야 할 것이니라.
23 이 세상에 너희보다도 더 위대한 역
사를 만드는 자가 어디에 있으며 더
위대한 것을 만백성에게 전하는 자가
어디에 있느냐?
24 너희보다 더 위대한 것을 만들고 위대
한 것을 전하는 사람이 없다면, 이 세
상에 너희가 사는 이 지상의 모든 백
성이 노력하고 자기가 이루고자 하는
그 소정의 목적을 위하여 노력하는 것
보다도 너희가 열배 백배 더 진한 노
력을 해야만 되지 아니하겠느냐?
25 인간 세속의 욕심에 의하여 너희가
무엇인가를 이루고자 하는 것, 또 너
희가 부를 이루고자 하는 것, 명예를
얻고자 하는 그 인간 세속의 바람을
위해서 너희가 바라는 정성이 백이라
하면,
26 이 세상에서 가장 위대한 것이며, 또
나 여호와의 뜻을 전하고 만드는 너희
는 천배 만배 노력을 해야 할 것이니
라.
27 그리 노력을 해서도 그것이 이루어지
지 아니하며 역사하지 아니한다면 이
것은 나의 뜻이 아니라 말할 수 있으
나,
28 이제는 너희가 노력함에 달렸음이니
이를 잊지 말라, 사랑하는 나의 아들
딸들아!
29 너희가 얼마만큼 노력하고 정성을 모
두 다 바치느냐에 따라서 답이 여기
있음이니,
30 이제 나는 너희에게 나의 법전이 세
상을 하얀 눈이 덮듯이 덮고 못 덮는
그를 내가 오늘 아침 나의 아들을 통
하여 깨우쳐 주었으니, 이건 너희 몫
임을 잊지 말라, 사랑하는 나의 아들
딸들아!

6,719 번째 하나님 말씀

2003년 7월 13일 11시 54분

(강론을 마치며)

1 사랑하는 나의 아들아!
2 "네, 아버님! 말씀하옵소서."
3 동양의 작은 나라의 백성 선택된 너희
가 살아가면서 그와 같은 말이 있지
않더냐?
4 남으로부터 더러운 이야기요, 듣지 못
할 이야기를 들었거든 너희 귀를 씻으
라 그리 말하였으며,
5 그 귀를 씻으며 그 귀를 씻은 물을 짐
승에게도 먹이지 말라는 그와 같은 마
음으로 살아온 백성이니라.
6 너희는 나의 아들을 통하여 너희에게
내리며 그가 기도할 때마다 암송하는
십계명의 구절이 과연 너희 귀를 더럽
히며 마음을 더럽히더냐?
7 '간음하지 말라, 도적질하지 말라, 네
이웃에 거짓 증거하지 말라, 네 부모
를 공경하라.' 암송하는 십계명의 그
내용이 너희 귀를 얼마나 울리며 가슴
에 와 닿은 아픔이요, 즐거움이요, 행
복함이 과연 어디까지 와 닿는가?
8 너희가 그를 들으면서도 마음의 변화

가 없다 하면, 믿음의 길을 갈 자격이
없으며 깨달음이 없는 자들이니라.
9 그리하여 내가 너희에게 십계명을 직
접 써 네 머리맡에 붙이라 하였으며
그리고 조석으로 그를 보고 깨우치라
했음이니라.
10 그러니 그 십계명을 암송할 때마다,
너희 스스로 낭송할 때마다 그 아름다
운 말이 너희 귀를 즐겁게 하며 그 귀
를 통하여 너희 마음에 환한 빛이 들
어오듯이 그와 같은 기쁜 마음을 느껴
야 할 것이니라.
11 사랑하는 나의 아들딸들아, 내가 너희
에게 오늘 전함이니,
12 너희는 영원히 존재하며 영원히 가질
수 있는 것을 위해서 노력하고 그와
같은 삶을 살도록 그리하라.
13 너희가 영원히 지탱할 수 없으며 영원
히 소유할 수 없는 것을 위해 살아가
는 것이니, 그를 바라보는 나 여호와
의 마음이 아픔이니라.
14 오늘 내가 나의 아들을 통하여 너희에
게 뭐라 말하였느냐?
15 너희 자신의 몸도 항상 변함이니, 세
포가 변화되면 너희의 모두가 변화된
다 하지 않느냐?
16 그리하여 영원한 네가 없다 그리 말하
였음이니,
17 너희가 그리 욕심내며 부귀영화를 위
해 모으고자 하는 그 재산 또한 어떠
한 것이더냐?
18 너희가 가진 그 재산이 영원히 너희
것이라 생각하나, 그게 남의 손에 넘
어가면 그것이 바로 남의 것이요, 네
것이 아니지 않더냐?
19 네 지갑에 있는 금화와 은화를 꺼내어
네가 남에게 주는 그 순간에 그것은
네 것이 아니요, 남의 것이니,
20 그것 또한 너희가 영원히 지탱하며
가질 수 없는 것이 아니더냐?
21 너희가 소중히 간직한 장식품이요, 또
는 애완동물의 그 모두도 남에게 넘겨
주면 주인이 바뀌며 네 것이 아니지
않더냐?
22 영원히 너희가 소유할 것이 없거늘,
어찌하여 너희는 그를 위하여 모두를
다 바치며 그리 소중한 생명을 다 바
치며 살아가느냐?
23 영원히 너희가 소유할 수 있는 것을
위해 살도록 그리하라.
24 너희는 육과 영혼이 하나요, 너희는
지금 육신의 삶을 살고 있지 않은가?
25 그러니 육은 죽어 변화되나 너희 영
혼은 변화되지 아니함이니라.
26 그 변화되지 않는 영혼은 너희 육의
집이 무너지는 그 순간에 너희가 어찌
살았느냐에 따라서 결정되니,
27 그는 영원히 변하지 않는 속에서 지옥
이요, 천국이요, 그리 두려워 생각하
는, 그리고 너희가 감히 그곳에만은
가지 아니하겠다 몸부림치는 그와 같
은 너희가 영원히 사는 그 속에서 선
택할 수 있는 것을 위한 삶을 살아갈
수는 정녕 없단 말이던가?
28 이 세상의 모두는 다 너희 것이 아니
요, 영원한 것이 없음이니라.
29 그리고 영원히 지속하는 것이 없다는
것을 알아야 할 것이니라.
30 아무리 소중하고 귀한 것도 너희가
남에게 넘겨주며 또 넘겨주게 되어 있

음이니,
31 심지어 사업하며 너희가 역사하다 잘
못됐을 때, 귀하고 소중한 의식주에
해당하는 모든 것까지도 다 남의 손에
넘겨주며 네 것이 아니요, 남의 것이
아니더냐?
32 항상 남의 것이 될 수 있는 것을 위하
여 그 귀중한 삶을 거기에 다 바치고
사는 것이 너희니라.
33 이제는 나의 아들딸이요, 나의 성전에
와 내가 나의 아들을 통하여 내리는
강론을 들은 너희는 영원히 너희 것
을 위해서 노력하는 삶을 살도록 그리
하라.
34 전부를 다 바치라 함이 아니니라.
35 너희는 수시로 기도하고 경배하며 마
음이 흔들릴 때 그 마음을 잡으며,
36 사악한 생각이 날 때 뜨거운 물에서
손을 빼듯이 네가 바로 돌아서 깨닫고
반성하며 회개하고 그와 같은 짓을 행
하지 않는 마음으로 사는 그것이 너희
가 영원히 살며 영원히 소유할 수 있
는 가장 소중한 영혼의 삶을 위해서
살아가는 길이니라.
37 이제 내가 나의 아들을 통하여 너희에
게 오늘 간곡히 전함이니, 지금부터
너희는 변화되며 영원히 소유할 수 없
으며 가질 수 없는 것을 위해서 모두
를 다 바치지 말고, 영원히 간직하고
영원히 소유할 수 있는 그것을 위하여
살라.
38 그것이 바로 나에게 오르는 길이니라.
39 하늘의 천국이요, 나 여호와의 집이
다 비었다 그리하지 아니하였더냐?
40 내 집이 비어 있기에 대문 앞에서 나
의 사랑하는 아들딸이 오기를 바라는
나 여호와의 이 아픈 마음을 너희가
들여다보라 그리하였음이니,
41 바로 영원히 사는 너희가 영원히 소
유할 수 있는 그것을 위하여 살아가는
삶을 이제 살도록 그리하라, 사랑하는
나의 아들딸들아!

6,720 번째 하나님 말씀

2003년 7월 13일 23시 25분

1 사랑하는 나의 아들아!
2 "네, 아버님! 말씀하옵소서."
3 나의 피조물 만백성에게 전해야 할
것이며 너의 제자들부터 먼저 깨우쳐
야 함이니라.
4 내가 모세를 통하여 역사한 것도 나의
기적이요, 그 모든 것은 사람을 통하
여 그 형체로 하여금 모두를 이루게
하였음이니라.
5 그리고 나의 아들 예수를 통하여 역사
한 것은 또한 무엇이던가?
6 그 형체를 가진 나의 아들 예수로 하
여금 내가 너희를 구원하고자 하였으
며, 너희를 바로 깨우쳐 하늘에 오르
는 길을 인도하고자 하였음이니라.
7 그러나 그 뜻이 이루어지지 아니하였
음이니,
8 내가 성서에 기록하여 전하기를 새로
운 보혜사요, 새로운 자가 세상에 와
그 뜻을 역사한다 하였음이니, 이는
바로 오늘의 시대가 역사함을 내가
미리 예언하여 너희에게 깨우쳐 준
것이니라.
9 예수의 시대에는 예수를 통하여 그 모

두를 역사하며 나의 뜻을 전하고자 하
였으며 나의 뜻을 역사하고자 하였음
이니,
10 나의 아들 예수가 그리 십자가에 못
박혀 죽은 것이 무엇이더냐?
11 그는 바로 나의 아들 예수를 통하여
내가 너희에게 역사하고자 하며, 너희
가 행하여 살아올 길과 너희가 하늘
에 오르는 길이요, 너희가 지키고 와
야 할 그 모두를 너희에게 가르쳐 주
며 깨우쳐 주기 위해 또한 그와 같은
역사가 이루어졌음이니라.
12 그러나 그 모두를 너희는 등을 돌렸
으며 그를 다 버렸음이니라.
13 그리고 그와 같은 역사를 한 나 여호
와를 능멸하며 나를 욕되게 하며 내
가슴을 아프도록 한 그 세월이 수천
년 동안 흘러왔음이니라.
14 그리하여 지금 내가 나의 아들을 통하
여 나의 성령을 세상에 내려보내 너희
를 구원하고자 함이니,
15 이게 바로 내가 나의 아들 예수를 통
하여 역사하고자 했던 그것과 무엇이
다르던가?
16 내가 새로운 보혜사요, 새로운 성령이
세상에 내려와 너희를 구원할 것이라
그리 기록하여 전하였음이니, 그 대목
을 읽고 그 수천 년 동안 많은 나의 백
성이 깨우쳤으면서도,
17 오늘 내가 나의 아들을 통하여 나의
뜻을 세상에 기록하여 하늘에 오르는
길을 깨우쳐 주고자 하거늘, 어찌하여
이를 사탄이요, 이단이라 너희가 역으
로 또 나를 욕되게 그와 같이 능멸하
는 행위를 하고 있는가?
18 내가 이와 같은 역사를 이루는 것은
무엇이던가?
19 너희가 지옥으로 가는 것을 내가 더
이상 볼 수 없어 너희를 구원하고자
함이니라.
20 너희를 구원하고자 하여 내가 나의 뜻
이요, 나의 성령을 세상에 내려보내
바른길이요, 하늘의 뜻을 알 수 있도
록 그리 가르치거늘,
21 어찌하여 너희는 이를 은혜요, 축복으
로써 받아들이려는 것이 아니요, 이단
이요, 사탄이라 이와 같이 나를 능멸
하는 행위를 하는가?
22 너희가 그리도 갈구하며 구원받고자
하는 새로운 보혈이요, 새로운 성령을
내가 나의 아들을 통하여 그것도 책으
로 근거할 수 있도록 만들어 너희 손
에 전해 주거늘,
23 어찌하여 이것이 이단이요, 사탄이라
너희가 그리 말하는가?
24 너희를 참진리로 깨우치고자 하는 것
을 사탄이요, 이단이라 그리 밀어붙임
이니,
25 어찌해야 너희를 구원할 수 있으며,
이 세상에서 삶을 바로 살아 나에게
올 수 있단 말이던가?
26 어떠한 방법으로써도 너희를 구원할
길이 없음이니라.
27 다만, 너희는 여기서 깨우쳐야 할 것
이니라.
28 내가 너희를 얼마나 사랑하며 내 품
에 돌아오기를 바라면, 내가 나의 아
들을 통하여 오늘과 같이 이와 같은
160권의 법전을 세상에 내려보내는가?
29 너희가 이를 한번 깨우쳐 보며 깨달음

을 얻어야 할 것이니라.
30 이 모두는 내가 너희를 사랑하기 때문이니라.
31 그리고 너희가 내 품에 돌아오기를 나 여호와가 가슴 졸이며 기다리고 있기 때문이니,
32 너희는 어찌하여 나의 이와 같은 뜻을 저버리며 이와 같은 뜻을 들여다보지 아니하는가?
33 내가 다른 보혜사가 오면 성령으로써 너희를 인도한다고 기록하였거늘,
34 그리하여 책으로써 글로써 기록하여 내가 지금 너희에게 나의 뜻을 전함이니, 이를 보고 구원을 받는 자, 이를 보지 않는 자는 구원을 받을 수 없다 내가 그리 법전에 기록하여 전하거늘,
35 어찌하여 너희가 이를 믿지 아니하며 이를 따르려 하지 않는가?
36 너희가 정녕 나에게 오르려 한다면 나의 뜻을 거역하고는 정녕 오를 수 없다는 것을 내가 다시 한 번 나의 아들을 통하여 나의 법전에 기록하니, 너희는 이를 명심하여 깨달아야 할 것이니라.
37 내가 너희를 얼마나 사랑하면 마지막 이 시점에 너희를 다시 한 번 구원하고자 이와 같은 역사를 하겠는가?
38 너희가 이 역사함을 들여다보지 아니하며 이를 따르며 순종하지 아니하는 자 지옥의 문으로 갈 것이며 지옥으로 간다는 것을 잊지 말라.
39 나 여호와의 뜻에 따라서 내가 역사하는 것을 너희가 따라오지 아니하고 나를 능멸하며 나를 욕되게 하며 나의 뜻을 순종하지 않는 그와 같은 삶을 산다는 것은,
40 결국 너희가 지옥으로 가겠다는 것이며 그곳밖에는 갈 곳이 없는 것이니라.
41 내가 성경에 새로운 보혜사요, 새로 너희를 구원할 자가 내려온다 하여 기록하여 전했거늘,
42 어찌하여 그와 같은 역사가 지금 내려오는 것을 믿으려 하지 아니하며 이를 보려 하지 아니하는가?
43 그와 같은 가르침을 들은 자, 너희를 구원하기 위하여 내가 구원의 성령을 세상에 내려보내거늘,
44 이를 보지 아니하며 이를 믿으려 하지 아니하며 이를 깨우치려 하지 아니하니,
45 너희가 과연 어찌 하늘에 오를 수 있는 길을 볼 수 있단 말이던가?
46 그러기에 너희와 나는 인연이 없다 함이 여기에 있음을 알라.

6,721 번째 하나님 말씀

2003년 7월 13일 23시 33분

1 사랑하는 나의 아들아!
2 **"네, 아버님! 말씀하옵소서."**
3 나를 경배하며 나의 뜻에 산다는 백성, 그리고 지금의 믿음 생활을 하는 그들과 그들을 이끈다는 지도자들이 과연 어떠한 형국을 하고 있는가?
4 나의 아들 예수를 팔았던 그 제자 유다처럼 저희가 그와 같은 행위를 하고 있다면 너희는 그를 믿겠는가?
5 그들은 말로는 나를 경배한다 하면서 등을 돌리고 있으며 나와는 전혀 관계가 없는 다른 길로 가는 자며,

6 그 지도자들이 나의 착하고 아름다운
그 백성을 다른 길로 인도하는 선봉
장 역할을 하고 있다고 내가 너에게
기록하여 전했음이니라.
7 그들이 오늘의 믿음의 가는 길이 무엇
인가?
8 나 여호와의 마음을 너무나 울리고 있
음이니, 너는 이를 알겠는가?
9 너의 제자들은 이를 알아야 할 것이
니라.
10 정녕 나 여호와가 나의 백성이 지옥
으로 가는 것을 보며 눈물 흘리는 나
여호와의 이 눈물을 거둬 줄 자는 너
희밖에 없으며,
11 나의 법전을 만백성에게 전하여 지옥
불로 가는 그 백성이 나의 법전을 읽
고 깨달아 하늘에 오르는 길을 들여다
보는 그와 같은 대변화의 역사를 이루
지 아니하면, 나의 눈물을 거둘 수는
없음이니라.
12 나의 백성 하나하나가 나의 뿌리요,
나의 분신이요, 내 살점과 같이 생각
하는 그들이 지금 그 육의 세상의 한
계를 벗어나지 못하여 지옥 불로 가고
있는 그들을 보는 나의 마음이 얼마나
아픈가를 너희는 아는가?
13 내가 울고 있음이니라.
14 나의 눈물을 거둬 주고 닦아 줄 자는
너희밖에 없음이니,
15 나의 법전을 만들어 만백성을 구하는
그 대명을 맡은 너희가 얼마만큼 소
중하며 얼마만큼 최선을 다해야 될 것
인지를 알아야 할 것이니라.
16 나 여호와의 뜻을 거역하며 나를 능멸
하는 백성이, 지금 그 신앙의 믿음의
길을 가는 백성이 얼마나 야만적인
행위를 하고 있는지 아는가?
17 정녕 내가 바라볼 수 없는 야만적인
행동을 벗어나지 못하고 있으며 그 한
계를 벗어나지 못한 것이 지금 믿음을
가고 있는 백성이라 하면,
18 그들은 나를 사탄이요, 이단이라 말할
것이니라.
19 그들의 야만적인 그 행동은 이루 말
할 수 없는 것이요,
20 지성인이요, 깨달은 백성이요, 그리고
나로부터 지혜를 받은 백성이요, 하나
를 들어 둘을 깨우치는 그와 같은 백
성이 지금 하는 짓이 얼마나 야만적
인 행동인지 알겠는가?
21 그 한계를 벗어나지 못하고 있기에 충
동적인 그 믿음에서 자신들의 세를 확
장하고 저희 욕심을 채우는 데만 얼룩
져 있음이니라.
22 그러니 그들이 얼마나 야만적인 인간
의 행동을 하고 있는 것인가를 저희
스스로 비춰 보면 알 것이며,
23 나 여호와를 사탄이요, 이단이요, 나
의 아들을 사악한 자라 그리 말하지
말며, 나의 법전이 마지막 시대에 지
옥으로 이끌어 가는 악마가 만들어 내
는 것이라 그리 말하지 말라.
24 내가 이제는 그 모든 것을 파괴할 것
이며 그들을 능멸할 것이며 단죄하기
시작함이며,
25 저희 손으로 이룬 죄의 온상인 그 성
전을 내가 파괴하기 시작하고 있음을
너희는 알아야 할 것이니라.
26 이를 너희가 머지않아 볼 것이며, 너
희 손으로 무너트리는 그와 같은 행함

을 보게 될 것이니라.
27 나 여호와를 매도하고 나의 아들 예
수를 모독하는 그 행위에 나 여호와의
마음의 고통이 얼마나 아팠겠는가?
28 나의 가슴이 찢어지는 그 아픔이요,
그리하여 내가 눈물을 거두지 못하고
있다 하지 않았던가?
29 그와 같은 나의 아픈 마음으로 오늘의
나 여호와가 지탱하고 있음을 너희는
알아야 할 것이니라.
30 나의 법전 160권을 만들어 세상에 전
하는, 나의 찢어지는 그 아픈 마음을
위로하고 달랠 자는 너희밖에 없다
함을 알아야 할 것이니라.
31 그리하여 160권의 법전이 세상에 나
가며, 이가 세상에 나가는 그때부터
저희가 지금까지 죄의 온상으로 지어
놓은 그 성전은 하나 둘 파괴되며 쓰
러져 가기 시작할 것이며 무너지는 그
와 같은 형국을 너희가 보게 될 것이
니 그리 알라.
32 그때 가서 나의 체벌이 얼마나 무서우
며 내가 역사하는 것이 얼마나 무서운
지, 모세의 시대, 예수의 시대에 보았
던 그 기적보다도 더 무서운 심판의
형국을 너희가 보게 될 것이니,
33 모두는 거미줄을 칠 것이며 그들은 모
두가 다 파괴되는 그와 같은 소용돌이
속에서 가을에 떨어지는 낙엽처럼 그
와 같이 변화됨을 너희가 볼 것이니
그리 알라, 나의 아들딸들아!

6,722 번째 하나님 말씀

2003년 7월 13일 23시 38분

1 사랑하는 나의 아들아!
2 "네, 아버님! 말씀하옵소서."
3 나 여호와가 너희 자신은 네 이웃을,
네 동료를 평가하지 말고 살라 그리하
였음이니라.
4 모든 백성이 이단이요, 사탄이요, 그
들이 잘못 가고 잘 가는 것은 나 여호
와로부터 심판을 받을 때 그 백성이
평가를 받음이니,
5 너희 스스로 네 이웃이요, 너와 더불
어 사는 동료를 평가하지 말라 내가
그리 너희에게 엄히 내렸거늘,
6 어찌하여 그와 같은 뜻을 따르지 아니
하며 저 자신도 모르는 백성이 남을
평가하며 시시비비하는 것인가?
7 너의 제자들과 또한 너를 따르는 모든
백성이요, 또한 너 자신까지 남들이
시시비비하는 것에 개의치 말라.
8 선한 백성을 악한 백성이 심판한다면
그 선한 백성이 얼마나 고통스럽고
괴롭겠는가?
9 그 아픔은 이루 말할 수 없을 것이니
라.
10 선하고 나의 뜻에 의해 아름답게 살아
가고자 하는 백성, 그리 살아가는 백
성을 악한 자들이 심판하며 평가한다
면, 그 선한 백성의 고통과 마음이 얼
마나 괴롭겠는가?
11 나 여호와는 그것을 알고 있음이니라.
12 너희를 시시비비하고 평가하는 자, 저
스스로 자신의 한계를 모르는 자들이
선하고 아름답게 나의 뜻에 살아가는

사랑하는 백성을 심판한다는 것은 그
심판의 말을 듣는 너희 가슴이 얼마
나 아프고 저린지 나 여호와는 알고
있음이니라.
13 사악하고 고집스러운 저 자신이 죄
있는 자들이 선한 나의 백성을 괴롭
히는 이러한 형국을 그대로 나 여호와
가 두고 보지 아니할 것이니라.
14 이제는 그와 같은 사악한 자들을 더
볼 수 없으며, 선하게 살아가는 백성
을 고집스럽고 죄인인 그 사악한 자들
이 평가하며 괴롭히는 것을 내가 이제
더 이상 두고 보지 아니하고자 함이니
라.
15 오늘의 너희의 고통이 견디기 어렵고
힘들다 해도 선한 백성과 악한 백성을
나 여호와가 이제 선별하기 시작하며,
그리하여 선한 자와 악한 자를 내가
격리시키기 시작함이니라.
16 악한 자의 물이 선한 자에게 들지 않
도록 하기 위하여 너희를 선별 격리하
며 구분하는 날이 지금 시작되고 있음
을 너희는 알아야 할 것이니라.
17 그리하여 머지않아 지상에서 분류될
것이니, 그때 너희가 나로부터 어떠한
분류의 심판을 받든 어찌 격리되든 그
때는 늦음을 알아야 할 것이니라.
18 이제는 나의 백성 너희는 알아야 할
것이니라.
19 그들 악한 자들이 번성한다면 이 세상
을 다 덮어 버릴 것이며, 지금부터 더
악한 자들이 자리를 잡으며 뿌리를 내
린다 하면 그들을 다스릴 수 없으니
이 세상은 폐허가 될 것이니라.
20 그러니 폐허가 된 이 세상에서 나의
백성이 살아남을 자 하나도 없게 될
것이니, 내가 이를 그리 두고 보지는
아니할 것이니라.
21 그리하여 내가 이를 바로잡고자 하여,
그리고 나의 피조물 만백성에게 단 한
번의 기회를 주기 위하여 내가 160권
의 법전을 만들어 심판의 시대를 이끌
어 가고 있다는 것을 너희는 알아야
할 것이니라.
22 감히 악한 자가 선한 자를 심판하며
그리하여 말 못 하는 선한 자들의 그
가슴 아픔을 나 여호와가 더 이상 지
켜보지 아니하며, 악의 뿌리들이 이
세상을 덮어 이 세상을 통제하는 그와
같은 시대를 열어 가도록 절대 용서치
아니할 것이니라.
23 그리하여 내가 나의 법전을 세상에 내
려보내는 것은 너희 스스로 구분하여
너희가 서야 할 자리에 서도록 하기
위한 기회를 주는 것이며,
24 그래도 깨우치지 못할 때 너희는 어찌
되는지를 죽어 와 내 앞에 왔을 때 알
것이니라.
25 이제 너희는 두려워하지 말라.
26 선하게 살아가고자 하는 나로부터 선
택된 백성 너희가 악의 고통으로부터
더 이상 견디지 않도록
27 내가 그 악들을 선별하며 격리시키며
구분하여 그들을 다 가둘 자 가두고
버릴 자 버리는 그와 같은 시대가 열
리고 있음이니 그리 알라.

6,723 번째 하나님 말씀

2003년 7월 13일 23시 46분

1 사랑하는 나의 아들아!
2 "네, 아버님! 말씀하옵소서."
3 나로부터 부름을 받은 백성이요, 나로
부터 선택된 너의 제자요, 나의 법전
을 읽고 깨우친 그들에게 네가 전하여
야 할 것이니라.
4 그들에게 전하라.
5 때가 늦기 전에 나의 법전을 만들어
만백성에게 전하는 그 역사에 모두를
다 바쳐 이루도록 하며 시간이 없음을
그들에게 전해 주라.
6 지금의 모든 백성이 저 자신의 죄에
대하여 반성하고 회개하며 믿음의 길
에서 깨우치고 돌아서지 아니한다면,
7 정녕 그들은 구원을 받을 수 없으며,
나로부터 구원을 받지 못하는 그 백성
이 가는 곳은 어디이던가?
8 그들이 가는 곳이 과연 얼마나 고통스
럽고 무서운 시련의 길인지를 아는가?
9 그 길을 안다면 그 길을 가도록 너희
가 그리 놔둬서야 되겠는가?
10 그는 절대로 되지 아니함이니라.
11 그러니 늦기 전에 너희는 나의 법전을
만들어 세상에 전하는 그 일에 최선을
다함으로 인하여 지옥 불로 가는 나의
백성을 구원하는 그와 같은 역사를 이
루는 것임을 잊어서는 아니 될 것이니
라.
12 지금까지 믿음의 길에서 저희가 반성
하고 회개하며 정녕 돌아서는 그와 같
은 대변화의 역사를 이루어야 할 시기
이거늘,
13 이를 생각하지 못하며 회개하지 아니
하며 반성하지 아니하며 깨닫지 못하
는 그들을 너희가 말로써 전할 수도
없는 것이요, 모두를 근거하는 나의
법전으로써 읽고 또 읽어 깨우치는 그
길밖에 없음이니,
14 그 역사를 너희가 서두르라는 것을 잊
지 말라.
15 나 여호와에게 너희가 오는 것을 내
가 얼마나 기다리고 갈망하는지 아는
가?
16 너희가 나에게 오르며 내 품이요, 나
의 빈집에 오는 그날을 위하여 내가
너희를 얼마나 기다리며 갈망하고 있
는지를 전혀 모르며, 이를 깨닫고 살
아가는 백성이 없음이니, 내 마음이
과연 어떠하겠는가?
17 그리하여 이와 같이 내가 존재함이며,
나로부터 심판을 받으며 내가 너희를
기다리는 그 마음이 애절함을 너희가
안다면,
18 오늘의 이 세상처럼 썩지는 아니하였
으며, 이와 같이 너희가 무너지지는
아니하였을 것이며, 악한 자들이 세상
을 지배하는 그와 같은 형국은 이루어
지지 아니하였을 것이니라.
19 내가 보는 이 세상의 나의 피조물 만
백성 너희가 살아가는 그 형국이 어
떠한지 알겠는가?
20 수정처럼 맑고 아름다운 삶을 살아도
너희가 제대로 살았다 말할 수 없으며,
21 나로부터 명을 받아 간 그 생명의 삶
이 얼마나 귀하고 소중한 것이거늘,
어찌하여 너희는 다 썩을 대로 썩은
그와 같은 아귀와 같은 삶을 산단 말

이던가?
22 이제는 만신창이가 되어 아무리 씨앗
을 뿌려도 그 씨앗이 싹이 틀 수 없는,
쓰지 못할 종자처럼 너희가 그리 다
썩어졌으며,
23 씨앗이 능력이 없으며 인간으로서 다
시 거듭나는 그 자격마저도 상실해 가
는 오늘의 그와 같은 형국임을 알겠는
가?
24 종자로서 쓰지 못하는 씨앗처럼 너희
가 그리 가게 되어 있음을 알아야 할
것이니라.
25 그러하니 나의 법전을 접하지 않고 나
의 십계명대로 살지 않고서 어찌 구원
을 받는다고 말할 수 있으며 구원을
받는다 생각하느냐?
26 나의 성령의 뜻을 내가 직접 써 내리
고 직접 전하여 주는 나의 말이요, 나
의 뜻을 기록한 나의 법전을 접하지
아니하고는 절대 구원을 받을 수 없다
는 것을 알아야 할 것이니라.
27 나에게 오른다는 백성이 나의 말뜻이
요, 내가 주관하는 것을 너희가 듣지
아니하며 따르지 아니하며 깨우치지
못하고 어찌 구원의 길에 올 수 있다
고 말하던가?
28 너희가 그 모두를 다스릴 수 있는 것
이 나의 법전이요, 너희 모두를 깨우
칠 수 있는 것이 나의 법전임을 너희
는 알아야 할 것이니라.
29 그러니 나의 말을 듣지 않는 자, 내가
깨우치고자 하는 것을 듣지 않는 자,
내가 나의 아들을 통하여 책으로 근거
하여 내보내는 이것을 읽고 깨우쳐 구
원의 길로 돌아서지 아니한다면,
30 너희는 영원히 돌아올 수 없는 지옥으
로 갈 수밖에 없는 것이 아니더냐?
31 너희가 역사하는 것, 이루는 것, 행하
는 것이 바로 지옥으로 가는 나의 피
조물 만백성을 구원하는 것이니,
32 너희가 잠시도 주저해서는 안 되며 힘
들고 어렵다 하여 쉬어서도 아니 됨이
니라.
33 나의 법전을 깨우치고 정독하며 나의
아들로부터 내린 강론을 들어 너희가
법전을 만들고 전하는 선생으로서 만
백성을 구하는 데 최선을 다하고 또
다해야 함을 잊지 말라, 사랑하는 나
의 아들딸들아!

6,724 번째 하나님 말씀

2003년 7월 13일 23시 52분

1 사랑하는 나의 아들아!
2 "네, 아버님! 말씀하옵소서."
3 지나가는 개미가 사람의 발에 밟혀 죽
으며, 밀림의 동물이 강자에게 어느
날 갑자기 먹이로서 한순간에 죽어
가며, 바닷속에 살아가는 물고기들 또
한 약자가 강자에게 어느 순간에 잡혀
죽음이요, 먹이가 되어 그리 죽어 간
다 하였음이니,
4 너희는 그리 죽어 가는 것을 보며 그
것이 또한 너희 생활의 한 단면이라
는 것을 미처 생각하지 아니하며 그리
비쳐 보고자 하는 백성이 없음이니라.
5 또한, 어느 날 갑자기 강자에게 먹혀
죽는 미물이요, 동물처럼 너희도 어느
순간에 죽음이라는 고비에 부닥치게
되며 인생의 삶을 모두 정리하는 그와

같은 순간이 일순간에 오니,
6 그를 아는 자 없으며 예비한 자 없다
내가 말하지 아니하였던가?
7 그와 같은 것이 너희 인생이요, 육의
삶이라면, 과연 너희가 무엇인가를 가
슴에 안고 영원히 네 것으로써 간직하
고픈 마음을 갖고 살 수 있는가?
8 그것보다는 너희가 나누며 사랑을 베
푸는 것이 더 위대한 삶이라 그리 깨
우칠 수는 없는가?
9 너희는 영원히 살 것이며 영원히 지속
할 것처럼 마음을 가지고 있다 보니
욕심으로부터 아무것도 놓지 못하는
것이니라.
10 너희가 하늘에 오르는 것이 무엇이던
가?
11 너희가 가장 소중히 관리하고 아끼는
것을 도둑이 와서 훔쳐 간다 할 때, 또
너희가 가진 재물을 배고파 한 끼의
끼니를 때우기 위해 너희의 재물을
훔쳐 간다 할 때,
12 너희는 그 도둑에게 가지고 있는 것을
나누어 줄 수 있는 그와 같은 마음을
가지고 사는가?
13 평소에 너희가 그와 같은 사랑으로써
용서하며 이해할 수 있는 마음을 가지
고 살아가는가?
14 네 마음을 비움이요, 너 자신이 사랑
을 실천하고 산다면, 과연 그 실천하
고 사는 점수가 어느 정도 되는가?
15 너희는 너희 자신을 평가해 봐야 함
을 잊지 말라.
16 목숨을 바쳐 너희를 구원하고자 했던
예수의 삶을 너희는 과연 얼마만큼
소중히 생각하며 귀하게 생각하며 그
와 같은 삶을 살겠다는 마음으로써 그
를 닮는 삶을 살아가고 있는가?
17 너희는 한번 그 뜻을 음미해 보며 너
희가 살아가는 형태를 돌이켜 봐야 할
것이니라.
18 예수가 모든 백성을 위하여 그 모두를
바쳤듯이, 그와 같은 예수의 삶이 곧
너희가 나에게 오르는 길이요, 축복이
요, 영광이며 하늘의 천국의 문에 들
어설 수 있는 길이라면, 너희는 과연
어찌해야 하겠는가?
19 과연 너희가 그와 같이 인간 세상에
서 행함을 나누며 사는가?
20 너희는 말로써 하는 믿음만을 가지며
말로써만 사랑을 베풀며 사는 자는 아
닌가?
21 말로써 모두를 이루는 자는 허망한
믿음이니, 그 허망한 믿음에서 깨어나
지 아니하고는 너희가 구원을 받을
수 없다는 것을 알아야 할 것이니라.
22 너희가 지금 꿈속에서 헤매듯이 허황
됨 속에서 깨어나지 못하기에 내가 천
둥과 같은 소리로써 한 번에 너희를
깨우친다 해도 너희가 알아듣지 아니
하며 그를 믿으려 하지 아니함이니,
23 내가 너희에게 근거할 수 있는 책으로
써 법전이라 명하며 '하늘에 오르는
길'이요, '하나님! 말씀하옵소서'라는
이 책으로써 너희에게 내려보내니,
24 나의 법전을 소중히 알고 가슴에 안고
정독하는 자, 인간 세상에서 사는 의
미를 알며 하늘의 뜻을 알며 하늘의
역사하고자 하는 것을 다 거기서 알
수 있음이니라.
25 그리하여 그 길을 알지 못하며 그와

같은 길을 깨닫지 못하면 천국에 올 수 있는 길을 너희가 절대 올 수도 없으며, 천사들이 사는 나의 영광의 나라에 너희가 넘어올 수 없으며 그들이 있는 곳에 들어올 수 없다는 것을 명심하고 살아야 할 것이니 그리 알라.

6,725 번째 하나님 말씀

2003년 7월 14일 0시 03분

1 사랑하는 나의 아들아!
2 "네, 아버님! 말씀하옵소서."
3 나 여호와가 존재하며 내가 너희와 같
이하며 나에게 와 심판을 받으니,
4 너희는 결국 나의 뜻에 따라 순종하여
나의 천국의 문을 들어서지 않는 백성
은 지옥의 그 고통의 길을 간다는 것
을 너희 자신에게서 지우지 말며 항
상 생각하며 살아야 할 것이니라.
5 그리고 나 여호와가 존재하며 창조주
너희 아버지라는 것을 생활 속에서 잠
시라도 떠나서 그를 잊어버리며 버리
고 사는 삶이 아니라,
6 항상 나 여호와가 존재한다는 것을 믿
고 잠시도 잊지 않는 삶을 살도록 너
희가 살아가는 생활에서 훈련과 훈련
을 반복하고 거듭해야 함을 잊어서는
아니 될 것이니라.
7 나 여호와가 존재함을 생활 속에서 잠
시도 잊어서는 아니 되는 그 훈련에
돌입하도록 해서, 너희 자신이 그 마
음 자세요, 생각의 자세를 곧게 세우
도록 그리해야만 되는 것이니, 그 의
미를 깊이 알 때가 있을 것이니라.
8 나 여호와가 너희와 항상 같이 있음
을 믿고 생활하는 생활 습관에 너희가
익숙해져야 하며 숙달돼야 하며,
9 잠시도 나를 잊어서는 안 된다는 그와
같은 생활 습관으로써 너희가 나를
항상 생각하고 사는 그 마음으로써 굳
건히 다스려 나가야 함을 절대 잊어서
는 아니 됨이니라.
10 그와 같은 마음을 가지고 사는 자, 그
와 같은 훈련을 완성하는 자는 사악한
죄요, 작고 큰 죄에 넘어지지 아니하
며 사악한 자들이 유혹하는 길에 넘어
지지 아니하는 길이니라.
11 그리하여 내가 존재함을 항상 너희
가슴에 담고 살 수 있는 그 훈련을 계
속 반복하고 반복하며 항상 나를 생각
하는 그와 같은 삶을 살아가야 함을
너희가 잊어서는 아니 될 것이니라.
12 너희는 만백성을 구원하고자 선택된
자들이니라.
13 그리하여 나의 아들딸로 내가 명한 너
희이니라.
14 그러니 너희가 나의 법전을 만들고 전
하는 그것이 얼마나 영광된 것이며,
만백성을 위해서 너희가 역사해야 하
는 길인가를 또한 잠시도 잊지 말라.
15 너희가 나의 법전을 만들어 전하고 역
사하면서 힘들고 고달프다 생각하지
말라.
16 너희가 최선을 다하는 그와 같은 역
사를 할 때 나 여호와가 너희에게 빛
이 되어 주고 있음을 알아야 할 것이
니라.
17 너희가 최선을 다하여 역사할 때 항상
나 여호와가 빛이 되어 너희에게 비춰

주며 길을 열어 줄 것이니 이를 너희
는 의심치 말라.
18 지금 모든 백성이 살아감이 어떤 줄
알겠는가?
19 저희처럼 지금 생수가 필요하며 목마
른 백성이 없느니라.
20 지금 저희만큼 생수가 필요하며 목마
른 백성이 없거늘, 어찌하여 그들이
그 생수를 구하지 아니하며 보려 하지
아니한다 말이던가?
21 저희가 그저 잠시 목을 축일 수 있는
그 단물에만 연연하며,
22 영원히 목마르지 않은 샘물을 찾으려
하지 아니하며, 그를 보지도 아니하
며, 그를 찾기 위하여 노력도 하지 않
는 그와 같은 백성이 되어 있음을 알
아야 할 것이니라.
23 너희가 정녕 목마르지 않은 생수는
무엇이던가?
24 나 여호와가 나의 아들을 통하여 내리
는 법전의 가르침이요, 그 깨달음이요,
25 위로는 내가 불로써 쓴 친필인 그 십
계명을 지키며 사는 것이 너희가 목
말라 갈증에 허덕이는 백성에게 목마
르지 아니하며 한 번 마심으로써 영원
히 갈증이 없는 그 물을 내리는 형국
이니,
26 내가 물로써 비유하여 성서에 기록하
여 일찍이 깨우쳐 주었음이니,
27 이는 나의 성령으로써 너희가 다시
태어나는 것, 그리고 나의 법전을 읽
고 깨우치는 자가 목마르지 않은 영
원한 생수를 마시는 것임을 알아야 할
것이니라.
28 너희가 영원히 목마르지 않은 물을
찾는 그 길을 살아가는 것이며 그를
위해 살아가야 하거늘,
29 너희는 어찌하여 그를 접어 두며 바라
보지도 아니하며 생각지도 아니하며
오로지 관습과 습관에 젖어 '아멘! 할
렐루야!' 하며 그저 울고불고 눈물 흘
리면 구원을 받으며 내게 오를 수 있
으며 그것이 영원히 목마르지 않은
생수를 마시는 것처럼 그와 같은 착각
속에서 살아가고 있는가?
30 사랑하는 나의 아들아!
31 "네, 아버님! 말씀하옵소서."
32 너의 제자들에게 전하라.
33 나 여호와의 사랑을 받도록 하며 나
여호와의 사랑을 받는 길을 찾지 아니
하면, 너희는 구원을 받을 수 없으며
정녕 깨우침을 알 수 없으며 너희가
지상에서 한 걸음도 하늘에 오르는 길
을 올 수 없음이니라.
34 나 여호와가 너희를 사랑하는 것이요,
나 여호와가 너희를 사랑하는 것은
무엇이던가?
35 너희가 말하고 느끼는 이 세상의 사랑
이 아님을 알아야 할 것이니라.
36 나 여호와가 너희를 사랑하는 것은
이 세상의 육의 삶이 아니니라.
37 너희의 영혼이 살아와 심판을 받아 천
국의 문에 들어왔을 때 나의 아들딸로
명하며 나를 아버지라 부를 수 있듯
이, 바로 내가 그와 같은 역사를 이룰
수 있도록 내리는 것이 나 여호와의
사랑이니라.
38 내가 내리는 사랑은 너희가 천국의
문을 들어올 수 있으며, 그리도 갈구
하는 구원을 받을 수 있는 길을 안내

하고 깨우쳐 주는 것이며, 그리 올 수
있도록 하는 것이 바로 무엇인 줄 알
겠느냐?
39 이 세상 인간 세상의 사랑이 아니요,
나 여호와의 사랑이니라.
40 나 여호와의 사랑은 이 세상에서 이루
어지는 것이 아님을 알라.
41 영원히 목마르지 않은 샘물을 너희가
마실 때, 지상의 육의 사랑이 아니요,
천국의 사랑이요, 정녕 나 여호와의
사랑을 알게 될 것이니라.
42 나의 법전이 이를 모두 깨우칠 수 있
도록 너희가 깨달을 수 있도록 기록
하였음이니라.
43 그리하여 나의 법전을 정독하라 하였
음이니, 나의 법전을 가슴에 안고 정
독하는 자는 영원히 목마르지 않은
샘물을 마시는 자요, 그 샘물을 마시
는 자는 정녕 나로부터 사랑을 받게
됨이니,
44 너희는 이제 깨우치라, 내가 너희를
사랑함은 지상의 육을 가진 너희를
사랑하는 것이 아니요, 나 여호와가
너희에게 구원의 길을 열어 주는 그
사랑임을.
45 그러니 나 여호와의 사랑을 받도록 그
리하라.
46 나는 육의 너희를 사랑하는 것이 아
니요, 내가 정녕 사랑하는 나의 사랑
은 영원히 사는 길, 천국의 문에 들어
올 수 있는 너희를 사랑하는 것이요,
47 그와 같은 역사가 이루어지도록 내가
너희에게 베푸는 것이요, 그리고 그와
같이 너희가 올 수 있도록 내가 성령
으로써 깨우치는 것이 곧 너희에게
내리는 나 여호와의 사랑이요,
48 육을 가진 인간의 사랑과 차이점이며
그 사랑이 아니며 나 여호와의 사랑은
다르다는 것을 만백성에게 깨우쳐 주
도록 그리하라, 사랑하는 나의 아들아!

6,726 번째 하나님 말씀

2003년 7월 14일 0시 08분

1 사랑하는 나의 아들아!
2 "네, 아버님! 말씀하옵소서."
3 수천 년의 역사가 흘러오는 동안에
믿음의 길을 가며 살아오는 그 나의
백성이요, 나의 아들 예수의 보혈로써
구원을 받았으며 그리고 구원을 받은
자라 저희는 천국에 오를 자며, 나 외
에 다른 신을 두지 아니하며 나의 계
명대로 나의 뜻을 거역하지 아니하고
살아간다고 자부하는 백성,
4 그들이 가는 오늘의 믿음의 형국이 과
연 나에게 오르는 길이라 생각하는가?
5 그들이야말로 나를 공격하고 있으며
그들이 앞장서서 나를 능멸하고 있다
는 것을 너희는 모르는가?
6 그들이 그와 같은 행위를 하고 있음을
반드시 봐야 할 것이며 그를 너희가
깨달아야 할 것이니라.
7 그들이 나를 공격하며 나를 능멸하며,
나의 피조물 만백성, 그 사랑하는 백
성이 나에게 오르는 길을 오고자 하
나, 그들의 길을 막고 지옥으로 안내
하는 자들이 바로 그들임을 너희는
알아야 할 것이니라.
8 나의 뜻을 거역하고 나에게 고통을 주
는 그들이 오는 길이 과연 무엇이던

가?
9 그 길이 나에게 오르는 길이라 그들은
울고불고 통곡하며 그리 가고 있느니
라.
10 그러면서 그 백성에게 가르치기를 그
저 있는 것, 없는 것, 재물을 바치며
광란의 형태로 찬송을 부르고 가는 그
믿음이 정녕 구원의 길이요,
11 그 길 외에는 모두가 사탄이요, 이단
이라 그들이 나의 피조물 만백성을
그리 가르치고 있음이니라.
12 그러나 나 여호와는 또한 그들을 다
용서하며 사랑하고자 하는 마음이 나
여호와의 뜻이니라.
13 그리하여 그들을 용서하고 사랑으로
다스려 그들이 깨우친다 하면, 그리하
여 그들이 나에게 돌아올 수만 있다면,
14 그들이 깨우쳐 돌아오기를 나 여호와
가 간절히 바라는 그 마음을 너희는
정녕 알지 못함이니라.
15 내가 너희를 얼마나 사랑하고 아끼면
160권의 법전을 밤과 낮을 가리지 아
니하고 나의 아들에게 이리 명하여 내
려 지금 이 세상에 생명의 생수를 내
려보낸단 말이던가?
16 법전을 만들어 세상에 전하는 너희는
나의 은혜요, 사랑이라는 것을 알아야
할 때가 되었음을 알라.
17 그러나 그들이 나에게 돌아옴이 아니
요, 나에게서 멀어지고 떨어지는 행위
를 하고 있으며 나와는 관계없는 길을
두 주먹을 쥐고 달려가는 그와 같은
형국이니,
18 결국에는 그들이 험악하고 견디기 어
려운 지옥으로 떨어지는 것이니 그들
을 구원하는 것이 나의 법전을 이 세
상에 전함이요,
19 또한 나의 법전을 읽고 깨우친 백성이
요, 나로부터 선택된 백성 너희가 새
로운 역사를 이루며 그들을 구원하는
것이 너희의 대명이요, 사명이라는 것
을 절대 잊지 말라.
20 그러니 너희는 지금 시간이 없다는 나
의 뜻을 알겠는가?
21 너희 자신을 다스리지 못하며 마음 하
나를 잡지 못하여 너희가 아침저녁으
로 마음이 변하는 그와 같은 삶을 살
아서는 아니 될 것이니라.
22 잠시라도 악한 행위요, 사악한 생각을
하면 너희는 사탄의 자식이요, 선한
행위요, 선한 마음을 먹고 살면 나의
아들딸이라 하였음이니,
23 너희가 오늘 어떠한 마음을 가지고
살아야 하는 것인지 스스로 깨우치지
아니하면 아니 됨을 알아야 할 것이
니라.
24 너희가 돌아오기를 갈구하고 바라는
내 뜻을 이제는 따를 때가 되었으며
그 뜻을 들어 행할 때가 되지 아니하
였는가?
25 기다리다 지쳐 있는 나 여호와의 마음
을 너희는 알겠는가?
26 2천 년 동안 내가 너희를 기다리는 마
음, 너희가 어떠한 행위를 하더라도
깨우치고 돌아올 수 있다면 너희를
용서하고자 기다리는 마음,
27 그리 너희가 돌아오기만을 기다리는
나 여호와의 마음을 안다면, 너희는
작고 큰 죄악이요, 사악한 생각이요,
마음을 가지고 결코 살아가지 아니할

것이니 그리 알라.

6,727 번째 하나님 말씀

2003년 7월 14일 0시 55분

1 사랑하는 나의 아들아!
2 "네, 아버님! 말씀하옵소서."
3 나의 피조물 만백성 너희가 인생을
살아감에 어찌 살아가는가?
4 육의 세상의 삶이 부귀와 영화요, 공
명을 위하여 너희는 나이가 들어 공
부하며 또 깨달음을 얻음이니,
5 너희가 학업을 하기를 근 30세가 가
까울 때까지 학업에 종사하는 자가 많
이 있으며,
6 너희가 남은 육신의 몇십 년의 삶을
위해서 그저 30년이요, 20년이라는
배움의 길을 투자하며 그를 바치지 아
니하는가?
7 너희가 남은 40년이요, 50년이라는
그 삶을 위하여, 때로는 너희가 얼마
나 남았는지도 모르는 그 삶을 위하여
몇십 년씩 배움의 길에 투자하며 모두
를 바치는 삶을 사느니라.
8 그리 살아가면서 너희가 영원히 사는,
다시 태어나는 그 삶을 위하여 나의
법전을 3번씩 가슴에 안고 정독하라
명하였으나, 그것도 행하지 못하며,
9 너희가 160권이라는 법전이 세상에
나온다 하니, '그와 같은 것을 누가 읽
으며 그 많은 것을 누가 정독하겠는
가? 평생 읽어도 읽지 못할 것이라'
그리 말하고 평가하느니,
10 과연 영원히 사는 너희가 다시 태어
나는 그 생명을 위하여 얼마나 바치고
사는가?
11 160권의 법전을 읽을 수 있는 시간이
없는가?
12 그리고 열여섯 권의 법전을 너희가 3
회 이상 읽을 수 있는 시간이 과연 없
는가?
13 너희는 어찌하여 그와 같이 어리석고
미련한 삶을 사는가?
14 내가 너희가 영원히 사는 삶이요, 다
시 태어나는 삶을 위해서 나의 법전을
세 번 정독하라 함이니, 몇 년이나 걸
리며 몇십 년이 걸리는가?
15 너희가 육의 삶의 4·50년을 위하여
몇십 년을 그 학업에 종사하며 모두를
바치는 것에 비유할 때 너희가 얼마나
어리석은 삶을 사는가?
16 그 삶을 위해서는 너희가 30이 다 될
때까지 배움의 길을 달려가는 것이요,
17 그러나 너희가 나의 법전을 세 번을
정독함으로 해서 하늘의 뜻이 무엇이
며 내가 역사하는 것을 안다 했거늘,
18 너희가 과연 그 세 번도 정독해서 읽
지 아니하며 아직도 너의 제자 중에서
이를 마치지 못한 자가 있다면,
19 과연 너희가 어떠한 사람이며 무엇을
위해서 살아가는 백성인가?
20 너의 제자 중에서 3회 이상을 읽지 아
니하며, 나오는 법전을 다 정독하지
아니하였다면, 그는 바로 무엇이더냐?
21 이해관계에서 마음이 흔들리는 자요,
육의 이해관계요, 손익계산을 따져 움
직이는 백성이니,
22 나의 성전에 와 강론을 듣는 것도 이
해관계요, 육의 손익계산이요, 육의
계산을 위하여 와서 공부하고 깨우치

는 자밖에 더 되겠는가?
23 어찌하여 너희가 그리도 우매하고 불
쌍한 삶을 산단 말이던가?
24 이제 너의 제자들이요, 나의 법전을
읽고 깨우치는 백성이요, 나의 강론을
듣는 백성에게 전하라.
25 너희는 몇십 년 동안의 삶을 위하여
몇십 년을 학업에 종사하며 모두를 다
불태우듯이 너희가 모든 정열을 다
바치는 그와 같은 수업은 하면서,
26 영원히 사는 하늘나라에 오르는 길을
위하여 나의 법전 열여섯 권을 3회씩
읽어 눈을 뜨라 하였으며, 세상에 나
오는 나의 법전을 정독하라 하였음이
니,
27 과연 이를 행하고 실천하는 백성은
얼마나 있는가?
28 그러니 너희가 눈앞에 보이는 것을
위해서, 눈앞에 보이는 이해관계를 위
해서 살아가는 백성이요,
29 영원히 사는 그와 같은 삶을 위해서는
투자할 줄 모르며 그 삶을 위해서 대
비하지 못하는 백성이니,
30 이게 바로 너희가 어리석음이니, 이
뜻을 두고 하나만을 듣지 말라.
31 모든 너희가 살아가는 실태가 그러하
며 나의 만백성이 살아가는 오늘의
삶의 방식이 그러하니,
32 나의 아들을 따르는 제자들이요, 나의
법전을 읽고 깨우친 백성 너희는 이
제 나의 법전에 의하여 하늘에 오르는
길을 위하여 다시 거듭나는 그 영광을
얻는 길에 많은 것을 투자하는 그와
같은 삶을 살도록 그리 전하라, 나의
아들아!

6,728 번째 하나님 말씀

2003년 7월 14일 01시 02분

1 사랑하는 나의 아들아!
2 "네, 아버님! 말씀하옵소서."
3 너희를 구원하는 보혜사는 2천 년 전
에 나의 아들 예수 한 사람으로서 세
상에 내려와 너희를 깨우치며 나의
뜻을 전하며 그 모든 역사는 예수 한
시대의 삶으로써 다 끝났다는 그와 같
은 생각을 너희가 벗어날 때가 되었
으며 생각을 달리할 때가 되었음을
알아야 할 것이니라.
4 성서에도 다른 보혜사가 온다고 기록
되어 있지 않은가?
5 오로지 예수 한 사람으로서 구원의 역
사가 끝이며 구원의 변화의 역사는 예
수 한 사람으로서 다 끝을 맺었으며,
6 어떠한 보혜사도, 어떠한 사람도 나
여호와로부터 명받아 너희를 예수처
럼 구원하는 길을 인도하는 자는 세상
에 다시는 없을 것이라 너희가 그리
생각하니,
7 더 이상 그와 같은 보혜사가 없으며,
나 여호와의 뜻을 갖고 세상에 임하여
너희를 인도하고 구원하는 그와 같은
것은 절대 있을 수도 없으며,
8 그와 같은 역사는 생각해서도 아니
되며 그 자체가 나 여호와에게 욕됨이
며 나의 아들 예수에게 욕되는 것이라
생각하고 사는 것이 지금 믿음의 길을
가는 백성의 머리에 굳어져 있음이니,
9 그 머리가 돌보다 더 깊이 굳어져 있
으며 단단하게 굳어져 있음이니라.
10 그러니 너희가 그 생각을 버려야 할

것이며 그와 같은 생각에서 벗어나는
깨달음이 없이는 정녕 나 여호와가 이
루고자 하는 그 뜻이요, 내가 역사하
는 길을 알 수가 없음이니라.
11 나 여호와는 예수를 대신하여 그와 같
은 구원자를 세상에 내보내며 역사를
하고자 하는 그 뜻을 이루고자 하는
것이 나의 뜻이니라.
12 하늘에서 이루어진 것같이 이 땅에서
이루고자 하는 그 역사를 이룬다면, 2
천 년 전에 나의 아들 예수가 역사했
던 그것으로써 너희가 그와 같은 새
로운 역사를 열릴 수 없다는 것,
13 그리하여 예수와 같은 다른 보혜사요,
즉 나의 성령이요, 나의 뜻을 듣고 행
할 수 있는 나의 아들을 세상에 다시
내보내며 나의 뜻을 그를 통하여 이루
고자 하며 그를 통하여 만백성을 깨닫
게 하고 너희를 바로잡는 그와 같은
역사를 이룰 수 있음이니,
14 이게 곧 내가 이루고자 하는 뜻이며
내가 역사하고자 하는 것임을 알라.
15 예수가 이 세상에 와 죽어 간 그것으
로써 모두가 끝나며 다른 성령의 말씀
이요, 보혜사요, 다른 인도자는 세상
에 올 수 없으며 다른 목자는 세상에
없다고 그리 생각하는 그 한계를 벗어
나지 못하며 그 한계를 뛰어넘지 못
하는 백성,
16 너희는 내가 이루고자 하는 뜻이요,
내가 역사하고자 하는 것을 전혀 알
수 없는 백성임을 알아야 할 것이니
라.
17 나의 뜻이요, 이를 내가 역사한다는
것을 인정하고 깨우치는 자, 그와 같
은 마음을 가질 때 새로운 보혜사가
온다는 것을 알 수 있으며, 새로 너희
를 인도하는 자가 올 수 있다는 것을
너희는 알아야 할 것이니라.
18 지금 보혜사요, 나의 아들로서 나의
성령을 받아 너희에게 전할 수 있도록
증거하는 책으로 만들어, '하나님! 말
씀하옵소서'라는 하늘에 오르는 그 책
을 기초의 열여섯 권이요, 160권을 내
가 모두를 풀어 너희를 깨우치고자
하는 대역사를 이룸이니,
19 이게 바로 새로운 보혜사의 나의 말씀
이요, 나의 성령의 뜻이라는 것을 너
희는 알아야 할 것이며, 새로운 역사
가 이루어질 수 있다는 것을 잊어서는
아니 됨이니라.
20 세상에 내려보내는 것이 무엇이던가?
21 너희를 사랑하기 때문이니라.
22 너희가 깨우치지 못하고 그 아집과 욕
심에 젖어 지금 어두운 밤에서 허덕이
는 그와 같은 나의 백성을 내가 깨우
쳐 광명의 세계로 인도하고자 지금 내
가 이와 같은 역사를 이룸을 너희는
알아야 할 것이니라.
23 너희 인간사에서도 훌륭하고 잘나고
똑똑한 아들이 죽었다 하자.
24 그러나 그 아들이 역사했던 것, 그 아
들이 지켰던 것만 가지고 과거에 연연
할 때 그 아들과 같이 지금의 역사를
이룰 수 없음이니,
25 아무리 못나고 어리석은 자식이라 해
도 일찍 죽어 간 그 똑똑한 아들보다
못난 자식이 살아서 역사하는 것이 더
위대하며 현실적인 변화를 이룰 수 있
지 않은가?

26 나무 한 그루를 심는 것, 풀 한 포기를
뽑는 것도 아무리 똑똑하고 훌륭한 자
식이라도 죽은 자식은 할 수가 없음이
니라.
27 어리석고 못난 자식이라 해도 살아 있
는 자가 그를 이룰 수 있듯이 나의 아
들 예수로서 모든 것이 종말이며 끝이
라 생각하지 말라.
28 나 여호와가 새로운 보혜사를 내려보
내며, 나의 성령이 너희가 말한 아버
지의 말씀이요, 그와 같은 것을 가지
고 새로운 사람으로서 새로운 보혜사
로서 역사할 수 있다는 것을 기록해
놓았듯이,
29 반드시 그와 같은 보혜사요, 나의 뜻
을 가진 자가 세상에 나가 나의 피조
물 만백성을 구원하는 역사가 이루어
져야 하며,
30 그리하여 다시 시작하는 그와 같은 변
화의 역사요, 내가 이루고자 하는 지
상의 낙원이 이루어진다는 것을 너희
는 깨닫고 알아야 할 것이니,
31 이를 거부하고 믿으려 하지 아니하는
것은 너희의 욕심이며 아집이며 오만
방자한 그와 같은 너희 자세에서 이
루어지는 것이니,
32 이제 세상사를 다시 한 번 돌아다보며
하늘의 뜻이요, 나의 진리를 너희가
들여다보고 깨우치는 데 최선을 다해
야 할 것임을 알라.
33 나의 법전과 나의 아들과 나 여호와가
지금 같이 임하여 너희를 구원하는
역사가 시작되었다는 것을 알아야 할
것이니라.
34 하늘에 나 여호와요, 지상에 나의 아
들이요, 나의 법전이요, 나의 성령이
세상에 내려가 너희를 구원하는 역사
가 지금 시작되었음을 알라.
35 너희가 구원자를 볼 수 없으며 알지
못하며 믿지 못하며 믿으려 들지 아니
함이니,
36 오히려 이와 같은 자를 이단이요, 사
탄이요, 사악한 자라 핍박하고 배척하
고 그리하는 것이 지금의 너희니,
37 과연 너희가 어찌 구원의 길을 볼 수
있으며 구원을 받는다 말할 수 있는가?
38 내가 다시 이와 같은 역사를 내리는
것을 감사하며 기쁨으로써 받아들여
도 너희가 나의 은혜에 감당치 못하거
늘, 어찌하여 너희가 그와 같은 행위
를 하는가?
39 이제 너희가 사악하다고 핍박하고 박
해하는 자 그들에 대하여 두려워하지
말라.
40 그들은 오로지 육의 복을 구하는 자
며, 육의 복을 위하여 사는 자며, 기복
신앙의 대표적인 자로서 지금 전락한
집단이니,
41 그들은 나의 사랑을 받을 수 없으며
나의 사랑을 보지도 못하는 것이니라.
42 정녕 나 여호와의 사랑은 너희가 육이
존재하는 세상에서 내가 너희에게 내
리는 사랑이 아니요, 너희 인간이 서
로 사랑하고 아끼는 그와 같은 사랑이
아니요, 너희가 천국의 문에 들어올
수 있고 못 들어오는 그와 같은 것이
나 여호와의 사랑이며, 그 결과에 따
라 이루어지는 것이니,
43 그때 내가 베푸는 것이 진정한 나 여
호와의 사랑이니,

44 내 사랑을 너희가 받고자 하며 내 사
랑 안에 너희가 존재하고자 한다면,
너희는 오늘과 같은 종교 집단들의
전철을 밟지 말며,
45 나의 법전이요, 나의 십계명대로 살아
가는 삶을 유지하며 그리 가는 길만이
너희가 나에게 올 수 있다 함을 잊지
말라, 사랑하는 나의 아들딸들아!

6,729 번째 하나님 말씀

2003년 7월 14일 01시 08분

1 사랑하는 나의 아들아!
2 "네, 아버님! 말씀하옵소서."
3 나 여호와가 너희에게 뭐라 말하였느
냐?
4 너희 앞에 가장 못난 자, 가장 못난 모
습이요, 추한 모습으로써, 그리고 가
장 초라하고 불쌍한 형태로써 나타나
는 자가 정녕 천사가 올 수 있다 내가
너희에게 그리 말하지 아니하였는가?
5 그들 속에 너희가 천사를 접할 수 있
으며, 그들과 너희가 같이 감으로 인
하여 천사를 접할 수 있다, 천사를 볼
수 있다 내가 너희에게 일찍이 그리
가르쳐 주지 아니하였던가?
6 또한, 천사가 그와 같이 온다 하였음
이니라.
7 걸인이요, 길거리에 병든 자, 병들어
누워 있는 자, 그와 같은 자가 천사가
아니라 말할 수 없음을 너희는 알 것
이며, 그중에 또한 천사들이 있다는
것을 너희는 알아야 할 것이니라.
8 천사는 그러한 가장 천하고 가장 낮은
형태로 너희 앞에 나타남이니,
9 그들을 박해하지 말며, 그들을 탓하지
말며, 그들에게 욕되는 일을 하지 말
며, 그들이 괴로워하는 일을 하지 말
라.
10 그리고 너희가 인간으로서 후회하는
그와 같은 일을 절대 하지 말라 내가
너희에게 일찍이 깨우쳐 가르쳐 주지
아니하였던가?
11 이 말이 과연 잘못되었으며 내가 가르
침이 잘못되었단 말이냐?
12 너희는 어찌하여 이와 같은 나의 뜻
의 가르침을 이단이요, 사탄이요, 사
악한 자가 이루는 것이라 그리 말하
는가?
13 너희는 여기서 알아야 할 것이니라.
14 너희가 한 획을 고치고 빼도 안 되며
더해도 안 된다는 성경에 내가 일찍이
기록하여 전한 뜻을 너희는 알겠는가?
15 너희에게 가르치기를 뭐라 말하였느
냐?
16 너희가 형제요, 이웃을 사랑하는 것을
끝없이 하라 하였으며, 손님 대접하기
를 잊지 말라 내가 그리 가르쳤음이니
라.
17 그중에 천사들을 대접하는 일이 너희
도 모르는 사이에 있을 수 있다는 것
을 내가 나의 성경에 일찍이 기록하여
너희에게 깨우쳐 주지 아니하였던가?
18 이 뜻을 너희는 나 여호와의 뜻이라
하며 나의 성령이라 그리 말하면서,
19 나의 법전에 똑같은 뜻을 내가 깊이
깨우쳐 너희가 상세히 알 수 있도록
풀어서 내린 그와 같은 뜻을 이단이
요, 사탄이요, 사악한 것이라 그리 말
하니,

20 어찌하여 한 글귀를 가지고 너희가
해석을 달리하며 설명을 그리 달리하
는가?
21 하나는 보석이요, 하나는 잡석이라 그
리 가르침이니,
22 너희가 가진 것만이 보석이요, 남이
가진 것은 잡석이라 너희가 그리 말
함이니,
23 남이 가진 진정한 그 보석을 들여다
보라.
24 그리고 너희가 손에 들고 있는 것이
그저 부서지는 아무 곳에도 쓸 수 없
는 잡석이라는 것을 어찌하여 모르는
가?
25 너희가 이 뜻을 알면, 나의 법전의 기
록한 내용을 보고 너희가 깨우침을
얻을 것이며, 이는 진정한 나 여호와
의 뜻이라는 것을 알 수 있음이니라.
26 이와 같이 성경에 치우쳐 너희가 나
의 법전을 격리하며 이를 차별화하여
보고 있음이니, 너희가 눈을 뜰 수가
없는 것이니라.
27 너희가 생활은 과연 어떠한 형국으로
써 지금 이루어지고 있는가 한번 너희
자신을 들여다보도록 그리하라.
28 너희가 손님을 대접하는 것, 그리고
불쌍한 자를 대접하는 것, 길거리에
끼니를 먹지 못하여 쓰러져 병들어
있는 자, 그와 같은 자들이 천사일진
대,
29 그 천사와 있을 수 있으며 천사와 같
이 식사하며 천사와 같이 대화하며 천
사와 같이 어울려야 한다고 내가 미리
전한 그 뜻이 지금 나의 법전에 기록
하는 그 뜻과 무엇이 다른가?
30 이를 가지고 너희는 하나는 나의 뜻
이요, 하나는 사탄의 짓이라 그리 시
시비비하지 말라.
31 나에게 올 수 있는 삶을 사는지 다시
한 번 너희가 자신을 돌이켜 보라.
32 과연 너희가 그와 같은 마음으로써
그와 같은 행동을 얼마나 하고 있는가?
33 그러한 삶의 그 행함이 너희가 나에
게 오르는 길이니, 이것 외에는 너희
가 나에게 오를 수 있는 길이 없거늘,
34 어찌하여 나의 피조물 만백성들에게
육으로써 행하는 것은 너희가 구원의
점수가 되지 아니하며, 아무것도 보탬
이 되지 아니하며, 그저 말로써 믿으
면 된다고 가르치는 자,
35 너희가 얼마나 나의 뜻을 거역하는 것
이며, 얼마나 어리석은 백성으로서 나
의 피조물 만백성들을 지옥으로 이끌
어 가고 있는지를 지도자 너희는 알
아야 할 것이니라.
36 그리고 만백성 너희도 나의 법전을
읽고 접하여, 나 여호와가 여기에 기
록한 간곡한 그 뜻과 성서에 기록되어
있는 뜻과 무엇이 틀린지 견주어 보
라.
37 그렇다면 너희가 정녕 바른 마음으로
고운 마음으로 나 여호와의 뜻이 이
세상의 모두를 다 역사할 수 있으며
이루어질 수 있다는 마음으로 나의 법
전을 읽을 때,
38 성서에서 너희가 느끼지 못했던 것,
찾지 못했던 것, 그 비유의 뜻을 알 수
없었던 그 모든 뜻을 알게 되는 은혜
를 입을 것이니 그리 알라.

6,730 번째 하나님 말씀

2003년 7월 14일 09시 40분

1 사랑하는 나의 아들아!
2 "네, 아버님! 말씀하옵소서."
3 아무리 높고 높은 산도 너희가 오르고 또 오르며 한 계단씩 오른다면 그 산은 결국 너희에게 정복되며, 너는 그 정상에 오를 수 있는 것이 아니더냐?
4 네가 지금 가는 길이 그러하니라.
5 너의 제자들 또한 그러하니라.
6 바라보기 험준하고 어려운 그 높고도 높은 그 준령을 오르고 또 오르는 그와 같은 노력에서만이 그 산이 정복되듯이,
7 너희가 노력하고 노력하는 그 길만이 바로 설 수 있으며 나에게 오를 수 있는 그 반석 위에 설 수 있다 함을 잊어서는 아니 됨이니라.
8 오르다 중단하면 그 산의 정상에 올려주는 자 없으며, 노력 없이는 그 누구도 새처럼 날 짐승처럼 그 정상에 훨훨 날아오를 수 없는 것이 너희지 않느냐?
9 한 계단 한 계단 오르며, 한 자국 한 자국 정상을 향하여 피땀을 흘리며 올라가는 그 노력만이 너희가 그 정상에 오를 수 있는 것이니라.
10 너희는 인간 세상에 보이는 하나의 목적을 위하여 평생을 바치며 그를 위하여 모두를 다 바치는 삶을 살지 않는가?
11 너희가 부귀와 영화를 위하여 그걸 얻기 위하여 얼마 되지 않는 인생을 천 년 만 년 살 것처럼 모두를 다 바쳐 그리 이루니, 그것을 이루고 난 다음에 얻는 것이 또 무엇이 있는가?
12 그와 같이 너희가 육의 세상에서 백 년도 안 되는 그 삶을 위하여 노력하는 그것을, 영원히 사는 삶을 위하여 노력하는 현명한 백성으로서 변화되어야만 한다 그리하였음이니라.
13 그러니 그와 같이 영원히 사는 삶이요, 그리고 영원히 변하지 않고 존재하는 그 세상에서 고통스러운 지옥의 삶에서 살 것인가,
14 밝은 광명 천지에서 그 부귀영화와 너희가 상상할 수 없는 그 행복을 누리며 영원히 나의 품에서 살 것인가?
15 그를 위하여 너희가 과연 얼마나 노력하며 얼마나 봉사하는 것인지 정녕 한번 생각해 봐야 할 것이니라.
16 너희가 눈으로 보이는 역사함은 그저 육의 삶의 그것은 눈에 보이는 소득이요, 눈에 의하여 얻어지는 그와 같은 것을 결과가 있다 하여, 죽기 아니면 살기로써 너희가 때로는 남을 시기하며 남을 넘어트리며,
17 그저 너희만이 앞에 가고자 하는 그와 같은 삶을 살고 있으며 모든 것을 다 바치지 아니하는가?
18 그러나 너희는 보이지 않는 그 세상이요, 그리고 너희가 구하려야 구할 수 없으며, 노력하지 아니하면 얻을 수 없는 영원히 사는 그 삶은 육의 보이는 것보다 천배 만배 위대한 것이거늘,
19 너희는 그를 위하여 과연 얼마나 노력하며 얼마나 진실하게 살아가는가 한 번 너희 자신을 돌아다봐야 할 것이니

라.
20 너희가 나를 향하는 그 길이요, 영원
히 사는 삶을 위해 노력하는 것은 항
상 흔들리는 갈대와 같이 마음이 흔들
림이요, 굳건한 마음으로써 살아가지
아니하고 노력하지 아니하는 것이 너
희가 아니더냐?
21 육으로 보이는 거둬들일 수 있는 것은
모두를 다 바쳐 네 마음을 다 집중하
여 노력하고 그걸 위하여 시간을 낭비
하며, 또 시간을 낭비하고도 아까운
줄 모르고 살아감이니,
22 그것은 육이 정해져 있는 그 시간을
낭비하고 쓰고 가는 것이니라.
23 그러나 영원히 사는 그 삶을 위해서는
너희는 과연 얼마나 믿고 얼마나 모든
정신을 집중하여 그걸 위하여 노력하
는가?
24 이것이 지금 너를 따르는 제자들이요,
나의 법전을 읽고 깨우친 백성이 깨
달아야 할 것이니라.
25 육으로 보이는 그 삶을 위해서 모두를
바치는 삶이 아니요,
26 보이지 않는 다음의 세계에 영원히 존
재하는 그 세상을 위해서 과감히 거기
에다 모든 것을 다 바치며 거기에 열
과 성의를 다하는 그와 같은 삶의 방
향을 바꾸지 아니하면 아니 됨을 너희
는 알아야 할 것이니라.
27 그리고 하늘에 오르는 길은 어렵고 힘
드니라.
28 그 길이 쉽고 편안하다면 누군들 못
하겠는가?
29 그러니 너희가 인간 세상에서 정복하
고자 하는 산의 그 정상을 향하여 얼
마나 노력을 하는 자가 있으며 또한
얼마나 그걸 위하여 모든 것을 바치는
자들이 있던가?
30 그는 그리하여 그 정상을 정복하는 것
이니라.
31 그와 같이 너희가 노력하고 노력하는
자 앞에는 모두가 무너지게 되어 있음
이니,
32 너희 인간 세상에서 보이는 산을 오르
고자 하는 그 정복의 욕망보다도 더
불타는 마음으로 모든 것을 다 바쳐
나에게 오르는 그 정상을 향하여 노력
하고 살아가야 하는 것이 지금 나로부
터 선택된 백성이 살아가는 길이며
살아가는 방법이니라.
33 그와 같이 하는 자만이 나에게 오를
수 있음이니,
34 그와 같은 곧고 바른길을 위하여 정
상을 향하여 아무런 생각 없이 잡념
없이 오로지 한 길을 위해 달려올 때,
35 모든 백성이 그와 같이 정성을 다하
여 오르면 너희가 감히 오를 수 없는
산도 오를 수 있다고 생각하듯이,
36 하늘에 오를 수 없다는 그 길도 너희
가 오를 수 있음을 알아야 할 것이니
이를 알라.
37 너희가 나의 계명대로 살 수 없으며
그대로 행하며 살 수 없다는 것은 아
예 포기시키는 것이며, 오르고자 하는
백성까지도 오르지 못하게 하는 그와
같은 행위를 하고 있음이니,
38 하늘을 향하여 오르고자 하는 백성까
지 너희가 길을 막아 지옥으로 인도
하는 그와 같은 사악한 행위를 하고
있는 것이 지금의 지도자요, 모든 종

교 집단에서 하는 일이기에
39 내가 너희가 지옥으로 가는 선봉장이
요, 나와는 관계없으며 내 뜻을 거역
하며 살아가는 것이 너희라 함을 여
기서 깊이 깨우쳐야 함을 잊지 말라.

6,731 번째 하나님 말씀

2003년 7월 14일 11시 37분

1 사랑하는 나의 아들아!
2 "네, 아버님! 말씀하옵소서."
3 너희가 하늘에 오르는 길의 의미는 나
여호와가 존재함을 믿는 것이요, 그리
고 나 여호와가 존재함을 믿음으로 인
하여 너희가 나의 십계명이요, 나의
율법이요, 제3의 시대에 너희를 구원
하고자 내가 나의 아들을 통하여 내리
는 나의 법전을 너희가 정독하고 깨
우치면 반석 위에 서게 됨이니,
4 곧 그리했을 때 너희가 하늘에 오르
는 길을 볼 수 있다 내가 너희에게 명
하여 가르쳤음이니라.
5 이 의미의 소중함을 과연 얼마만큼 가
슴에 담고 사는가?
6 내가 너희에게 뭐라 말하였느냐?
7 너희는 보이는 육의 세상의 삶을 위해
모두를 살아가는 그와 같은 삶을 살지
말며,
8 보이지 않는 다음의 세상이요, 너희가
영원히 간직하고 소중히 갖고 있을,
그리고 너희가 영원히 그와 더불어
살 수 있는 그 미래에 버리지 아니하
며 버릴 수도 없는 그 소중함을 위하
여 살아가라 말하지 아니하였던가?
9 너희가 인간 세상에 살아가면서 학문
의 지식을 높여 삶을 아름답게 꾸려
가고자 하는 그 노력을 30여 년 동안
정성을 다 바친다 내가 그리하지 아니
하였던가?
10 그리해도 너희가 제대로 바치지 못한
자는 인생의 낙오자라 말하며 남으로
부터 존경받지 못하는 인생의 삶을 사
는 것이 너희라 그리하였음이니,
11 너희가 30여 년이라는 초년의 그 젊
음을 다 바쳤어도 너희가 이루고자
했던 그 역사를 이루지 못하는 것이
인간 세상에 다반사가 아니던가?
12 하물며 보이지 아니하며 만질 수 없으
며, 오로지 나의 성령이요, 나의 음성
으로써, 그리고 내가 너희에게 전하는
그 듣는 소리로써 모든 것을 깨우쳐
영원히 사는 그 삶을 위한 그 노력을
하는 것은 과연 너희가 얼마만큼 너
희 자신을 던지고 투자해야 한다 생각
하는가?
13 보이지 않는 그 삶을 위하여 과연 너
희가 얼마만큼 노력하고 있으며 얼마
만큼 자신이 봉사하는 것인지를 내가
너희 스스로 깨우쳐 보라 그리 말하지
아니하였던가?
14 너희는 인간 세상에 사는 그 짧은 삶
을 위하여 30여 년 동안 너희의 모든
것을 다 바쳐 이루고자 하는 그 노력
의 10분의 1도 하지 아니하는 것이 아
니던가?
15 정녕 인간 세상의 욕망을 위하여 노력
하는 10분의 1도 투자하지 아니하며
노력하지 않는 것이 너희가 영원히
사는 삶을 위해서 살아가는 그 형태의
삶이 아니던가?

16 이제 너희 자신이 돌이켜 봐야 할 것
이며, 너희 자신을 점검해 봐야 할 때
임을 알아야 할 것이니라.
17 이 세상에 내가 나의 성경을 기록하여
나의 아들에게 전한 그 뜻을 하나도
알지 못하고 살아가는 것이며,
18 그 뜻도 모르면서 구원을 받았다 하며
나에게 오를 수 있다 하며 허망한 세
월 속에서 너희가 믿음의 길을 가고
있는 것은 과연 아니던가?
19 너희는 진정 영원히 변하지 않는 나의
참진리를 알기 위해 얼마나 노력하며
얼마나 투자하며 얼마나 봉사하는가?
20 너희는 그를 알아야 할 것이니라.
21 너희가 그와 같은 자세로써 살아가기
에, 내가 뭐라 말하였느냐?
22 내가 불로 직접 쓴 그 친필의 십계명
아래 너희는 나 여호와가 존재함을
먼저 믿으라 하였음이니, 그것이 바로
무엇이던가?
23 너희가 나를 믿는다며 나에게 경배하
고 기도하며 구원을 받으며 선택된 백
성이라 하는 너희가 과연 내가 존재
함을 얼마나 믿는가?
24 어렵고 힘들 때마다 너희는 등을 돌
리며 나를 떠나며 육의 세상이 어렵고
힘들 때 너희는 떠남이니라.
25 너희는 여기서 알아야 할 것이니라.
26 나 여호와의 사랑은 너희가 짧은 육
의 세상에 살아감을 위하여 내리는 사
랑이 아니라는 것을 나의 아들에게 전
하였으니,
27 정녕 나의 사랑은 무엇이며 내가 너희
에게 베풀고자 하는 것은 무엇인가를
너희가 알아야 할 것이니라.
28 그렇다면 너희가 오늘의 삶이 어렵고
힘들다 하여 나에게 사랑을 받지 못하
며, 내가 너희를 기억하지 않는 백성
이라 생각하며,
29 그리하여 고통스러워하며 괴로워하
며 나의 성전이요, 나의 법전을 놓는
그와 같은 백성이 가장 어리석은 자들
임을 너희는 알아야 할 것이니라.
30 너희에게 내가 말해 주었음이니라.
31 너희가 얼마 되지 않는 육의 삶에서
내가 너희에게 내릴 수 있는 은혜와
영광이 딱 한 번 있다면,
32 내가 육의 세상의 짧은 삶을 사는 데
부귀와 영화를 위해 내가 너희에게 사
랑을 베풀기를 원한다면, 나 여호와는
너희에게 그리해 줄 것이니라.
33 그러나 나 여호와가 너희에게 베푸는
세상이 나에게 와 영원히 사는 그때
너희에게 베푸는 사랑이 그보다 더 위
대하다면 그것을 받기를 원하는 자에
게 내가 그와 같이 그 위대한 사랑을
줄 것이니라.
34 나 여호와는 너희 하나하나가 나의 분
신이요, 모든 백성이 나의 피요, 나의
살과 같은 것이요, 나의 아들딸들이
니, 너희가 버리고 놓고 오는 그 육의
삶의 부귀영화를 위하여 너희에게 사
랑을 주며 내가 은혜를 내려 주기를
원하는가?
35 이제 너의 제자들에게 그 답을 물으
라.
36 너희가 정녕 부귀와 영화를 위한다면
내가 그걸 내릴 것이며, 그 대신 구원
의 천국의 문을 열어 주는 그 사랑은
내가 내릴 수 없음이니라.

37 단 나 여호와는 참진리요, 공의의 하
나님이기에 내가 모든 나의 분신이요,
나의 살점이요, 나의 핏방울인 너희에
게 내가 딱 한 번의 기회를 줌을 잊지
말라.
38 그 기회를 너희가 어떤 쪽으로 받을
것인가 그 선택은 너희에게 달렸음이
니,
39 이제 너의 제자들에게 그를 물으라.
40 너희가 육의 부귀영화를 원한다면 내
가 줄 것이요, 너희가 영원히 나에게
오는 그 상을 받기 위하여 인내하고
견딘다면, 반드시 내가 너희 이름을
지상에서 하늘로 올려 나의 낙원 동산
에 너희 이름을 기록한다 했음이니,
그를 떼지 아니할 것이며,
41 육의 세상에서 부귀와 영화를 원하는
그 사랑을 원한다면 나는 너희에게
그를 주되, 지상의 낙원이 아닌 하늘
의 천국에 걸려 있는 너희 이름을 떼
서 내릴 것이니,
42 선택은 너희가 하라 그리 전하라, 사
랑하는 나의 아들아!

6,732 번째 하나님 말씀

2003년 7월 14일 11시 43분

1 사랑하는 나의 아들아!
2 "네, 아버님! 말씀하옵소서."
3 모든 종교 집단이 가르치는 것을 어찌
가르치는가?
4 그리고 그 믿음을 간다는 자들, 구원
을 받았다는 자, 특혜를 받았다는 그
백성, 그 오만방자한 그 백성이 가르
치고 듣고 머릿속에 젖어 있는 것은,
5 나 여호와는 인간으로서 화하여 예수
에게 임하여 내가 너희에게 임하였다
그리 말하느니라.
6 내가 예수의 몸을 빌려 인간으로 화하
여 세상에 내려왔다고 그리 말하나,
너희는 나 여호와요, 나의 아들 예수
가 나의 본체가 아니며 내가 아니라는
것을 이제 알아야 할 것이며 그를 믿
어야 할 것이니라.
7 나의 아들 예수가 나의 본체요, 내가
그리 화하여 세상에 내려가 너희를 다
스렸다고 그리 말하는 자, 그게 얼마
나 나를 욕되게 하는 행위인 줄을 아
는가?
8 나 여호와의 성령을, 나의 뜻을 받아
내가 존재함을 나의 아들 예수는 만백
성에게 전하고자 하였으며,
9 내가 너희를 사랑하며 너희가 나의
자식이라는 것을 그를 역사하고 그를
가르쳐 주려고 나의 아들은 나로부터
명을 받아 세상에 내려온 것이니라.
10 너희로 하여금 너희가 이루지 못했던
그 모든 뜻이요, 너희가 하늘에 오르
고자 하는 길을 보지 못하며 역행하며
나에게서 등 돌리고 멀리 가는 너희를
바로 세우려고,
11 그리고 하늘의 천국에 나 여호와가 존
재하며 나의 백성이 그리 올라올 수
있도록 그 통로요, 길을 만들고자 한
것이 나의 아들 예수가 나의 성령을
받아 세상에 나가 역사한 것이거늘,
12 어찌하여 너희가 이를 가지고 삼위일
체라 말하며 예수가 나의 본체라 말하
며 나의 실체라 그리 말하며, 내가 예
수의 몸을 통하여 직접 세상에 임하여

모든 것을 통제했다고 말하는가?
13 그러한 너희 생각이 얼마나 잘못된
것이며 잘못 가르치고 있는 것인지를
이제 너희가 깨우칠 때가 되었음을
알아야 할 것이니라.
14 이를 계속 강조하며 이를 부르짖는 너
희는 정녕 나의 성령을 볼 수 없으며
하늘의 뜻을 정녕 깨우칠 수가 없으
니, 그와 같은 종교 집단의 지도자가
나의 백성을 어찌 가르치겠는가?
15 지금의 잘못된 종교 집단이요, 지도자
들이 지금 그와 같이 가르치기에,
16 나의 순박하고 사랑하는 나의 백성을
혼동하게 하며, 그들을 너희가 지금
세뇌시켜 그들이 그 자신이 갈 길과
설 자리를 못 찾게 하고 있으며 그리
하여 그들에게 너희가 무엇을 역사하
는가?
17 그들에게 진정한 진리를 깨우치려고
하는 것이 아니요, 삼위일체 그중에
가장 낮은 나의 아들 예수를 빙자함
으로써 너희는 내가 부르짖는 십계명
을 지키지 아니하고 넘어가고 피해 갈
수 있다는 가증스러운 너희 인간의
생각으로써 나의 아들 예수가 나와
같다 말하며, 나의 본체며 나라 그리
말함이니라.
18 그러면서 너희가 나의 백성에게 재물
을 거둬들이는 사악한 행위를 하고 있
지 않은가?
19 그를 위하여 너희가 그와 같은 가증
스러운 행위를 하고 있다는 것, 이 모
두는 너희 조상이 만든 것이며, 종교
집단의 사악한 자들이 꾸며 놓은 것이
라는 것을 너희는 이제 알아야 할 것
이니라.
20 나의 성서에 기록된 내용을 너희가
정독하여 깨우치고 본다면, 너희가 나
의 법전을 한 번이라도 읽고 눈을 뜨
고 성서를 본다면 그 모든 잘못된 실
체를 너희가 스스로 알 수 있을 것이
니라.
21 지금 내가 친필로 쓴 십계명을 암송하
며 만백성을 구하고자 역사하는 나의
아들을 통하여 삼위일체가 맞다면 그
대로 가르치고 전하면 될 것을, 내가
어찌하여 그를 바로잡으려 하겠는가?
22 바로잡지 아니하고는 너희가 십계명
을 지키며 그 어렵고 힘든 길을 가려
하지 아니하며,
23 쉬운 방법으로써 천국에 오른다 하여
나의 백성에게 재산을 거둬들이며, 그
리고 너희가 인도한다면서 그 대가를
받아들이는 그와 같은 행위가 지금 계
속 유지될 것이며 그건 중단되지 아니
할 것이니라.
24 지도자요, 인도하는 자들이 그 꿀맛을
알기 때문에 그를 버리지 못함이니,
어리석은 나의 백성을 그리 이끌어
가는 것은 당연하지 아니한가? 그러
한 사악한 행위를 하지 말라.
25 예수를 통하여 나 여호와가 이루고자
했던 뜻과 나 여호와가 존재함이며 이
세상의 그 모든 것을 창조한 것은 나
여호와라는 것을 너희에게 깨우쳐 주
며 너희에게 일깨워 주도록 하여,
26 너희가 한 점의 부끄럼이 없는 삶을
살아, 나 여호와가 존재함을 가슴에
깊이 심어 하늘에 오르는 그 이치를
깨우쳐 주고자 했던 것이 나의 아들

예수를 보냄으로써 역사했던 뜻이니
라.
27 보낸 나 여호와가 있으며 보냄을 받은
나의 아들이 나의 성령의 뜻을 갖고
만백성을 깨우치고자 했으며, 내가 존
재함을 그 예수로 하여금 너희에게
깨우치고자 했던 그 역사이거늘,
28 어찌하여 그가 나와 같다 하며 같은
본체라 하며 그와 같이 너희가 생각
하는 것을 이제는 눈을 떠야 할 것이
며,
29 이와 같은 우물 안 개구리 같은 그 믿
음에서 벗어나지 아니한다면, 하늘의
그 방대한 진리요, 깨우침이요, 그를
너희가 알 수 없음이니, 이제 바로 서
는 그와 같은 이치를 깨우치라.
30 이제 이 대목을 읽고 깨우치며 이를
접한 백성 너희는 이를 읽고 성서의
뚜껑을 열어 볼 때,
31 그 성경에 기록되어 있는 내용을 알게
될 것이며 너희 마음의 창이 열릴 것
이니, 그리 행하도록 하라, 사랑하는
나의 아들딸들아!

6,733 번째 하나님 말씀

2003년 7월 14일 11시 54분

1 사랑하는 나의 아들아!
2 "네, 아버님! 말씀하옵소서."
3 나 여호와가 너희에게 뭐라 가르쳐
주었더냐?
4 내가 너희에게 내리는 가장 큰 사랑
과 축복이요, 그 영광은 내가 무엇이
라 말하였더냐?
5 나 여호와가 너희에게 천국의 문에
들어설 수 있도록 그 길을 열어 주며
그를 내가 너희에게 깨우쳐 그리 올
수 있도록 하는 것이 나 여호와가 너
희에게 내려 주는 가장 큰 축복이요,
사랑임을 알라 내가 그리 말하지 아니
하였던가?
6 육의 세상의 삶에서 재물과 명예에 대
한 축복과 사랑이 아니라,
7 진정한 나 여호와의 사랑이라는 것은
너희가 그리 갈급하고 애원하는 구원
의 사랑이요, 창조주인 너희 아버지인
나에게 올 수 있는 길을 열어 주는 것
이 가장 큰 사랑이며,
8 오로지 너희에게 그 한 번의 사랑을
위하여 인내하고 견딘다 내가 그리 말
하지 아니하였던가?
9 그때를 나는 기다리고 있다 그리 말하
였음이니라.
10 단 한 번 내가 너희에게 베푸는 가장
큰 사랑, 천국의 문에 들어올 수 있는
그를 위하여 그것보다 더 큰 축복이
없기에, 그날을 위하여 내가 너희를
사랑하기에 기다린다 그리하지 아니
하였던가?
11 나 여호와가 육에서 너희에게 사랑과
축복을 내린다면, 그것은 너희가 죽어
서 다 놓고 오는 한시적인 사랑이 아
니던가?
12 나 여호와가 너희 아버지요, 창조주로
서 내가 어찌하여 너희에게 죽으면
놓고 오는 그 한시적인 사랑에, 내가
너희를 구원할 수 있는 단 한 번 쓸 수
있는 그 사랑의 의미를 거기에 내릴
수 있단 말이던가?
13 이와 같은 것은 사탄들이 너희 마음을

현혹하기 위하여 그들이 하는 짓이며
그들이 행하는 것이니라.
14 거기에 너희가 현혹되어서는 아니 됨
을 알아야 할 것이니라.
15 너희가 육의 행복을 위하여 믿음을 가
며, 육의 축복을 받는다는 그 믿음을
가며, 육에서 부귀와 영화를 얻는 것
이 나 여호와를 믿는 것이며 믿음의
길을 가는 것이며, 그리고 너희에게
축복이 내릴 것이라고 말하는 것은 사
탄의 앞잡이로서 사탄이나 하는 사악
한 짓이요,
16 너희를 진정으로 사랑하는 아버지요,
창조주인 나 여호와가 너희가 육에서
죽을 때 모두를 다 버리고 오는 그와
같은 것을 위하여 내 사랑을, 너희에
게 단 한 번밖에 내릴 수 없는 그 위대
한 사랑 그것을 거기에 쓰고자 함이
아님을 너희는 알아야 할 것이니라.
17 나 여호와는 나의 사랑하는 아들딸에
게 영원히 간직하며 무엇과도 바꿀 수
없는 천국에 들어올 수 있도록 베푸는
사랑, 그 축복을 내가 너희에게 내림
을 알아야 할 것이니 그리 알라.
18 사랑하는 나의 아들딸들아!
19 너희가 그리 목마르게 기다리는 그 영
혼이 목마르지 않은 생수가 무엇인
줄 알겠느냐?
20 세월이 지나도 죽지 아니하며 너희가
그를 지우지 아니하며 살아갈 수 있는
것, 영원히 존재하는 그것이 바로 내
가 너희에게 내리는 가장 소중한 사
랑이요, 생명수임을 알라.
21 목마르지 않은 생수를 내가 너희에게
내려 줌이니라.
22 너희는 세월이 지나면 죽어 버리는
그 짧은 인간 세상의 삶에 대한 것을
내가 너희에게 축복을 내리는 것이 나
여호와가 내리는 사랑이 아님을 알라.
23 너희가 구원에 갈급하는 것처럼 구원
을 받는 것처럼 요란스럽게 떠들며 가
르치는 지금 너희 육의 명예를 위하여
그 모두를 내가 내려 주며 나를 믿으
면 역사한다 가르치는 그들이 얼마나
잘못된 자들인가 너희는 알고 있는가?
24 그들은 저희가 세운 목자들이요, 저희
가 만든 목자들이니라.
25 그리하여 저희가 만든 목자들에게 저
희가 목마르지 않은 그 생수를 내려
줄 수가 없으며 내려질 수가 없는 것
이니라.
26 그러기에 그들은 너희를 현혹하려고
육에서 영광과 사랑과 축복을 내리는
것이 나 여호와의 뜻이며 나의 아들
예수가 세상에 내려간 그 근본이며 역
사한 것이라 그들이 가르침이니라.
27 그들은 정녕 영원히 마셔도 목마르지
않은 그 생수를 너희에게 공급할 수
없으며 내릴 수 없기에,
28 너희가 육의 세상에서 죽을 때 모두
를 다 놓고 오는 거기서 영광과 축복
을 얻는 것이 나 여호와의 뜻이라 그
리 가르치는 것이니라.
29 그리하여 재물을 바침으로써 너희가
그를 살 수 있고 얻을 수 있는 것처럼
가르치는 것이니라.
30 그러나 너희는 알아야 할 것이니라.
31 정녕 창조주 나 여호와요, 내가 너희
에게 단 한 번의 큰 위대한 사랑을 내
리는 그 기회가 모든 나의 피붙이에게

한 번밖에 없다 하면, 내가 어떠한 사
랑을 내리는 것이 너희를 사랑하는
것이더냐?
32 차고 넘치는 진정한 생명수를, 즉 나
의 성령을 내려 너희에게 심어 주는
것,
33 그리하여 너희가 나의 뜻을 알며 너
희에게 준 그 생명수를 받아 구원의
길에 들어올 수 있으며 거듭나는 그와
같은 나의 백성으로 만들고자 하는 것
이 나 여호와의 뜻이요, 나의 사랑이
아니더냐?
34 이제 모든 종교 집단이요, 지도자들은
나의 성령으로써 그들이 거듭나지 아
니하는 자는, 거듭 태어나지 아니하는
자는 생명수를 전할 수 없으며 그 뜻
도 모르며 그 전하는 것도 모름이니,
그들의 말에 현혹되지 말라.
35 정녕 나의 피조물 만백성들을 구원하
며 그를 인도하는 백성은 무엇인 줄
알겠느냐?
36 진리요, 진정한 성령으로써 거듭난 자
가 아니면 진정한 목자가 아니며 모든
백성을 가르치고 깨우칠 수가 없는 것
이니라.
37 그러나 지금의 모든 종교 집단이요,
그들이 거듭나는 것을 모르며 그들이
새로 태어나는 것을 모르며 나의 성령
이 임하는 것을 모르고 살아가며,
38 나의 사랑이 무엇인지도 모르며, 내가
너희에게 가장 큰 축복과 은혜의 사
랑이 무엇인 줄을 모르며,
39 육에서 너희가 죽을 때 모두를 다 버
리고 오는 그를 위하여 너희가 은혜
요, 사랑이요, 축복을 내린다고 그리
생각함이니, 너희가 얼마나 어리석은
자들이냐?
40 나 여호와가 너희는 내 피붙이며 내
살점이라 그리 말하였으니, 너희를 사
랑하는 것이 무엇이더냐?
41 천국의 문에 들어오는 그 사랑이요,
축복보다 더 위대하고 큰 것이 없음이
니,
42 나는 너희에게 그것을 가슴에 내려 주
며, 그 사랑을 너희가 받아 나의 천국
에 올 수 있는 그때를 기다리는 것이
나 여호와의 크고도 넓은 사랑임을 너
희는 알아야 할 것이니라.
43 내 피붙이요, 내 살점을 위해 내가 도
려내는 그 아픔을 참고 있음을 알아야
할 것이니, 너희를 기다리는 나 여호
와의 뜻을 안다면 너희가 한 점의 부
끄럼이 없는 그와 같은 삶을 살라.
44 내가 일찍이 너희 가정마다 기록하라
하여 내린, '하늘을 향하여 한 점의 부
끄럼이 없이 살라, 나의 사랑하는 아
들딸들아!' 그 가훈과 같이 살라.
45 그것이 너희가 나에게 가장 큰 축복이
요, 사랑이요, 영광을 받을 수 있는 자
격을 얻음이니 그리 알라, 사랑하는
나의 아들딸들아!

6,734 번째 하나님 말씀

2003년 7월 14일 12시 02분

1 사랑하는 나의 아들아!
2 "네, 아버님! 말씀하옵소서."
3 너희가 한번 행하여 실천해 보도록
그리하라.
4 너희가 한 줌이 되는 그 오물을 가지

고 어떤 높이에서 뿌리느냐에 따라서
그 오물이 퍼지는 것은 그 폭이 다를
것이니라.
5 너희 발 앞에서 잡고 있다가 발 앞에
서 놓은 그 한 주먹의 오물은 그저 너
희 발 앞에 멈출 것이며, 너희 키 높이
에서 던질 때는 키 높이만큼 퍼질 것
이며, 구름 높이에서 던지면 구름 높
이까지 멀리 퍼지는 그 오물이 아니던
가?
6 그러니 지금 너희가 그 높이에서 던
지는 만큼 그 오물이 퍼지는 면적이
다르지 않은가?
7 지금의 모든 종교 집단이요, 지도자들
이 지금 하늘 높은 줄을 모르고 그들
이 찌르고 있으며 그들이 높이 와 있
으며 그 수는 헤아릴 수가 없음이니라.
8 그리하여 그들이 그 높은 곳에서 뿌리
며 그 높은 곳에서 전하는 그 오물이
이 세상을 다 덮어,
9 내가 하늘에서 이루어진 것같이 이
지상의 낙원을 이루고자 하려던 것이
그들이 뿌린 그 오물로 세상이 다 덮
어져 가고 있음이니,
10 이를 보는 나 여호와의 마음이 얼마나
아프겠느냐?
11 그리하여 내가 너희에게 나의 아들을
통하여 160권의 법전을 세상에 내려
보내며, 이걸로 내가 만백성을 구하는
그 역사를 이루고자 함이니라.
12 그러나 너희는 여기서 두려워하지 말
며 겁먹지 말라.
13 어찌하여 너희가 좌절하며 불안해하
며 겁을 먹는가?
14 무엇이 그리 두렵단 말이더냐?
15 아무리 지금의 종교 집단이요, 지도자
들이 오물을 가지고 하늘 높이 올라
온다 해도 저희가 구름을 뚫지 못할
것이며, 밑에서부터 올라오는 것은 한
계가 있음이니라.
16 그러나 너희 손을 통하여, 너희 가슴
을 통하여, 나의 아들을 통하여 내가
내리는 강론이요, 나의 법전은 무엇이
더냐?
17 지상에서부터 올라오는 것이 아니라
하늘에서 내가 내려보냄이니, 나의 법
전이 내려가는 것보다 더 높이 올라오
는 오물이 없을 것이며,
18 저희가 아무리 오물을 싣고 들고 짊
어지고 올라온다 해도 저희가 구름을
뚫지 못할 것이며 그 이상 오르지 못
할 것이거늘,
19 어찌하여 이 이치 하나도 깨닫지 못
하고 나의 아들을 따르는 제자 너희가
그리 불안하며 두려워하는가?
20 너희가 죽고 삶이 무엇이더냐?
21 너희가 얼마나 오래 살고 죽는 것을
축복이요, 영광이라 생각하는가?
22 너희가 아침에 다녀오겠다 말하는 자
가 돌아오지 못하는 것이 죽음이요,
한 치 앞을 보지 못하는 것이 죽음이
거늘,
23 어찌하여 너희는 죽음이라는 그 고리
를 놓지 못하며 그리 불안해하더냐?
24 너희가 내일 죽어 가며 몇 시간 후에
너희 육은 죽어 나에게 와 심판을 받
는다 해도 너희가 그리 소중한 것을
놓지 못한단 말이던가?
25 너희가 입고 있는 그 소중한 옷 한 벌
을 남에게 벗어 줄 수 없단 말이던가?

26 너희가 가지고 있는 그 금화와 은화로
불쌍한 이웃에게 밥 한 끼를 사 줄 수
있는 용기가 없단 말이던가?
27 너희가 한 시간 후에 죽는다면 너희
는 남에게 밥을 많이 사 주며, 너희가
걸치는 많은 옷을 남에게 줄 것이며,
더 없는가 하여 모든 것을 다 뒤져 전
하고 사 줄 것이며 그리 베풀 것이니
라.
28 나의 법전을 읽고 깨우친 백성이요,
나의 아들을 따르는 제자 너희는 바
로 그러한 자세로 사는 것이 차별화며
너희가 가야 할 길이라는 것을 알라.
29 너희가 무엇이 그리우며 무엇이 두렵
더냐?
30 하늘에 오르는 길을 알며 내가 너희에
게 아버지라 부르라 하였음이니, 너희
는 나의 아들딸이요, 내 집에 들어올
수 있는 자들이라 하지 아니하였던가?
31 그 이유가 무엇인 줄 알겠느냐?
32 인간 세상에 아무리 사악하고 아무리
큰 종교 집단이요, 방대한 재물을 가
졌으며 열 발짝 안에 너희 손으로 지
은 성전이라 해도,
33 그 성전에서 가르치고 전하는 것의 오
물의 높이는 아무리 너희가 가지고 가
도 구름을 뚫을 수 없음이니라.
34 그러니 내가 높은 데서 내리는 것이
세상을 다 덮는다 했으니,
35 창조주 나 여호와요, 하늘에서 직접
내리는 나의 성령보다 나의 법전보다
높은 곳에서 내려가는 것이 어디 있단
말이더냐?
36 그렇거늘 어찌하여 이 세상을 하얀
눈이 덮듯이 다 덮는다 하였거늘, 너
희가 그 임무를 수행하다 오늘 올지
내일 올지 한 시간 후에 올지 모르는
자들이,
37 어찌하여 너희가 그 인간 세상의 물
질에 의하여 인간의 욕망에 의하여 인
간의 부귀영화요, 그를 위하여 너희가
살아간다 하느냐?
38 나의 사랑이 무엇이라 말하였더냐?
39 너희가 육에 사는 그 육의 명예요, 재
물이요, 부귀영화를 위하여 너희가 나
의 사랑을 달라 하면 내가 오늘이라
도 당장 줄 수 있다 하였음이니라.
40 그러나 하늘에 오르는 그 영광이요,
축복의 사랑을 너희가 받는 것이 나
여호와를 기쁘게 하며 내가 너희에게
주고자 하는 사랑이라 하였거늘, 그
모두를 받은 너희가 무엇을 두려워하
며 무엇을 겁먹는가?
41 아무리 이 지상에 있는 종교 집단이
요, 그들이 그 사악한 죄를 가지고 그
오물을 가지고 높이 가 뿌리고자 해도
그들은 한계가 있으며 견딜 수 없음이
니,
42 나의 법전보다 더 높은 곳에서 내려가
는 것이 없으니, 그를 가지고 내려가
는 너희가 천사요, 빛이 되거늘, 어찌
하여 그 빛이요, 천사가 그리 두려워
하며 겁을 먹는가?
43 너희는 하늘에 있는 천사가 세상에 나
가 나의 법전을 전하여, 너희가 지옥
문 앞에서 울고불고하는 그 백성을 구
원할 수 있는 것이 나의 천사라 말하
지 아니하였더냐?
44 그들은 다 형체가 없음이니라.
45 그와 같은 자들이 어찌 그들을 구한단

말이던가?
46 가장 높은 데서 너희가 나에게 한 다발씩 책을 짊어지고 너희가 빛이 되고 소금이 되어 세상에 내려가는 것이거늘,
47 세상의 만백성을 구하는 천사의 빛이 바로 나의 법전을 전하는 백성 너희니라.
48 그를 가지고 전하는 자가 어찌 두려워하며 겁을 먹으며 불안해하는가?
49 너희 앞에 거칠 것이 없으며 내가 너희와 빛이 같이하고 있다는 것을 잊지 말라.
50 사랑하는 나의 아들딸들아, 선택된 나의 아들딸들아!
51 너희가 나의 이 대목이요, 나의 법전에 기록하는 내용을 읽고 너희가 어찌 혁대 끈을 조이며 네 마음을 조이며,
52 너 자신을 다스려야 할 것이며, 네가 가야 할 길이 무엇이며, 네가 일어설 것이 무엇이며, 네가 이루어야 할 것이 무엇인가를 깨우쳐 스스로 행하도록 하라.
53 너희가 언제 나에게 불려올지 모르는 그 삶에 연연하지 말며, 거기에 목매 살아간다면 하늘에 와 너희가 나의 책이요, 법전을 가지고 빛이 되어 천사가 되어 만백성을 구하기 위해 지상에 내려간 너희가 인간들과 무엇이 다르더냐?
54 하나도 차이점이 없으며 차별화가 없다면, 너희가 과연 지도할 수 있는 자요, 인도할 수 있는 자라, 그리고 빛과 소금이 될 수 있는 자요, 나를 대신하여 살아가는 역사를 이루는 천사라 말할 수 있겠느냐?
55 이제는 너희 자신이 천사가 되는 것이요, 빛이 되는 길이 무엇인가 알았으면 그걸 행하고 실천하도록 하라, 나의 선택된 사랑하는 아들딸들아!
56 너희가 하늘의 나의 빛이요, 너희가 천사요, 만백성을 구하는 소금이니 그리 알라.

6,735 번째 하나님 말씀

2003년 7월 14일 12시 11분

1 사랑하는 나의 아들아!
2 "네, 아버님! 말씀하옵소서."
3 너희가 살아와 나에게 심판을 받으니, 지금 너희가 심판을 받아 지옥문 앞에서 들어가기 두려워 몸부림치고 울고불고하는 그자는 누구이던가?
4 이 세상에 살았을 때, 행함은 중요하지 아니하며 그저 너희는 구원을 받았다 말하며, 천국에 갈 수 있는 그 모든 자격을 갖춘 자며 너희는 특별한 백성이라 그리 말하고 오만과 자만에 차 있던 자가 아니던가?
5 선택된 백성인 너희는 그저 부모 형제요, 이웃도 볼 것 없으며, 그들과 더불어 어렵고 힘든 자와 나누며 사는 것은 필요 없으며,
6 그저 너만 믿음이라는 것을 가지며, 너희가 손으로 지은 성전이요, 교회라는 죄악의 온상에 재물을 바치며 모두를 다 바치면 구원을 받는다 하여 그 길만 달려왔던 그들이 아니던가?
7 그리고 구원받았다 하며 나의 사랑하는 백성을 멸시하며 경시했던 그들이

아니던가?
8 나의 참진리를 가지고 너희를 깨우치
고자 하며 나의 법전을 들고 너희에
게 전했을 때,
9 '이는 사탄이요, 이단이요, 사악한 자
요, 너나 그걸 믿다 지옥으로 가라, 불
쌍한 인간아!' 그리하며 너희가 책을
받아 찢었으며 그를 불 속에 집어 던
졌으며 그들을 갖다 핍박했던 자들이
아니던가?
10 그리하여 지금 지옥 불 문 앞에서 몸
부림치며 울고불고 발광하고 있는 것
이 바로 네 모습이 아니더냐?
11 너희가 그리 지상에서 살았음을 이제
야 알겠는가?
12 이제 너희는 어찌해야 하는가?
13 정녕 피할 수도 없으며 되돌아갈 수도
없으며 도망갈 수도 없으며, 그 누구
도 그 문 앞에서 너를 구원해 줄 자가
없음이니,
14 이제 그 무서운 지옥문 앞에서 들어가
는 것이 두려워 몸부림치고 울고 있는
너희는 과연 어찌해야 하겠는가?
15 그러나 이미 너희는 늦었으며 돌이킬
수 없는 것을 알 것이니라.
16 이는 곧 너희가 살아서 이만큼 그와
같은 사악한 행위요, 그와 같은 마음
으로 살았으며,
17 내가 나의 아들을 통하여 밤낮을 가리
지 아니하며 내려보낸 법전을 너희가
한번 읽어 보라, 깨우쳐 보라, 그리고
십계명대로 살라, 그리고 율법대로 살
라, 그리고 나의 법전을 들여다보는
것이 너희가 지옥을 면하는 길이라 그
리 전하고 그리 부르짖었음이니라.
18 나에게 선택된 백성이요, 나의 아들의
제자들이 너희에게 그걸 읽기를 권했
으며 그걸 보라 말했거늘,
19 너희가 그들을 얼마나 핍박했으며, 인
간 이하로 상대했으며, 버러지만큼도
그 소중한 것을 들여다보지 않았으니,
20 네가 저지른 그에 대한 스스로 네가
만든 길이며 네가 역사한 길이니, 네
가 그 길을 피할 수 없음을 알아야 할
것이며, 너는 그 지옥문에서 물러날
수 없으며, 그 문을 들어가야 할 것이
니,
21 네가 들어가기 전에 불안하여 공포에
떠는 것보다, 네가 들어갔을 때 그 무
서움을 알 것이며,
22 네가 지상에서 살 때 뭐라 말하였느냐?
23 선행이 무엇이며 베푸는 것이 무엇이
며, 그저 말로 믿으면 되고 말로 행하
면 된다 너는 그리했음이니라.
24 행동은 필요 없다 말하는 종교 지도자
의 말에 '옳소, 맞습니다!' 하여 너는
지옥으로 가는 표를 사는 줄도 모르고
천국에 오는 표라 네가 모든 것을 다
바쳤던 것이니,
25 네가 얼마나 얼마나 어리석은 자며
네가 얼마나 불쌍한 자인가를 이제야
알겠는가?
26 네가 수없는 죄를 짓고 말로써 용서를
빌며, 너희가 수없이 사악한 행위를
하고 울고불고 너희 손으로 만든 죄의
온상에 가서 회개하면, 너희의 그 모
든 죄가 씻어진다 했던 그 가증스러운
너의 행동을 지금도 네가 깨우치지 못
하고 있던가?
27 얼마나 가증스러운 행동으로 살았던

네가 지금 지옥문 앞에 몸부림치고 있는가?
28 과연 네가 그와 같이 기도하고 눈물로써 회개하며, 행동은 하지 아니하고 베풀지 아니하며 말로써만 모든 것을 했던 그 죄가 과연 네 몸에서 다 떨어졌던가?
29 내가 심판할 때 그와 같은 죄명이 하나도 없이 다 씻어졌던가?
30 너는 어찌 되었느냐?
31 너는 다 씻어졌다 생각하고 그걸 믿었던 것이 얼마나 너 자신을 속인 것이며, 너를 속인 그 종교 지도자들이 지금 얼마나 가증스러운 자들인지 알겠는가?
32 그들이 수없이 이 세상에 존재함이니, 너는 그 뜻이 어떤 것인지 알아야 할 것이며,
33 너로 하여금 내가 많은 피조물 만백성을 구하기 위하여 네가 지옥문 앞에서 몸부림치는 그 처참하고 불쌍한 모습을 그림으로써 그려서 나의 법전에 기록하여 전함이니라.
34 네 죄가 과연 울고불고하는 것으로써 다 지워졌더냐?
35 그 가증스러운 종교 지도자 앞에 너희가 손으로 하늘을 가리는 것같이 너희의 눈을 가려 모두를 보지 못하는 암흑의 세상에서 살았던 네 불쌍함이 어떠하던가?
36 이제 너는 그 길을 벗어날 수 없으니 너는 그리 가라.
37 이는 너와 나의 인연이 끝났기 때문이니라.

6,736 번째 하나님 말씀

2003년 7월 14일 23시 10분

1 사랑하는 나의 아들아!
2 "네, 아버님! 말씀하옵소서."
3 나의 아들 예수가 2천 년 전에 얼마나 고독하고 힘든 길을 가며, 그 싸움에서 스스로 목숨을 던져 만백성을 구하는 길을 선택했으며 그리 순종했겠는가?
4 그가 얼마나 힘들고 답답하고 고통스러우며 견딜 수 없는 그와 같은 상황이었으면 그가 그 길을 마다하지 않고 선택했겠는가?
5 지금 너를 따르는 제자들이요, 너 또한 나의 법전을 읽고 깨우친 백성 너희가 가는 길이 그때보다 더 어렵고 힘든 길임을 너희는 알아야 할 것이니라.
6 이 세상에 있는 모든 종파는 서로 저희가 지금은 옳고 그르며 저만 위대하며 저만 하늘에 오르는 길이라 저희가 싸우고 물고 늘어지고 있으나,
7 그리고 저희는 정적처럼 죽일 것같이 그와 같은 행위를 하며 저 자신은 저희 교회요, 저희 성막이요, 성당을 짓기 위해 혈안이 되어 있으나, 그들은 유사시에 또한 하나가 될 수 있는 것이 그들이니라.
8 그들이 왜 그런지 알겠는가?
9 그들은 너희에게 가르치는 그와 같은 뜻이요, 저희가 하나의 뼈대를 놓고 그 뼈대를 벗어나지 아니하며 거기에 다 살을 붙여 만든 것이기 때문에,
10 저희의 뼈까지 뭉개트리는 그와 같은

위대한 진리요, 진정한 가르침이 세상
에 올 때, 그들은 하나가 되어 그 모두
를 무너트리며 방어하고자 하는 것임
을 알아야 할 것이니라.
11 그러니 여기서 너희는 깨우쳐야 할 것
이니라.
12 나 여호와의 진리요, 나 여호와의 참
진리요, 나의 뜻을 가지 아니하는 자
들은 저희끼리 아무리 사탄이요, 이단
이라 하며 치고받는다 해도
13 그들은 사탄의 후예이며 사탄의 자식
이기 때문에 저희는 다 동질의 심성이
있어서 하나가 됨이니라.
14 도둑은 도둑의 마음을 알듯이, 인간
세상에 살아가는 말이 있지 않으냐?
15 혼자 사는 여자의 고통은 혼자 사는
남자가 알며, 혼자 사는 남자의 고통
은 혼자 사는 여자가 안다는 말이 있
듯이,
16 그들은 서로 지금은 정적처럼 물고 뜯
고 싸우나, 그들은 다 한 통속이며 하
나의 뼈대를 지키는 자들이니, 그것이
무엇인 줄 아느냐?
17 사탄의 앞잡이요, 사탄의 자식으로서
그들이 지금 있으면서 서로 형제지간
에 반목함이니,
18 그러나 외부 사람이 공격할 때 그 형
제는 그래도 물보다 피는 진하다 하여
서 하나가 되어 너희의 외부의 공격하
는 자를 막으려 하는 것이 인간 세상
의 본심이 아니더냐?
19 아무리 형제지간에 사이가 나쁘다 해
도 그 형제가 남으로부터 핍박받으며
남으로부터 당할 때,
20 그래도 그들은 남의 편을 들지 아니하
며 제 형제 편을 드는 것이 인간 세상
에 너희가 살아가면서 보지 않더냐?
21 그러하니라. 바로 저희가 지금은 물고
뜯고 싸우고 있으나 저희가 공격을 당
할 때는 그들은 하나가 됨이니,
22 그리하여 너희가 어렵고 힘든 길을 가
며 고통의 삶의 길을 가는 것이라 하
였음이니라.
23 저희가 지금까지 살아온 그 모든 집단
의 흐름이요, 그 믿음을 갖다 내가 그
를 인정하며 그 바탕 위에서 법전을
내려보낸다면, 그들은 너에게 공격하
지 아니할 것이나,
24 저희의 뿌리까지 뽑아 버리며 새로운
역사요, 새로운 판을 짜는 나의 새로
운 성경이 내려가기 때문에, 그들은
오늘의 적이 하나의 동지가 되어 너희
를 무너트리고 너희를 핍박하고 공격
할 것이니,
25 그들의 그 집단이요, 그 힘을 너희가
감당하고 감내하기는 너무나 어렵고
힘든 길이라 하였음이니라.
26 그리하여 내가 너희에게 지금 나의 법
전을 서서히 전하도록 했으며, 너를
따르는 모든 제자에게 그 십계명이라
는 것을 손으로 직접 써 붙이라 하였
음이니,
27 저희가 십계명을 써서 붙이는 것을 이
웃에게 선물하며 형제지간에 선물하
며 그를 전하고 전하여 저희가 그를
암송하고 깨우치는 것은 감히 반대하
지 못할 것이며, 그와 같이 늘어 가는
것을 저희는 사탄이요, 이단이라 말할
수 없을 것이니라.
28 그리하여 내가 너희부터 지금 십계명

을 손으로 써서 붙이며, 그리고 너희 이웃이나 자녀의 방에까지 그를 써 붙이며, 너희 자녀가 또 이웃의 친구에게 십계명을 써서 선물하는 그와 같은 방법으로 이 십계명이 퍼져 나가도록 그리 내가 하고자 함이니라.

29 그렇다면 그 십계명이 퍼져 나갔을 때, 과연 십계명을 지키고 사는 것이 어떠한 종교요, 어떠한 종파요, 어느 누가 그를 강조하는 것인가를 알게 될 때, 그들은 나의 법전이 소중함을 스스로 알게 될 것이니,

30 그리하여 내가 십계명을 써서 스스로 네 방에 붙이며 그를 써서 전하도록 하고자 하는 것이 내가 역사하고자 하는 뜻이라는 것을 너의 제자들에게 일깨워 줘 그리 행하도록 그리하라, 사랑하는 나의 아들아!

6,737 번째 하나님 말씀

2003년 7월 14일 23시 15분

1 사랑하는 나의 아들아!

2 **"네, 아버님! 말씀하옵소서."**

3 너를 따르는 제자들과 그리고 사랑하는 나의 백성이요, 나의 법전을 읽고 깨우친 너희는 이제 알아야 할 것이니라.

4 너희가 이웃 형제요, 남을 위해 그를 구원하고자 한 권의 법전을 전할 때,

5 이제 너희는 그 법전을 아무렇게나 그리 전하며 무상으로 주는 일이 없도록 그리하라.

6 그리하여 이웃에게 법전을 전해서 네가 먼저 그들에게 물어보라.

7 '당신은 정녕 이 법전을 읽겠는가?

8 그리고 이 내용을 믿을 수 있겠는가?' 그걸 먼저 물어보도록 그리하라.

9 그리하여 그들이 정녕 이를 믿을 수 있으며 믿겠다 말하면, 그리 대답하는 자에게 정성을 다하여 법전을 전하도록 그리하라.

10 그렇지 아니하는 백성에게 나의 법전을 전한다는 것은 나의 법전을 욕되게 하는 것이며,

11 그들로 하여금 나의 법전이 찢어지며 태워지는 그와 같은 형국으로 이루어지기 때문이니, 너희는 반드시 그들에게 말해 줘 깨우쳐 줘야 할 것이니라.

12 '당신이 이 책 속의 말씀을 도저히 믿지 못할 만큼 이곳에는 귀중한 말씀이요, 위대한 말씀이 기록되어 있음이니, 진정한 마음으로 정독하지 않으면 이를 알 수 없고 깨우칠 수 없는 것이 이 법전이라' 그리 말하라.

13 그렇지 못한 자는 나의 성령의 뜻이니 이를 이해할 수 없기 때문이라, 그리하여 아무나 이 책을 읽어서 깨닫는 것이 아니니,

14 정성을 다하여 읽는 마음으로 이 법전을 정독할 때 나 여호와가 임하여 그들이 그 뜻을 알 수 있다 그리 가르쳐 주라.

15 '이 법전은 인간이 기록하여 쓴 것이 아니요, 창조주 하나님께서 제3의 시대를 열어 형체를 가진 한 인간을 통하여 만백성을 깨우치고자 내리시는 것이기 때문에 당신도 이해할 수 없으며 나 또한 이해할 수 없는 그 어려움이 여기에 있으나,

16 진정 믿는 마음으로 나 여호와를 경배
하는 마음으로 읽을 때만 그 뜻을 이
해할 수 있을 것이라' 그리 말하며,
17 아무나 이것을 믿을 수 없는 것이요,
이 책 속에 있는 이 뜻이 얼마나 소중
하고 위대한 것인가를 진정 정식으로
너희가 정독해서 읽을 때만 그를 알
수 있으며,
18 그렇지 아니한 백성이 나의 법전을 읽
을 때 이 내용을 믿을 수 없으며 이 책
속에 있는 그 모두를 알 수 없는 것이
나의 법전이라 그리 전하라.
19 그리하여 너희가 법전을 한 권을 전할
때는 '정녕 믿을 수 있겠는가?' 그와
같이 물어보며 '끝까지 읽을 수 있는
마음이 되어 있는가?' 그와 같은 그들
의 마음을 다짐한 다음에 나의 법전
을 전하라.
20 그렇지 아니하면 너희가 나의 법전을
욕되게 하는 그와 같은 일이 이루어짐
을 잊지 말라.
21 이제는 너희가 그리 가야 할 때가 되
었음을 알라.
22 이 소중하고 귀한 나의 성령이요, 나
의 뜻을 함부로 전하지 말며, 그저 쉽
게 전함으로 인하여 그저 쉽게 손에
접하는 자는 이를 쉽게 생각함이니,
23 이 책을 믿고 끝까지 읽어 볼 것인가
를 묻고 그에게 대답을 들으며, 이는
모든 정성을 다하여 정독하지 아니하
면 이 내용을 읽을 수 없으며 뜻을 알
수 없다, '이는 하나님께서 직접 내리
는 소중한 말씀이기 때문에 우리도 정
신을 차리지 아니하고 정독할 때, 이
를 알 수 없으며 이해하지 못하며,
24 한 번 읽고 두 번 읽고 또 세 번을 읽
고 네 번을 읽을 때마다 내용이 다르
며 그 가르침이 다르며 얻어지는 것이
다르기 때문에 정독해서 읽는 그 마음
만 이 뜻을 알 수 있으며,
25 정독해서 읽을 때 나 여호와가 그들에
게 마음의 문을 열어 준다는 것을 그
리 그들에게 깨우쳐 주며 책을 전하도
록 하라, 사랑하는 나의 아들딸들아!

6,738 번째 하나님 말씀

2003년 7월 14일 23시 25분

1 사랑하는 나의 아들아!
2 "네, 아버님! 말씀하옵소서."
3 지금의 믿음의 길을 가는 그 백성, 사
랑하는 나의 백성이 원하는 것은 무엇
이더냐?
4 너희가 영원히 목마르지 않은 그 생
수를 얻는 것이며 그를 얻기 위해 그
와 같이 오늘의 삶을 살아가지 아니하
느냐?
5 그러니 너희가 목마르지 않은 그 생
수를 얻는 것이 바로 무엇이라 생각하
는가?
6 지금 손으로 지은 죄의 온상이요, 그
교회라는 곳이라 생각하며
7 거기에 현혹되어 너희가 그곳에 가면
목마르지 않은 생수를 얻을 수 있는
것이라 하여 그 물을 얻기 위하여 수
없이 드나드는 것이 그 형국이 아니더
냐?
8 그러니 이곳은 영원히 마르지 않는 생
수를, 오로지 교회라는 곳에 가 잘못
된 종교 지도자들의 강론을 듣는 것만

이 구원의 길이요, 영원히 목마르지
않은 생수를 구한다는 착각 속에서
물값을 지불하면서 수없이 드나드는
것이 지금의 교회라는 곳을 다니는 너
희의 형국이 아니더냐?
9 그러나 그것이 목마르지 않은 생수가
아님을 너희는 알아야 할 것이니라.
10 목마르지 않은 생수인 줄 알고 너희
스스로 생수를 구하는 길을 선택하는
현명한 삶을 살지 아니하면, 너희가
구원의 길을 볼 수가 절대 없음이니라.
11 너희가 목마르지 아니한 영원한 생수
를 구하는 곳이라 하여 드나드는 그
교회라는 곳은 너희가 손으로 지은 죄
의 온상인 곳이니,
12 그곳에서 어떠한 목마르지 않은 물을
퍼 갈 수 있단 말이던가?
13 너희가 죄의 온상인 그 교회에서 영원
히 갈증을 느끼지 않는 물을 얻을 수
있다는 그 사악한 자들의 현혹하는 그
가르침에 너희는 물을 얻으려고 그 손
으로 지은 교회라는 죄의 온상을 그저
찾아들고 서로 아우성을 치고 있음이
니,
14 그리하여 모든 명분이요, 그리고 모든
각종 헌금의 이름을 붙여 몰려드는 자
들 앞에서 그 물값을 계속 거둬들이며,
15 그리고 정녕 목마르지 않은 생수인 줄
알고 그리 몰려 듦이니, 그 몰려드는
백성의 수에 따라서 그들은 물값을 올
리고 있으며,
16 때로는 뒷거래를 하여 물값을 파는가
하면 모든 명분을 받아 물값을 거둬들
이고 있는 것이 그들이 하는 만행이니
라.
17 그러나 이제 너희는 알아야 할 것이니
라, 어리석은 나의 백성들아!
18 영원히 목마르지 않은 그 생수인 줄
알고 너희가 지금 생수를 얻고자 그와
같이 수단과 방법을 가리지 않고 몰려
드는 그곳은 영원히 목마르지 않은
생수가 아님을 알아야 할 것이니라.
19 정녕 너희가 목마르지 않은 생수요,
너희가 영원히 마셔 지치지 않는 그
생수를 얻는다는 것은 너희 스스로 얻
어야 할 것이며, 너희 스스로 참진리
를 봐야만 삶을 알아야 할 것이니라.
20 어떠한 불법을 치르더라도 그 생수를
마시고 그 생수를 얻는 것만이 구원의
길이요, 하늘에 오르는 길이라 그리
믿고 그리 가르치고 그리 세뇌된 나의
백성이기에
21 지금 그 많은 신도가 온갖 방법과 수
단을 다 동원하여 그저 그 생수를 먼
저 마시며 많이 마시고자 하여 너희가
각종 헌금이요, 명칭을 붙여 대는 그
와 같은 그 헌금의 이름에 너희의 이
름 석 자를 써서 그저 그 생수를 먼저
달라 아우성이며 갖다 밀어붙이고 바
치는 것이 재물이요, 금화의 봉투이니,
22 그러니 너희가 얼마나 어리석은 백성
인 줄 알겠느냐?
23 그 물은 정녕 너희를 영원히 목마르지
않게 하는 생수가 아니요, 썩은 물이
요, 너희를 썩게 만드는 물이요, 생수
가 아니라는 것을 이제 알아야 할 것
이니라.
24 너희가 이를 모른다 해도 지금 나의
법전에 기록하여 이리 전하거늘,
25 너희가 이를 모른다 하여 지금 방법같

이 어떤 방법이든 생수를 더 마시고자
재물을 바치며 뒷거래를 하며 이름을
붙이는 대로 네 이름 석 자를 써서 그
금화의 봉투를 내밀며 그 물을 먼저
마시는 행위,
26 그것이 썩은 물이요, 죽음의 길로 가
는 행함이라는 것을 잊어서는 아니 될
것이니,
27 나 여호와는 나의 법전에 그와 같은
하늘의 뜻을 내가 기록하여 너희에게
전했음을 알라.
28 이제 너희가 정녕 영원히 목마르지 않
은 생수를 얻고자 한다면 그는 바로
너희의 그 삶의 터전에서 십계명과 율
법을 지키며 내가 나의 아들을 통하여
너희에게 전하는 나의 법전을 지키고
알며 그리 사는 것이 너희가 영원한
생수를 얻는 길이니라.
29 영원한 생수는 무엇이던가?
30 영원히 솟아나는 성령의 샘물이기 때
문이니라.
31 나의 성령은 영원히 쉬지 아니하고 솟
아나고 있음이니, 너희가 그 생명수를
정녕 봐야 할 것이니라.
32 이제 너희가 구원을 받으려 한다면 대
가를 지불하지 아니하고 얻을 수 있는
그 생수,
33 너희가 재물을 바치지 아니하고 얻을
수 있는 생수요, 너희가 아귀다툼하며
뒷거래하며 그저 그들이 생수를 판다
는 자들에게 명하는 대로 그저 맹종하
고 맹신하는 그와 같은 거래의 형국에
서는 그 생수가 있을 수 없으며, 그것
은 진정한 생수가 아니니,
34 진정 목마르지 않은 생수를 마시려거
든 너희가 대가를 지불하지 아니하며
너희에게 생수를 내려 주고 펴 주는
자의 가르침을 믿으라.
35 너희 인간의 심리가 무상으로 주는 것
은 값이 없으며 쓸모없는 것이라 그리
생각하는 것이 너희 마음이니,
36 이 또한 너희가 어리석은 자요, 욕심
에서 일어나느니라.
37 그러니 너희가 나로부터 영원히 목마
르지 않은 생수요, 영혼의 길을 인도
하는 모든 깨달음은 무상으로 내려 주
게 되어 있으며 무상으로 주는 것이
나 여호와의 뜻이니라.
38 이제 나 여호와가 무상으로 나의 영원
한 생수를 내리니, 그것이 바로 너희
가 이를 마셔야 할 것이며,
39 너희에게 무상으로 주는 것이 진정한
나로부터 선택된 목자요, 나의 명을
받아 너희를 지도하며 이끌며 거듭나
게 하는 자라는 것을 잊지 말라, 사랑
하는 나의 아들딸들아!

6,739 번째 하나님 말씀

2003년 7월 14일 23시 34분

1 사랑하는 나의 아들아!
2 "네, 아버님! 말씀하옵소서."
3 지금의 종교 집단과 지도자, 그리고
신도라는 백성, 수천 년 동안 수억의
나의 백성이 살다 지나간 그들이 과연
진정한 믿음이요, 하늘에 오르는 길을
온 것이 아니라면, 너희는 얼마나 경
악하겠는가?
4 지금 믿음을 가고 있는 백성, 지금 믿
음의 길을 가는 너희도 그와 같이 경

악함을 금치 못할 것이니라.
5 너희가 기도하고 경배하는 것조차 그
의미도 모르며 그 방법도 모르고 지금
가고 있는 것이 너희며,
6 그와 같이 흘러온 것이 너희 조상이
흘러온 발자취라면 과연 알겠는가?
7 너희는 정녕 나 여호와의 뜻을 알지
못하며, 기도하고 경배하고 눈물로써
찬송하며 울고불고하는 그 자체, 그것
이 기도하고 경배하는 것이 아님을 너
희는 알아야 할 것이니라.
8 그러니 믿음에서 선택을 받았으며 구
원을 받았다 하는 너희가 기도하는 것
도 모르며 경배하는 것조차도 모르니,
9 이 아우성 속에서 과연 너희가 어찌
하늘에 오를 수 있다 그리 생각하는가?
10 너희가 기도요, 경배하는 것도 모르는
백성이니, 너희가 기도하는 장소는 과
연 알겠는가?
11 그러니 너희가 기도하는 장소를 가지
고 시시비비를 하는 어리석은 백성이
니라.
12 너희가 진정 기도하는 것, 경배하는
것, 나 여호와의 뜻을 알고 나의 뜻에
의해 믿음의 길을 가는 백성이라면,
기도하는 장소를 가지고 시시비비하
지 아니할 것이며 그걸 가지고 말하
지 아니할 것이니라.
13 나 여호와는 너희가 아무 곳에서나 내
가 만든 이 지상에서 나에게 경배하며
기도하며, 일터에서, 직장에서, 가정
에서 너희가 시간 날 때 그와 같이 기
도드리는 것으로써 내가 만족하다 하
지 않았던가?
14 장소가 정해진 것이 아니요, 시간이
정해진 것이 아니요, 경배하는 것, 기
도하는 것이 정해진 것이 아니거늘,
15 그걸로 시시비비하는 백성 너희는 나
여호와의 뜻을 전혀 알지도 못하는 자
들이지 않은가?
16 그리고 기도하는 그 자체도, 나에게
경배하는 그 자체도 아무것도 모르느
니라.
17 그저 다만 역사하고자, 더 갖고자 달
라 하는 그를 위해 그저 나에게 기도
하고 경배하는 기복 신앙의 길만 지
금 너희 조상이 흘러왔으며,
18 수천 년 동안 흘러온 지금의 종교 집
단이요, 지도자들도 거기서 헤어나지
못하고 있음을 알아야 할 것이니라.
19 기독교인이라 하여 너희가 짓고 있는
교회라는 것, 성당이요, 또한 법당이
요, 모든 성전이요, 성막이 잘못되었
음을 너희는 알아야 할 것이니라.
20 그곳에 와 기도하고 경배하는 것만 나
에게 오는 길이요, 내가 듣는 것이 아
니거늘,
21 너희가 축복하며 소원하는 것이 이뤄
진다는 착각에서 벗어나야 할 것이니
라.
22 너희 지도자가 있는 곳에 와 기도하고
경배할 때, 그들에게 그 대가를 거둬
들이기 쉬우며 너희가 재물을 긁어모
으기가 쉽기 때문에,
23 그와 같은 방법으로써 나의 피조물
만백성들을 정해진 장소에서 기도하
며 정해진 곳에서 역사한다 그리 가르
치니, 너희가 얼마나 사악하고 불쌍한
백성인가?
24 오늘은 현명하고 똑똑한 것 같으나 너

희처럼 어리석고 불쌍한 백성이 없음
이니라.
25 육의 세상에서 사는 동안에 나의 백성
을 너희가 기만하여 육의 편안함은
얻을지 모르나,
26 영원히 사는 그 세상에 와서는 그 죄
가 얼마나 무겁고 가중한가를 알게 될
것이니, 너희처럼 어리석고 불쌍한 지
도자가 없다는 것을 알라.
27 그런 곳에서 기도하고 경배하는 것은
서로 욕심을 채우고자 하는 것이니,
28 너희는 그와 같은 곳에 와 기도드리며
경배하는 것을 탈피해야 할 것이니라.
29 나의 백성이요, 너희가 내가 만든 이
지상이요, 내가 만든 이 자연의 성전
에서 너희가 기도하고 경배하는 소리
를 내가 들으며,
30 거기서 진실한 마음으로, 너희가 소원
하는 것, 원하는 것, 너희가 원하고자
하는 것을 네 마음을 먼저 비우는 것,
그리고 너희 죄를 용서비는 것, 네 마
음을 먼저 비우고 너희가 역사하고자
기다리는 그와 같은 마음을 가지고 기
도하고 경배하는 백성의 기도 소리요,
그 소원을 내가 듣고 있음이니 그리
알라.

6,740 번째 하나님 말씀

2003년 7월 14일 23시 40분

1 사랑하는 나의 아들아!
2 "네, 아버님! 말씀하옵소서."
3 이 세상의 그 모두는 나의 주관하에
나의 역사하에 나의 뜻에 따라 모든
것이 계획되었으며, 나의 뜻을 거역하
여 이루어진 것이 하나도 없다 그리하
였음이니라.
4 그리하여 모든 것은 나의 주관하에 이
루어졌음이니, 이 모두는 나의 주관이
요, 나의 뜻에 이루어지고 행하여 지
지 않는 것이 없다 그리 가르쳤거늘,
5 그 속에서 살아가는 나의 피조물 만백
성 너희가 나에게 오른다고 가르치는
종교 집단이요, 지도자요, 그들이 어
찌 가고 있는가?
6 이 세상은 내가 만든 성전이요, 내가
만든 아름다운 이곳에서 너희 스스로
기도하고 경배하면 그 모두를 얻을
수 있으며 구할 수 있는 것이 너희가
할 수 있는 길이라 내가 그리하지 아
니하였던가?
7 너희가 욕심의 마음을 비우는 자는 모
든 것을 얻을 수 있음이라 내가 그리
말하였느니라.
8 그러나 지금의 종교 집단이 죄악의 온
상이요, 각종 성막을 짓고 있음이니,
9 너희가 그걸 짓기 위하여 나의 피조물
만백성들을 현혹하여 재물을 거둬들
이며, 그 재물 속에 너희가 부귀영화
를 누리며 호의호식하고 살아가는 것
이 너희 집단의 형태가 아니더냐?
10 나의 피조물 만백성 중에 허리를 졸라
매며 사는 그 백성, 그리고 고통과 시
련 속에서 벗어나지 못하는 그 백성들
이 너희가 구원해 준다는 그 사기극에
의하여, 그 마지막 구원이라도 받겠다
는 그 애절한 마음에서,
11 지상의 삶이 이리도 고달프고 힘드니,
사후의 세상에서는 그래도 너희가 영
광되어 나의 은혜를 받으며 축복받은

세상에서 살아 보겠다는 그 애절한 마
음을 갖고 바치는 그 재물이요, 금화
와 은화를 너희가 거둬들여 함부로 남
용하니,
12 곧 너희가 성전을 짓는 것이, 교회를
짓는 것이 각종 죄의 온상이라는 것을
너희는 알겠는가?
13 너희가 얼마나 사악한 짓을 하고 있
느냐?
14 나의 성서에 너희에게 일찍이 기록하
여 전하지 아니하였던가?
15 '천국의 모두는 나를 보좌하는 것이
요, 땅은 나의 발등상이니라.' 내가 그
리 말하지 아니하였던가?
16 그러니 너희가 나의 발등에 너희의 안
식처를 지으며 교회를 짓는 그곳에 과
연 나 여호와의 안식처요, 처소가 어
디 있으며, 내 안식처가 거기 있다 생
각하는가?
17 그건 이루어질 수 없는 것이니, 이를
너희가 이룰 수 있다 하여 나의 피조
물 만백성들로부터 재물을 착취하고
갈취하는 그와 같은 흉악한 행위를 이
제 중단하지 않으면 아니 될 것이니
그리 알라.
18 이 세상에 존재하는 모든 것, 이 지구
상에 역사하는 것은 작은 것부터 큰
것에 이르기까지 생명을 가지고 있는
것들까지 모두는 다 나의 손으로 지
어졌으며, 나의 손으로 모두가 이뤄졌
으며, 나의 손을 거치지 아니한 것이
없다는 그 뜻을 내가 너희에게 일찍
이 전하였거늘,
19 어찌하여 너희가 이와 같은 나의 가르
침을 정면으로 거역하며 나를 능멸하
는 그와 같은 행위를 하고 있단 말이
던가?
20 내가 일찍이 성서에 이 지상은 나의
발등이라 하였거늘, 내 발등에 너희가
성전을 지으며 나의 안식처라 그리 말
하니,
21 나의 백성을 그곳에 모아 놓고 그곳에
서 구원하는 것이며, 그곳에 오는 자
만 하늘에 오를 수 있다 하며, 눈물로
써 경배하며 찬송하며 기도하라 하며,
그 기도하는 자는 구원을 받기 위해
재물을 바쳐야 한다 하니,
22 이것이 죄의 온상이며, 이곳에 와 기
도하고 경배하는 자, 울고불고 광란의
짓을 하는 백성 너희가 울부짖는 것은
나의 귀에 들리지 아니하며 너희의 기
도 소리는 강아지가 짖는 소리만큼도
나하고는 관계가 없다고 한 그 뜻을
과연 알겠는가?
23 그 의미를 깊이 깨우쳐 지금이라도 너
희가 바른 참진리요, 너희 영혼을 구
원하며 다시 태어날 수 있는, 새로 태
어나는 역사를 얻을 수 있는 참진리의
그 길을 보도록 그리하라.
24 그를 보라고 내가 수천수만 번 나의
법전에 기록하여 너희에게 전하고 또
전하건만,
25 이를 너희가 읽고 듣지 아니하며 보지
아니하려는 백성, 또 읽고도 실천하지
않는 백성, 행하지 못하는 백성, 너희
가 나에게 왔을 때, 그 심판이 얼마나
무섭고 두려운지 알게 될 것이니라.

6,741 번째 하나님 말씀

2003년 7월 14일 23시 47분

1 사랑하는 나의 아들아!
2 "네, 아버님! 말씀하옵소서."
3 내가 너희에게 일찍이 깨우쳐 주기를, 번갯불보다도 빠르게 너희가 행하는 모든 것이요, 너희가 번갯불보다도 빨리 행하는 그 죄요, 선행 그 모두요, 너희의 행함은 나 여호와의 눈을 피할 수 없다 그리 말하지 아니하였던가?
4 그리하여 너희의 그와 같은 것을 나 여호와가 다 접하고 보고 있음이니,
5 너희는 그것 또한 그와 같은 행위라도 악함을 하지 말고 살라, 내가 나의 법전에 기록하여 너희에게 전하여 깨우쳐 주지 아니하였던가?
6 어떠한 악행도 너희가 아무리 빠른 속도로 나를 속인다 해도 속일 수가 없음이니, 하지 말라 그리 말하였음이니라.
7 그리 내가 너희에게 가르쳐 주었거늘, 오늘의 종교 집단이요, 지도자 너희가 어찌 살아가는가?
8 너희가 손으로 하늘을 가릴 수 있는 것처럼 손으로 가릴 수 있다고 생각하는 마음을 가지고 살아감이니, 이것이 얼마나 잘못된 것인지 알겠는가?
9 너희가 살아가면서 행하는 모든 행동이요, 너희의 오늘에 이루어지는 모든 행하는 것을 나 여호와가 다 보고 있음을 너희는 어찌 그 두려움을 모르고 무서움을 모른단 말이던가?
10 너희가 오늘 행하고 행동하는 그 모두를 하나도 내 기억에서 지워지는 것이 없으며, 너희가 심판을 받을 때 선과 악을 선별하지 않는 것이 없다는 것을 너희는 어찌 그리 모르는가?
11 너희가 과거에 살아왔던 행위요, 모르고 지은 죄, 알면서 지은 죄요, 너희가 베푼 선행, 그 모든 것까지도 나 여호와는 너희가 알지 못하는 것까지도 기억하고 있는 나 여호와이며 나에게 접수돼 있음을 너희는 어찌 모르는가?
12 너희는 그걸 생각하며 무섭고 두려움을 알아야 할 것이니라.
13 너희의 과거의 삶이요, 오늘의 삶이요, 미래에 이뤄지는 그 모두를 다 내가 알고 있으며 그를 기억하는 나 여호와라 한다면, 너희는 과연 어찌 생각하겠는가?
14 너희의 미래요, 현재요, 과거에 이뤄진 모든 것, 이뤄질 것까지도 나 여호와가 다 알고 있음이니, 너희는 이를 두려움과 무서움으로써 너희 자신이 깨달아야 할 것이며,
15 너희 삶의 생활에 바른 자세로 살아가는 데 최선을 다하는 그와 같은 변하는 삶을 살지 아니하면,
16 너희는 정녕 그 갈구하는 구원의 길을 볼 수도 없으며 오를 수 없다는 것을 잊지 말라.
17 너희가 이 세상에서 존재하는 육의 삶의 모든 것이요, 또한 너희가 육의 삶을 마치고 너희 영은 하늘에 와 나에게 심판을 받는 너희 각자의 심판의 결과까지도 내가 미리 다 알고 있는 나 여호와라면,
18 너희는 과연 어떠한 마음으로 살아가야 할 것이며 어떠한 자세로 행동해야

할 것인지 깊이 깨우쳐야 할 것이니라.
19 그리고 너희가 그를 믿고 살아야 할
것이니라.
20 나 여호와가 너희의 모든 것을 잊어버
리지 아니하며 지워지는 것 없이 반드
시 심판대에서 선과 악이 가려진다는
것을 너희는 믿고 살아야 할 것이니라.
21 이를 믿지 않는 자, 이를 의심하는 자
는 정녕 너희가 오늘의 잘못 삶을 알
것이니라.
22 그러니 그를 믿지 못하고 의심하고 사
는 백성으로 만든 것이 누구더냐?
23 지금의 잘못된 사악한 종교 지도자들
이 죄를 짓고 용서를 빌면 용서를 받
는다는 그와 같은 안일한 방법으로 깨
우쳐 주고 가르치기에,
24 믿건 안 믿건 그것이 중요하지 아니하
며, 내가 존재하고 존재하지 아니하는
것이 별로 중요치 않다 너희가 그리
믿고 사는 것이니라.
25 너희 스스로 죄를 짓고 눈물로써 회개
하면 모두가 다 씻어짐이니, 마지막
죽는 순간에 짓는 죄만 너희의 죄니,
그 죄는 별것 아니라는 그와 같은 안
일한 생각으로써 살아가는 자가 수없
이 있다면, 너희는 이 원인의 결과를
누가 만들었다 생각하는가?
26 너희는 이제 생각해야 할 것이니라.
27 너희의 모든 행위요, 이 우주가 변하
는 그 역사요, 이 우주의 변천사요, 그
속에서 너희가 어찌 살아가며 어떤 형
국으로 이뤄진다는 것까지도 나 여호
와는 미리 다 알고 있으며, 그 계획이
또한 나의 주관하에 이뤄져 내 계획에
의해 역사한다는 것을 잊지 말라.
28 이 무서움과 두려움을 너희가 잊어버
리고 산다면, 기억에 지워 버리고 사
는 자는 영원히 하늘에 오르는 길을
알지 못하게 됨이니라.

6,742 번째 하나님 말씀

2003년 7월 14일 23시 56분

1 사랑하는 나의 아들아!
2 "네, 아버님! 말씀하옵소서."
3 나의 백성 그들에게 너희는 전해 줘야
할 것이니라.
4 나 여호와의 천국과 지옥의 그 모두는
나의 주관하에 이루어졌으며 만들어
졌음을 그들에게 깨우쳐 줘야 할 것이
니라.
5 그러니 너희가 나로부터 영원한 그곳
에서, 천국이든 지옥이든 나 여호와가
주관하여 만들었으며 내가 준비한 그
곳에서 너희는 절대 벗어나지 못하고
산다는 그 엄연한 사실을 알려 주도록
그리하라.
6 그러니 너희가 지금의 오늘의 삶이 악
하게 살든 선하게 살든 너희는 지옥과
천국이 나 여호와의 주관하에 역사했
음이니, 그 대가에 대해서 반드시 받
는다는 것을,
7 선하게 사는 자는 선한 곳에서 그들이
살 수 있는 대가를 받을 것이며, 악한
짓을 한 자는 악한 대가를 치르며 사
는 것, 바로 천국과 지옥도 나 여호와
가 이룬 것이며 내가 만들어 놓은 곳
이니,
8 나의 피조물 만백성 너희는 육은 죽어
영혼이 왔을 때, 그 두 곳을 절대 피할

수 없으며 벗어날 수 없다는 것을 그
무서운 사실을 그들에게 깨우쳐 주라.
9 너희는 나 여호와가 이와 같이 역사
하며 나의 주관에서 벗어나지 못한다
는 이것을 잊고 살고 있음이니, 이를
잊고 사는 백성이 돼서는 아니 됨을
가르쳐 주도록 그리하라.
10 그러니 너희가 그를 대비하는 삶을 살
도록 한 치의 오차도 없이 선함을 행
하고 살아가고자 노력해야 할 것이니,
11 너희가 심판을 받아 지옥과 천국 둘
중의 하나의 길을 갈 때, 어떤 길을 선
택하여 영광을 얻는 것인가 하는 것
은 너희의 몫임을 알아야 할 것이니라.
12 나 여호와가 세상을 다시 창조하며 내
가 미래의 천국을 건설하며, 그리하여
나의 피조물 만백성들이 하늘에서 이
뤄진 것같이 이 지상에 이뤄져,
13 이곳에 살다 너희가 나에게 오를 수
있는 새로운 시대를 건설하는 그와 같
은 곳에 참여한 백성이요, 거기에 선
봉장이 된 너희가 얼마나 위대하고 소
중한 나의 백성인가를,
14 이를 너희에게 다시 한 번 깨우쳐 주
도록 그리하라.
15 너의 제자들이야말로 내가 새로 건설
하는 새 시대요, 새 천국의 역사에 너
희가 그 모든 기틀을 이루고 가는 백
성이니,
16 너희야말로 나에게 부름 받은 것이 얼
마나 귀하고 소중한 것인가를 절대 잊
지 말라 그리 말하라.
17 그리고 너희가 어떠한 삶을 살든 지옥
과 천국이 분리되는 것이 아니요, 그
모두는 나의 뜻에 의하여 내 주관하에
역사함이니,
18 너희가 나의 심판에서 벗어날 수 없다
는 것, 둘 중의 한 길을 반드시 가게
되어 있음이니,
19 어떠한 길을 선택하느냐는 너희의 오
늘의 삶에 있으며 오늘에 이루는 그와
같은 삶의 역사 속에서 모든 심판의
기초가 된다는 것을 잊지 말라 그리
전하라.
20 너희는 영원히 사는 세상의 그 삶을
위해 대비하라 수백 번 가르쳤으나,
아직도 이를 듣고 소홀히 지나침이니,
21 너희가 하나의 뜻을 어찌 깨우치느냐
에 따라서 너희는 대단한 변화의 역사
를 이루는 것이니라.
22 내가 지금 나의 아들을 통하여 160권
의 법전에 기록하여 내리는 것은 내가
직접 너희에게 내리는 것이라 생각했
을 때, 이 법전의 두려움이요, 위대함
을 알 것이며,
23 그저 나 여호와가 한 사람을 통하여
이를 전함이니, 그가 만들어 낸 것이
요, 그의 생각이라 생각하고 이 법전
을 접한다면, 이는 소설책만도 못하게
너희가 그리 깨달을 것이니라.
24 그러나 알아야 할 것이니라.
25 나 여호와가 직접 너희에게 명하여 전
할 수 없음이니, 내가 그 누군가를 통
하여 나의 성령을 세상에 전하여 너희
를 구원하는 역사는 바로 오늘 나의
아들을 통하여 이루는 그와 같은 방법
이외에는 길이 없음이니라.
26 그러니 지금 나의 아들을 통하여 160
권의 대장정의 역사를 이루는 것을 개
인의 생각으로 기록했다고 할 수 있다

는 자는 얼마나 오만하고 방자한 자던
가?
27 그러니 오늘부터 너희의 생각과 마음
자세를 바꾸라.
28 이 모두는 나의 아들을 통하여 너희에
게 전하는 것이 아니요, 나 여호와가
나의 뜻을 너희 가슴에 바로 직접 심
어 줌이니,
29 일대일의 관계로서 내가 너희 개인에
게 내려 주는 구원의 영광이요, 상이
라는 것이라 생각하고 나의 법전을 읽
고 접하도록 그리 전해 주라, 사랑하
는 나의 아들아!

6,743 번째 하나님 말씀

2003년 7월 15일 0시 14분

1 사랑하는 나의 아들아!
2 "네, 아버님! 말씀하옵소서."
3 내가 너희에게 뭐라 가르쳤던가?
4 너희가 악한 마음을 행하기 시작하면
그 마음이 악한 마음으로 모두 물들
며, 선한 행동을 하고 살고자 하면 그
선한 행동으로써 모두가 다 젖어든다
그리하지 아니하였더냐?
5 그러니 너희가 나에게 오르는 길이요,
만백성을 깨우치는 그와 같은 선택된
백성이요, 그리고 내가 새로운 참교육
이요, 새 역사를 이루는 데 나로부터
부름을 받아 대명을 받은 자요, 또한
그와 같은 내 뜻을 따라 역사할 수 있
는 선택된 백성,
6 너희는 그 마음을 비우는 데 최선을
다해야 함을 잊어서는 아니 될 것이니
라.
7 너희가 하나의 악습을 버리며 마음을
하나 비웠을 때 그만큼 나의 성령이
네 마음속에 임함이니, 너희가 악을
버리고 선을 행하기가 서서히 더 편해
짐이니라.
8 그러니 마음을 비우고 또 비우는 그와
같은 삶으로써 가야 함이니라.
9 말로써 모든 것을 비우며 말로써 역사
하는 것이 아니요, 모든 것을 행동으
로써 옮기며 실천으로 옮기는 너희의
행함이 얼마나 귀하고 소중한 것인지
잊어서는 아니 될 것이니라.
10 나 여호와가 육을 가진 백성에게 육이
가진 근본의 욕심이요, 부귀영화를 얻
고자 하는 그 마음을 다 버리라는 내
마음이 아프지 아니함은 아니니라.
11 그러나 그 부질없는 욕심이라는 것을
다 버려야 하며 너희의 마음이 하얗게
비워져야만 나의 성령이 충만해짐이
니,
12 그리하여 나의 성령이 충만한 자가 하
늘에 오르는 길을 보며 나의 성령을
들을 수 있으며 내 모습을 볼 수 있기
때문이니라.
13 그와 같이 성령으로써 충만하지 아니
하는 자는 하늘에 오를 수 없으며 나
의 아들딸로서 거듭날 수 없음이니,
14 나의 성령으로써 그득히 채워지는 그
기초를 이루기 위해서는 너희가 가지
고 있는 그 마음을 비워야 할 것이니
라.
15 너 스스로 악한 마음을 비울 때 악한
마음이요, 악습의 무게가 없는 것같이
생각하나, 너희가 죽어 왔을 때 내가
너희의 선과 악을 단다 하지 않더냐?

16 그걸 달아서 선한 것이 올라가면 지옥
이요, 선한 것이 내려가면 천국이라
말했듯이, 너희가 육의 세상의 삶에도
그러하니라.
17 악이라는 그 씨앗이 무게가 없는 것
같으나, 악습의 악을 하나 버리는 만
큼 너희 몸이 그리 가벼워지느니라.
18 그러니 보이지 않는 그 무게가 더 무
서움을 너희는 알아야 할 것이니라.
19 물체의 무게를 다는 것은 그 근수가
있고 눈금이 있기 때문에 눈으로 보이
나,
20 악한 마음과 선한 마음의 무게는 보이
지 아니하며 달 수 없으며 무게가 없
으나, 무한대한 무게가 있다는 것을
알아야 할 것이니라.
21 그러니 너희가 악한 마음을 뽑아낼
때, 너희 마음은 가벼워지며, 천사와
같이 되며, 하늘을 나는 구름과 같이
평화로우며, 너희 마음이 그와 같이
안정된 생활을 할 수 있는 것이며,
22 너희는 잡히는 것도 없으며, 더 이루
고자 하는 것도 없으며, 버릴 것도 없
는 마음이 됐을 때 너희 마음을 모두
비운 것이니, 그때 나의 성령이 너희
가슴에 충만함이니라.
23 나의 성령이 충만했을 때 너희는 모든
역사의 변화를 알 수 있으며,
24 이제 죽은 자가 눈을 뜨는 것과 같이
알에서 새 생명이 태어나 세상을 보는
것처럼 그와 같이 너희가 변화의 역사
를 너희 스스로 알게 될 것이니, 그날
을 위해 육의 세상에서 최선을 다하라.
25 그것이 바로 너희의 마음을 비우는 것
이니,
26 하나의 악한 마음을 뽑아내면 그만큼
가벼워지며 가벼워진 만큼 나의 성령
이 너희 몸에 임한다는 것을 잊지 말
라.

6,744 번째 하나님 말씀

2003년 7월 15일 0시 20분

1 사랑하는 나의 아들아!
2 너희가 나로부터 생명을 받아 세상에
나감이니, 너희가 어려서부터 갈고닦
는 것이 무엇이더냐?
3 학문이 아니던가?
4 너희가 학문을 위하여 얼마나 노력하
며 그 길을 위하여 젊음의 시절을 모
두 다 바치며 노력하는가?
5 너희의 학문의 목적은 과연 어디에 있
으며 그것은 무엇 때문에 그와 같이
연연하며 그 길을 가는가?
6 너희는 육의 삶이요, 육이 존재하면서
인간 세상에 살아가는 그 상식이요,
그 지식 그 모두를 충만히 충전하고자
하는 것이 너희들이 학문을 하는 그
뜻이 아니던가?
7 그러니 너희가 학문을 충전시키는 것
은 곧 너희가 살아가는 생활의 힘이
요, 용기가 되는 것이니라.
8 그리하여 너희는 학문을 위하여 최선
의 노력을 다하지 아니하는가?
9 그러나 그 학문으로도 충만된 자가
그 충만된 지식을 가지고 육의 세상
의 삶에 연연하는 것, 거기에만 연연
하며 모두를 다 거기서 바치며 끝을
맺은 백성 그가 얼마나 정녕 어리석
은 백성이더냐?

10 너희가 충만된 그 지식을 가지고 불변하는 영원히 사는 나의 나라의 그 길을 위하여 참진리를 연구하며 그 진리를 탐구하는 그와 같은 받침을 갖고 산다면,

11 너희의 그 삶이 얼마나 아름답고 현명한 삶인지 너희는 알겠느냐?

12 너희가 충만된 그 지식을 갖고 나 여호와의 참진리요, 나 여호와가 역사하고자 하는 그것을 탐구하고 연구하여 스스로 참여하며 나로부터 부름을 받는 백성이 될 수 있도록 그와 같이 사는 자는 현명한 백성이며, 축복과 은혜요, 영광을 받는 그 길에 들어선다는 것을 잊지 말라.

13 그리고 너희가 그대로 행하며 사는 것, 그리고 학문으로써 배운 그 지식으로써 나의 뜻을 탐구하며 나의 진리를 깨달았을 때, 그를 그대로 지키고 행하는 것이 바로 구원의 길이요,

14 그 지식을 가지고 구원의 길을 위해 노력하지 아니하며 구원의 길을 바로 향하여 달려오지 아니하며, 그리하여 나의 뜻을 역행하는 자,

15 그것은 지식을 가지고 천국에 오는 기틀로 만드느냐, 그렇지 아니하면 지옥행으로 가느냐 하는 것도 또한 선택의 길에 달렸음이니라.

16 인간 세상의 지식을 충만하기 위하여 그와 같이 노력하여 지식을 충만히 한 자, 그 지식을 기초로 하여 나의 법전을 연구하여 참진리를 찾고 하늘에 오르는 빛을 보는 데 최선을 다하는 현명한 백성으로 살아갈 수 있도록 그리하라.

17 인간 세상의 상식이요, 지식이요, 학문이 높다 하여 오만하고 방자한 자는 한 치 앞도 못 보는 가장 불행한 백성임을 너희는 알아야 할 것이니라.

18 너희가 겨울에 만들어 놓은 그 눈사람이 햇살에 녹는 것은 당연한 것이거늘,

19 그것이 녹지 않고 영원히 겨울처럼 견딜 수 있다고 생각하는 우매하고 어리석은 백성이,

20 바로 지식이요, 학문이 충만되고 충전되었으나 참진리요, 나 여호와에게 오르는 길을 연구하지 아니하며 그를 탐구하지 않는 백성이 그와 같이 어리석은 자며, 미래를 모르는 자며 우매한 자며,

21 아무리 배웠다 해도 그는 불쌍한 백성이라는 것을 잊지 말라.

22 이제는 너희가 볼 수도 없으며 나를 만질 수도 없으며, 다만 내가 나의 아들을 통하여 내리는 나의 성령을 들음으로써 너희가 나를 찾으며 나에게 오르고자 하는 그 진리의 길에 이제 모두를 다 바치는 그와 같은 삶을 살도록 그리하라.

23 참진리의 뜻을 내가 나의 아들을 통하여 너희가 들을 수 있도록 내가 그리 전함이니,

24 이 한 가지로써 너희가 얼마나 은혜를 받은 백성인지 너희는 생각지 못하는가?

25 나를 볼 수 없으며 만질 수 없다고 한탄하며 원망하지 말며, 그리하여 나를 믿지 못하는 흔들리는 마음 자세로 살지 말라.

26 너희는 다 들을 수 있지 않으냐?

27 지금 벌써 나의 아들을 통하여 법전을
세상에 내려보내며 그 강론을 듣는 것
은 너희가 나의 음성을 들으며 나의
뜻을 듣는 것이니,
28 지금 나의 법전을 가지고 깨우치는 백
성 너희가 얼마나 위대하며 축복을
받은 백성인지 알아야 할 것이니라.
29 이제 모든 것을 듣는 것만으로써 참진
리의 길을 위하여 너희의 충만된 모
든 지식을 다 거기에 투자하라.
30 그리하여 너희가 투자한다 해서 가난
한 육의 삶을 산다 하여, 남들처럼 갖
지 못한 것같이 어려운 삶을 산다 해
도,
31 너희는 그것이 얼마나 행복이요, 그득
한 축복의 영광을 나로부터 받는 것인
가를 너희는 알게 될 날이 머지않았
을 것이니 그리 알라.

6,745 번째 하나님 말씀

2003년 7월 15일 0시 30분

1 사랑하는 나의 아들아!
2 "네, 아버님! 말씀하옵소서."
3 너희가 먹이를 주어 기르는 그 말 못
하는 애완동물들이 과연 먹이를 주는
주인을 어찌 따르는가?
4 그 애완동물들이 주인을 따르며 주인
을 사랑하는 만큼 저희에게 먹이를
주고 보살펴 주는 그 주인을 사랑하고
따르는 그 동물들의 마음만큼만 창조
주 나 여호와를 사랑하고 믿고 따른다
해도,
5 너희는 결코 지옥문 앞에 와 울고불고
그 문에 들어가기 전에 그 몸부림치는
그와 같은 형국은 면할 것이거늘,
6 어찌하여 너희는 애완동물만큼도 나
를 믿고 나를 사랑하지 못한단 말이던
가?
7 어찌하여 너희는 그 말 못 하는 애완
동물만큼도 나를 믿지 못하며 창조주
나 여호와를 사랑하지 못함이니,
8 너희가 과연 그러고도 나로부터 가장
높은 지혜요, 이 세상의 모두를 다 통
제하며 입고 살고 지탱할 수 있도록
내가 모든 은혜를 내려 주었으며,
9 너희가 지혜 속에 또 영원히 사는 나
의 나라의 천국에 와 살 수 있는 그와
같은 깨달음이요, 진리까지도 내가 세
상에 내려보내거늘,
10 어찌하여 그와 같은 은혜와 영광을 받
은 너희가 그저 먹여 주는 그 주인을
사랑하고 믿고 따르는 애완동물만큼
도 못한 나의 백성이라 할 때,
11 정녕 너희는 아니라 고개를 흔들 것
이며 나 여호와를 욕할 것이니라.
12 너희만큼 나 여호와를 경배하며 나를
사랑하는 자가 없다 그리 말할 것이니
라.
13 수천 년 동안 믿음의 길을 온 그 백성,
정녕 너희가 가는 길이 나를 향하는
길이요, 진정한 나의 믿음의 길을 온
다면, 나 여호와의 마음이 얼마나 행
복하겠는가?
14 그러나 너희가 잘못된 자요, 잘못 가
는 길을 가고 있기 때문이니라.
15 너희는 구원의 욕심이요, 그 욕심을
버리지 못했으며, 지금의 종교 지도자
들이 하는 그 행위를 보라.
16 과연 그들이 재물을 긁어모으는데 모

두를 다 바치는가?
17 나의 진리를 깨우쳐 하늘에 오르는 길
로 백성을 인도하고자 하나 저희가
두 마음을 가지면, 인간도 한 임금을
두 마음을 가지고 섬길 수 없다 했거
늘,
18 재물을 앞세우고 그를 거둬들이며 더
큰 성전이요, 더 큰 교회요, 화려한 교
회요, 내부를 궁궐보다도 더 아름답게
장식하며, 많은 사람을 모아 놓고 강
론하고 설교하는 것이 하늘에 오르는
길이라 그리 생각하는 자들,
19 그들에게 무슨 진실이 있으며 믿음이
있으며 진리의 가르침이 있다 말할 수
있겠는가?
20 그리하여 내가 그들에게 하는 말이,
길러 주는 그 애완동물이 주인을 따르
고 사랑하는 만큼도 은혜를 모르는
것이 너희라 함이니라.
21 너희는 시기와 질투요, 욕심이요, 그
를 가지고 너희끼리 사랑하는 성전이
요, 하늘에 오르는 천국의 길이라는
곳에서 아귀다툼하는 그와 같은 삶을
사는 것을 나는 수없이 보고 있음이
니, 그걸 보는 나의 마음이 얼마나 아
픈지 알겠는가?
22 이제는 내 마음이 역겨워 그와 같은
것을 다 지우고 쓸어버리고자 함이니,
23 그리하여 내가 불 칼로써 너희를 자
를 것 자르고 버릴 것을 버리기 위하
여 내가 지금 그 160권의 법전이 세상
에 내려감을 알라.
24 너희가 어찌하여 나를 속이려 하며 거
짓된 행동을 하며 이웃을 넘으며 그런
사악한 삶을 산단 말이던가?
25 내가 너희에게 뭐라 말하였느냐?
26 네 부모를 공경하며 거짓 하지 말며
십계명대로 지키고 살라 그리 말하였
거늘, 어찌하여 그를 다 지킬 수 없다
고 거역하는 삶을 사는가?
27 애완동물만큼도 주인에게 충성하는
마음이 없이 사는 것이 너희라는 말이
과연 내가 잘못된 말이며, 사탄이요,
사악한 자가 인간을 평가하는 말이라
생각하는가?
28 정녕 너희는 그만큼도 못한 것이 인
간이라, 인간인 너희 스스로 그와 같
이 말하는 자가 수없이 있을 것이니라.
29 짐승은 먹여 주고 사랑하는 만큼 반드
시 그만큼 돌려보냄이니라.
30 그러나 인간은 그렇지 아니하며 배신
이요, 사기요, 거짓된 행위요, 질투요,
욕심으로써 주인을 무너트리고자 하
며, 베푸는 자를 무너트리고자 하는
사악한 것이 너희라 그리 말할 것이니,
31 애완동물보다 인간에게 마음을 줄 수
없다고 너희 스스로 그와 같이 말하는
것이 나 여호와의 귀에 수없이 들림이
니라.
32 그러니 그러고도 내가 내리는 말이 잘
못되었다 말할 수 있는가?
33 그와 같이 말할 자격이 너희는 없음
을 알라.
34 너희가 정녕 어린아이처럼 사는 그 마
음이요, 내가 나의 법전을 접하는 백
성을 내가 너희 죄를 용서하여 주니,
어린아이처럼 어린아이 같은 마음으
로 순수하게 살라 말한 그 뜻을 알겠
는가?
35 너희가 어린아이들처럼 그 아이들의

마음만큼만 순수했어도 나 여호와를
그리 버리며 나를 등 돌리는 그와 같
은 삶을 살지 아니하였을 것이니라.
36 어린아이들처럼 순수한 마음으로 산
다면, 나 여호와가 너희를 절대 놓지
아니하였을 것이며 너희를 버리지도
아니하였을 것이니라.
37 너희 스스로 그와 같은 마음을 갖지
못하고 사악한 욕심이요, 질투 속에
인간의 삶을 살다 지옥문에 서서 몸부
림치며 통곡하는 그 슬픔과 고통을 너
희는 면할 수 있을 것이거늘, 시기 질
투요, 그 욕심 때문에 그를 버리지 못
하며,
38 이제는 벗어날 수도 없으며, 도망갈
수도 없으며, 뒤로 돌릴 수도 없으며,
대신할 수도 없는 그 두렵고 무서운
지옥문 앞에 가 몸부림치고 통곡함이
니,
39 너희가 들어가기 무서워 슬픔과 고통
속에서 몸부림치는 것보다도 너희가
그 문을 들어서는 그 순간은 지금 몸
부림치는 것보다도 수천수만 배의 고
통이 너희에게 있다는 것을 잊지 말
고, 두려움이 너희에게 역사한다는 것
을 잊지 말라.

6,746 번째 하나님 말씀

2003년 7월 15일 0시 37분

1 사랑하는 나의 아들아!
2 "네, 아버님! 말씀하옵소서."
3 나의 성령을 받아 세상에 나간 나의
아들 예수가 사랑이 무엇이며 인간인
너희가 살아가는 그 본연의 뜻을 가르
쳐 너희가 구원을 받아 나에게 오를
수 있도록 그리했으나,
4 2천 년 전에 나의 아들은 그 죽음으로
써 모두를 다 너희에게 던져 주고 깨
우쳐 주고자 하여 그리 왔음이니라.
5 그리하여 2천 년의 세월이 흐르는 동
안에 하늘에 오르는 종교 집단이요,
지도자라 하는 그들이 그 얼마나 방대
한 조직으로써 얼마나 많은 그 물질이
요, 얼마나 건축이요, 눈으로 보이는
건물을 지어 그 속에서 나의 피조물
만백성들을 구원한다 하여,
6 지금은 너희가 10미터요, 100미터 안
에 그 교회라는 것이 서 있는 형국으
로써 지금 왔다 하지 않더냐?
7 그러나 그것이 진정한 진리요, 참뜻으
로 왔다면, 하나의 길로써 일사불란하
게 왔다면 그와 같은 각종 이름을 붙
인 그 종교요, 그 교회라는 건물이 이
리 들어서지는 아니하였을 것이니라.
8 너희가 성씨를 받고 종파가 갈라지고
갈라졌음이니,
9 종파가 서로 경쟁하다시피 교회를 지
으며 나의 백성을 이끌어 가며 너희
가 교회라는 곳에 와 구원을 받는다
하며 전쟁하는 병사보다도 더 무서우
리 만큼 정적을 상대하듯이 지금 뻗어
나왔음이니,
10 그리하여 이 사악한 교회라는 것이 나
의 발등에다 이리 지금 대못을 박았으
며 돌을 박아 돌기둥을 세워 놓은 그
와 같은 형국이 되었음을 알아야 할
것이니라.
11 그러니 너희가 잘못 왔음이며, 너희가
바로 왔다면 오늘날 나의 아들을 통하

여 이와 같이 160권의 법전으로써 너
희를 다스리는 이와 같은 형국도 되지
아니하였을 것이니라.
12 나의 사랑하는 아들이 목숨을 바쳐 너
희를 구원하고자 했던 그 후로 너희
는 지금 어찌 살아가는 것이냐?
13 서로 종파가 갈라졌으며 서로 정적이
되어, 백 미터 안에 열 발짝 안에 교회
라는 것을 세우며 성당이라는 것을 세
우는 그와 같은 형국으로써 이루어져
이 세상을 덮고 있음이니,
14 그게 다 잘못 가고 있으며 병들어져
썩은 것이며 나와 관계없는 길을 가
는 것이라 내가 너희에게 기록하여
전함이니,
15 바로 그러기에 오늘 이와 같은 어렵고
힘든 역사의 길이 다시 이루어짐을 알
라.
16 그러니 너희가 진정한 진리요, 믿음의
길보다는 무엇을 왔던가?
17 2천 년 전 나의 아들이 죽은 후부터
너희가 정녕 한 길로써 한 백성으로
서 한 믿음의 길로써 지금까지 왔다
면, 오늘이 없을 것이니라.
18 그러나 너희는 모든 종파가 갈라졌으
며, 인간이 만든 그 종파의 이름을 우
상화하며, 거기에 맹종하고 맹신하는
그와 같은 생활 속에서,
19 종교 집단이요, 지도자들은 명예와 부
귀와 영화를 위해 사는 삶으로 전락하
였으며,
20 또한 그 신도라는 백성 너희도 부귀
와 영화를 위하여 무엇인가를 더 얻고
이루고자 기복 신앙의 대표로 전락하
여, 너희가 기도하는 자체가 달라, 이
루어 달라, 그와 같은 형국으로써 가
고 있지 않더냐?
21 그러니 부귀와 영화를 위해 사는 너희
가 되어 버렸으며 그리 전락하여 버렸
음이니,
22 거기에는 믿음이 없으며 신앙이 없으
며, 나 여호와를 향하여 오는 진정한
진리의 가르침의 전당이 없어졌음이
니라.
23 그리하여 썩은 종교 집단과 지도자들
이 그 속에서 잠식하고 있으며, 그리
하여 혼란과 무질서를 이와 같이 만들
었음이니라.
24 썩은 종교 집단이요, 지도자들이 나의
사랑하는 백성이 방향을 잡지 못하는
그들을 잠식하여 이 세상을 이리 무질
서하게 만들었으며,
25 진리를 파괴하고 나에게 오르고자 하
는 그 백성마저도 지옥으로 이끌어
가며,
26 그리고 나의 참진리요, 나의 뜻이 세
상에 나와 만백성을 구하고자 하나,
그를 방해하며 파괴하는 그와 같은 만
행을 지금까지 일삼고 저질러온 것이
너희가 아니던가?
27 너희의 지금 그 만행이요, 그 사악함
이 하늘에 닿아 있으며, 내가 이를 더
는 볼 수 없기에 이제 내가 너희를 다
스리고자 함이니라.
28 그리하여 그들을 다스리고자 선택된
백성이 나의 아들을 따르는 제자들이
요, 지금 나의 법전을 읽고 깨우친 백
성 너희니라.
29 그러니 이제부터 너희의 그 삶이 소
중하며, 너희의 행함에 이 세상의 나

의 피조물 만백성을 구하고 못 구하는
그 역사가 달렸다는 것을 알아야 할
것이니라.
30 법을 집행하는 너희가 바로 섰을 때
그 법은 효과를 거둘 것이며, 너희가
법을 바로 집행하지 못할 때 그 법은
아무리 좋은 법이라 해도 악법이 될
것이니라.
31 그러니 너희가 바로 집행자로서 너희
의 자세요, 너희의 삶이요, 행동함이
요, 그 모두가 바로 서야 하며, 한 점
의 부끄럼이 없는 삶을 사는 그와 같
은 너희가 되어야 함이니,
32 내가 오늘의 너희가 한 점의 부끄럼
이 없는 삶을 살 수 있도록 변하는 백
성이 되라 하여, 모든 종파가 잘못 가
고 썩은 것을 너희에게 깨우친 그 의
미를 알라.

6,747 번째 하나님 말씀

2003년 7월 15일 0시 55분

1 사랑하는 나의 아들아!
2 "네, 아버님! 말씀하옵소서."
3 너희가 성서의 가르침이요, 전하는 그
비유의 뜻을 바로 알고 깨우쳐 가야
할 것이니라.
4 너희가 그걸 깨우치지 못하고 간다면
정녕 알아들을 수가 없으며 그걸 이
해할 수가 없음이니라.
5 너희는 그와 같은 이치를 깨닫고 나의
성령이요, 내가 전하는 그 뜻을 알고
자 한다면, 너희 마음이 천사와 같은
형국으로 변화되지 아니하고서는 아
무것도 알 수 없음을 알아야 할 것이
니라.
6 나의 아들 예수는 여인과 말했느니라.
7 '네가 정녕 목마르지 않은 생수를 마
시고자 하며 이 우물을 마시고자 한다
면, 너는 네 남편을 데려오라.' 그리
말하였으니, 그 여인이 뭐라 말하였느
냐?
8 그는 남편이 없다 그리 말하였음이니
라.
9 그러면서 그는 다섯 사람의 남편이 있
었으나, 지금은 남편이 없다 그는 그
리 말하지 아니하였던가?
10 너희가 그 말을 그대로 듣는다면, 나
의 아들 예수가 그 여인을 우물가에
물을 놓고 그리 말한 것같이 말하나,
그는 그것이 아니요, 성령을 말한 것
임을 알아야 할 것이니라.
11 '지금까지 네가 마시고 마시며 배우고
배웠던 성령의 가르침은 진정한 목이
마르지 않는 생수가 아니요, 너는 목
마른 생수를 마셨음이니,
12 바로 잘못 가르치는 자 밑에서 네가
배우고 깨달았음이니,
13 나는 여호와 아버님의 아들이요, 그를
대신하여 너희에게 가르치는 참진리
요, 진정 참진리를 가르치는 자이기에
나로부터 깨우치는 것은 바로 무엇이
더냐?'
14 너희가 갈증이 나지 아니하며 영원히
목마르지 않는 생수를 마시는 것과 같
으니, 참진리의 가르침이라는 그 의미
임을 너희는 알고 있는가?
15 그 여인이 남편을 다섯을 두었으나 남
편이 하나도 없다 그리 말하는 그 의
미가,

16 그 여인이 방탕한 여인이며, 다섯 남
편을 섬기고 살았던 못된 여인이라 그
리 생각하며, 너희가 말하는 이혼이라
는 것을 밥 먹듯이 했다는 여인이라
그리 생각하는가?
17 그 여인과 나의 아들 예수의 대화는
그와 같이 인간의 남녀가 살다 헤어지
고 또 다른 서방을 맞이하며 다른 신
랑을 맞이하고 그와 같이 다섯 사람이
나 바꾸고 산 여인을 의미함이 아니니
라.
18 그가 믿었던 모든 종파요, 그 믿음이
다섯 번이었음이니라.
19 이 교회라 곳에 가서 가르치는 자에게
따라갔으며, 저 사람이 가르치는 설법
을 들어 보았으며, 그리하여 다섯 사
람의 유능한 교회라는 곳의 지도자라
하는 그와 같은 자에게 가서 진정 목
마르지 않은 그 물을 마시고자 갔으나,
20 그 다섯 사람이 다 진정 남아 있을 수
있는 사람이 아니요, 배울 것이 없는
사람이요, 진정한 깨달음을 가진 자가
아니기에 그는 표현하기를 다섯 사람
의 남편으로서 그리 표현했음이니,
21 다섯 번의 그 종파요, 그 종교 속에서
그가 무엇을 얻으려 했으나 어찌 못했
던 그 대화임을 너희는 알아야 할 것
이니라.
22 그리하여 마지막으로 나의 아들 예수
가 전하는 그 뜻을 들었음이니, 그는
정녕 제가 따라야 할 신랑이라는 것을
알았음이니,
23 너희가 육으로써 맺어지는 신랑과 신
부가 아니요, 나 여호와의 성령의 뜻
이요, 참진리요, 나 여호와가 역사하
고자 하는 것을 이대로 바로 만났다
하여 그리 표현하는 것인 것을,
24 너희가 있는 이야기를 그대로 읽으며
그를 그대로 표현하면 방탕한 여자요,
잘못된 여자요, 그와 같은 여자와 나
의 아들 예수가 그와 대화하며 이야기
한 것같이 생각하나, 너희는 그들의
대화 속에서 알아야 할 것이니라.
25 그들이 말하는 우물이라는 것은 믿음
의 전당이라는 손으로 지은 교회라는
곳이요, 너희가 예배 보는 곳을 의미
하며,
26 그는 그와 같이 예배 보는 곳을 또 목
자를 찾아 다섯 번씩이나 다니고 가
보았으나, 그가 다 가짜요, 진정한 자
가 아니기에, 지금은 그가 따르는 믿
음의 전당이요, 종파가 없다는 뜻이니
라.
27 그리하여 그때 예수를 만났음이니라.
28 그러니 너희가 지금 종파요, 기독교
요, 교회라는 곳을 짓고 가르치는 그
곳이 다 그 여인이 만났던 진정한 신
랑을 만나지 못했으며 진정한 남편을
만나지 못했다 말했듯이,
29 너희가 진정한 진리를 가르치는 집단
이 아니요, 썩을 대로 썩은 집단이니,
그 여인이 다섯 번씩이나 버릴 수밖에
없던 그와 같은 형국이 오늘의 교회의
형국이며, 너희가 가고 있는 실정이라
는 것을 알아야 할 것이니라.
30 이와 같이 성서에서 전하고 깨우치고
전하는 그 비유의 뜻이 그리 무섭거
늘, 너희가 과연 그 뜻을 그대로 받아
들이며 그대로 만백성에게 전하고 깨
우치는가?

31 그 의미를 안다면 성서의 깊은 의미를
한 구절 한 구절 읽고 깨우쳐 보라.
32 그러면 그 비유의 뜻은 또한 오늘 다
섯 남편을 두었다는 그 여인의 그 뜻
을 너희가 알듯이 모두를 다 알게 되
어 있음이니 그리 알라.
33 마음을 비우지 아니한 자는 그리 알
수 없으며, 욕심이 그득한 자는 그를
알 수 없음이니 그리 알라.

6,748 번째 하나님 말씀

2003년 7월 15일 01시 01분

1 사랑하는 나의 아들아!
2 "네, 아버님! 말씀하옵소서."
3 달과 해는 너희가 나로부터 생명을
받아 세상에 살며 육의 삶을 살다 죽
어 올 때까지 그들은 무상으로 그 빛
을 비춰 주고 그리 밝혀 주고 있지 아
니하던가?
4 또한, 공기는 어떻더냐?
5 너희가 나서 죽을 때까지 마시고 사용
하도록 그 모두를 다 무상으로 얻고
이루고 살고 있지 않은가?
6 그 모두는 나 여호와의 뜻이라 너희가
과연 생각하지 않느냐?
7 이 모든 자연이요, 지구상의 모든 것
을 너희가 관장하며 쓰도록 내가 내려
주었거늘,
8 무엇이 부족하여 너희는 어린아이들
처럼 그 천사와 같은 마음으로 살지
못하며, 이리도 사악함 속에서 살아간
단 말이던가?
9 너희는 시기와 질투요, 그와 같은 삶
을 살아감이니,
10 모든 것은 영원히 지속되며, 너희는
그 속에서 잠깐 왔다 가는 손님과 같
은 삶이요, 존재라는 것을 어찌 깨닫
지 못하는가?
11 이 지상에 나 여호와가 만드는 그 모
든 자연은 영원히 지속됨이니라.
12 그리고 또 변함없이 계속 그리 흘러가
거늘, 너희는 백 년도 못 사는 인생의
삶을 사는 것이니, 내가 만든 이 자연
속에 너희는 손님으로 초빙된 자들이
아니던가?
13 그러니 저 자신이 손님이라는 것을 망
각하며 주인인 양 그 모든 오만방자함
을 버리지 못하고 천방지축으로 날뛰
고 있다 하면, 과연 이를 주인이 어찌
보겠는가?
14 그와 같은 자들은 무엇이던가?
15 저 자신을 모르며 제 분수를 모르며
제 위치를 모르기 때문이니라.
16 또한, 욕심이라는 것을 버리지 못했기
에 욕심이라는 다른 신을 놓고 경배하
고 따르기 때문이니라.
17 너희는 마음속에 다른 신을 둔 일이
없으며 다른 신을 섬기지 아니하며,
오로지 나 여호와만을 섬기며 나의 아
들 예수만을 받들어 진정 다른 신을
네게 두지 않는 백성이라 그리 자신하
고 있으나,
18 너희가 욕심을 버리지 못하는 그 자
체가 욕심의 다른 신을 가슴에 두고
사니, 너희는 모두 다른 신 앞에 경배
하는 자들이라 내가 일찍이 나의 법전
에 기록하여 전하지 아니하였던가?
19 그리하여 다른 신을 너희가 두고 있
기에, 그 다른 신 앞에 모두를 바치며

너희가 이루고자 하는 그와 같은 삶을 살기에,
20 너희는 돌아올 수 없는 길, 영원히 나에게 다시는 돌아올 수 없는 지옥의 길로 달려가는 것이 아니던가?
21 그러니 너희야말로 얼마나 어리석고 불쌍한 백성인 줄 너희 스스로 알겠느냐?
22 너희의 오만한 생각을 버리라.
23 너희는 잠깐 왔다 가는 그와 같은 인생이요, 손님과 같거늘, 어찌하여 주인인 것처럼 그리 함부로 방자하게 행동하며 천방지축으로 그리 행동하는가?
24 그리고 그 주인을 능가하는 것처럼 하는가?
25 나의 손님과 같이 몇십 년 동안 초청받아 살다 가는 손님이거늘, 어찌하여 손님을 초대한 나 여호와를 능멸하고자 하는 그와 같은 가증한 행위를 하고 있단 말이던가?
26 그와 같은 종교 집단 지도자가 바로 서지 아니하며 그들이 이 세상에 존재하는 한 이 세상은 천국과 같이 변화될 수 없음이니,
27 내가 그들을 다 다스리고자 하며 그 모든 가라지를 뽑아내고자 하는 것이 나 여호와의 뜻이며,
28 그 역사를 대행하는 데 너희가 필요한 것이며,
29 나의 법전이 그 기초요, 근본이며 그 모두를 다스리며 불 칼로써 가르고 나갈 때, 그들을 다 정리하고 다스리는 것은 너희임을 잊지 말라.

6,749 번째 하나님 말씀

2003년 7월 15일 07시 50분

1 사랑하는 나의 아들아!
2 "네, 아버님! 말씀하옵소서."
3 내가 너희에게 깨우쳐 주기를, 네가 가진 것이 없으니 행복함이요, 네가 남보다 부를 누리지 아니하니 행복함이요, 네가 남들이 살아가는 육의 그 행복을 떠나 오늘의 초라한 삶이 그래도 갖지 아니하여서 행복하며, 초라해서 행복하다는 그와 같은 마음을 가지고 살라 그리하였음이니,
4 이 말을 듣는 만백성들은 다 정신 나간 자요, 미친 자가 헛소리한다고 그리 말할 것이며,
5 때로는 재물을 모으며 부귀와 영화를 누릴 자격이 없으니 제 스스로 위안하는 말이라 그리할 것이나,
6 그러나 너희는 그와 같은 마음을 가지고 사는 백성의 행복함을 모를 것이니라.
7 인간의 삶이 몇 년이나 살며 몇백 년을 산다 하는가?
8 그 이치를 깨달은 자이니라.
9 그를 깨달았기에 그는 아무리 소중한 것이라도 육의 세상에서 놓을 수 있으며,
10 제가 부를 누리며 남들보다 더 재물을 가지고 삶으로 인하여 남의 복을 뺏었으며 남이 편안하게 살 것을 뺏은 것 같은 그와 같은 겸손이요, 미안한 마음을 가지고 사는 백성이니,
11 그와 같은 백성이야말로 무엇인들 못 놓겠느냐?

12 그러니 그는 바로 그 마음이 태평양보
다도 더 넓으며 끝이 보이지 않는 이
우주 공간을 다 가슴에 안고 사는 사
람이니,
13 그와 같은 마음을 가지고 살았을 때,
너희는 진정한 행복이요, 부귀영화를
알 수 있음이니라.
14 너희가 명예를 얻기 위하여 발버둥치
고 그를 위해 평생을 바쳐 얻어 보니
그 명예가 과연 얼마나 지탱되며, 그
후에 남는 것은 공허함이요, 그를 위
하여 살아온 지난날의 잘못된 삶이요,
그와 같은 삶으로써 그는 후회하는 시
간을 갖게 될 것이며,
15 재물을 많이 모으는 것이 소원인 자는
재물을 모아 보니 또한 허탈함이요,
허전한 마음은 달랠 길이 없을 것이니
라.
16 다만, 그 재물을 모으기 위하여 그가
인색하게 살았으며 인간의 도리를 다
못 하고 산 것만 제 가슴에 남으니,
17 이미 그를 깨달아 그와 같은 마음을
갖고 만백성을 돕고 이웃에 사랑을 베
풀며 살아가고자 하나,
18 그가 나로부터 받아서 나간 그 생명
의 시간이 그를 기다려 주지 아니하는
것이 인생이요, 너희 삶이라는 것을
알라.
19 이제는 그와 같은 마음을 가지고 사는
너의 제자들이 돼야 할 것이니라.
20 제가 갖지 아니하니 행복하며, 단벌
옷을 가지고 있으니 행복함이요, 제가
남들보다 호의호식하지 아니하며 겸
손하게 살아가니 행복이요, 남의 것을
뺏지 않는 마음이니 행복하다는 그와
같은 마음을 갖고 살며 그와 같은 생
각을 갖고 사는 것이 나를 따르는 백
성이요, 나의 아들을 따르는 제자들이
가야 할 길이니라.
21 그러니 정녕 그와 같은 마음으로 살아
갈 수 있는 너희가 돼야 함이니,
22 네 마음이 과연 어디에 와 있으며 너
자신이 어떠한 마음을 가지고 사는지
너희 자신이 다스려 보도록 그리하라.
23 너희가 무엇인가를 이루고자 소원하
는 것, 그걸 놓고 연구하고 생각할 때,
너희는 거기서 훌륭한 답을 얻게 되어
있지 않으냐?
24 그것이 바로 너희가 나로부터 얻는
지혜요, 나로부터 얻는 영광이라 그리
생각하라.
25 너희가 노력하고 노력했을 때 거기에
는 아름다운 정답을 찾게 되며, 나 여
호와는 이미 정답을 다 내렸기 때문이
니, 그것은 스스로 너희가 노력하여
얻는 것이니라.
26 그때그때 내가 너희에게 준다 생각하
지 말며, 나에게 기도하고 경배함으로
얻는다 생각하지 말라.
27 병든 자가 기도하며 고친다 하는 것은
무엇이더냐?
28 너희가 그 병의 원인을 생각하며, 너
희의 잘못된 것을 찾고 또 연구를 하
게 되어 있음이니라.
29 너희가 그 병을 고치고자 기도하고
경배할 때, 스스로 병을 왜 얻게 되었
으며, 이 병을 왜 얻어야 하며, 그리고
발생의 원인이요, 또한 그를 치료하는
것은 무엇인가 너희 스스로 깨닫고
얻게 됨이니, 그리하여 치료하며 고칠

수 있는 것이니라.
30 그러니 너희가 어떠한 것이라도 연구
하고 생각하고 노력하는 만큼 거기에
바로 정답이 있음이니,
31 너희가 노력해서 얻는 것, 그것이 바
로 스스로 상을 받을 수 있는 자가 상
을 받는다는 나 여호와의 뜻이니라.
32 그러니 너희가 무엇인가를 고심할 때
그를 놓고 연구하고 또 연구하고 생각
할 때, 번개처럼 스쳐 가는 그 생각에
의해 모든 것을 아름답게 정답을 찾
을 수 있는 것이니,
33 이는 바로 너희가 노력한 대가를 얻
는 것이니 그와 같은 이치를 깨달으
라.
34 그러니 세상사 살아가면서 최선을 다
하라.
35 육의 삶이 어렵고 남들보다 부족한 자
그 모두는 노력하지 아니한 것이요,
너희가 실패하는 것 또한 노력하지 아
니함이니,
36 이는 게으름이요, 진심으로 노력하지
않는 자요, 무엇인가 원인이 너희에게
있음이니라.
37 모든 병마에 걸리는 것도 똑같이 먹고
자며 똑같이 운동을 하며 똑같이 자신
을 잘 관리하는데 그게 생긴다 생각하
느냐?
38 무엇인가 너희가 한쪽에 문제가 생기
기 시작하며, 한쪽에 무엇인가가 쌓이
기 시작하며, 한쪽에 무엇인가 이상이
나 고장이 나기 시작하니, 그곳에서
썩고 병드는 그와 같은 형국이 생기는
것이니라.
39 그러니 너희 자신을 다스릴 때 얼마나
열과 성의를 다하여 스스로 다스려 나
가야 하는 것이 소중한가를 알아야
할 것이니 그리 알라.
40 너희가 너 자신을 항상 조절하며, 너
자신을 다스리고 네 육신을 다스릴
때, 과음하지 아니하며, 함부로 네 몸
을 놀리지 아니하며,
41 그와 같이 너희 자신의 소중함을 알
며, 너희 자신의 건강을 위해, 너희 자
신의 그 기분을 위하여, 너희 자신이
느끼는 것을 위하여 너희가 그와 같
은 것을 조절하며, 거기에 대해서 그
때그때 치료하며 베풀어 가는 그와 같
은 삶을 살면, 병이 걸리지 아니하며
병마에 쓰러지지 아니할 것이니라.
42 함부로 음주를 하며 몸을 함부로 놀리
며, 젊었을 때 그것을 모두 다 이길 수
있는 것처럼 오만방자한 자로서, 제
몸을 함부로 다스리는 자는 결국 병마
에 시달리며 한쪽이 썩기 시작함이니,
거기서부터 썩어져 그를 다스리지 못
하고 넘어짐이니라.
43 그러니 몸과 마음을 그리 다스리도록
하라.
44 내가 너희에게 말하기를 가진 것이 없
어 행복하며, 오늘의 내가 가난하기에
행복하다는 마음을 가지고 사는 백성
은 모두 다 비웠음이니 스스로 제 마
음의 모두가 다스려짐이니라.
45 그와 같은 은혜와 영광이 거기 또한
있음을 알게 될 것이니 그리 알라.

6,750 번째 하나님 말씀

2003년 7월 15일 07시 59분

1 사랑하는 나의 아들아!
2 "네, 아버님! 말씀하옵소서."
3 너희가 그리도 갈구하며 그 구원의 길
을 위하여 평생을 바치는 나의 백성에
게, 내가 새로운 보혜사요, 새로운 나
의 뜻이 세상에 내려간다 그리하였음
이니,
4 지금 내가 새로운 보혜사요, 나 여호
와의 성령을 너희를 구원하고자 지금
책으로 만들어 세상에 내보내고 있거
늘, 어찌하여 너희는 이를 보지 못하
며 이를 얻지 못한단 말이던가?
5 너희가 그리 원하며 갈구하는 보혜사
요, 새로운 나 여호와의 성령의 말씀
이라는 '하늘에 오르는 길'이요, '하나
님! 말씀하옵소서'라는 이 책으로써
내가 사랑하는 백성 너희를 구원하고
자 하여 세상에 내려보내거늘,
6 어찌하여 너희가 이를 보지 못하며
접하지 못하며 이를 얻지 못한단 말이
던가?
7 그것이 다 무엇인 줄 알겠느냐?
8 너희 마음속에 깊이 뿌리박고 있는 사
악한 욕심의 그 근원의 뿌리를 버리지
못하고 있기 때문이니라.
9 그러니 너희가 그를 버리지 못하고
있기에 참진리요, 나의 성령이요, 너
희를 구원하는 이 '하나님! 말씀하옵
소서'라는 마지막 심판의 책이 세상에
내려가 너희를 구원하고자 나의 뜻을
그리 전하건만 그걸 보지 못하며,
10 너희가 그걸 감사히 생각하며 은혜요,
영광이라 하여 축복받은 마음으로 받
아들이는 것이 아니요,
11 그걸 사탄이요, 이단이요, 사악한 자
가 하는 짓이라 하여 찢어 버리고 태
워 버리고 짓밟아 뭉개 버리는 그와
같은 사악한 행위를 하고 있음이니,
12 그와 같은 너희를 구원하고자 나의
성령이요, 나의 뜻을 내려보내는 나의
법전을 너희가 그리 찢어 버리고 태워
버리고 짓밟아 뭉개 버리니,
13 너희를 구하고자 하는 그 성령이 피보
다 진한 눈물을 흘려야 하는 것이며,
어찌하여 나의 성령이요, 나의 법전에
그리도 고통을 주고 있느냐 하는 것이
니라.
14 너희는 무엇 때문에 그리 고통을 주는
가?
15 지금 그와 같이 하는 행위가 얼마나
무서운 행위이며 얼마나 사악한 행위
인 줄을 너희는 알겠는가?
16 나의 법전이요, 나의 성령이 곧 내가
너희를 마지막 심판하는 기준의 근본
이라 하였으니, 나의 말씀이니라.
17 너희가 이를 바랐으며 이와 같은 것
이 오기를 간구하고 있으며, 이를 얻
어야만 구원의 길이라는 것을 알고 있
으면서도,
18 어찌하여 정작 나의 성령을 내려보내
거늘, 나의 성령이 너희에게 그와 같
이 핍박을 받아 피눈물을 흘리는 그
고통의 시간을 보내야 하는가?
19 너희는 인간이 한번 맞기만 하면 죽어
버리는 독침과 같은 무서운 독을 바르
는 방법으로, 그 독침보다도 더 무섭
게 나의 법전을 짓뭉개며 나의 법전

을 그리 학대하고 있는 것을 알고 있
는가?
20 너희는 지금 독침보다도 더 무서운 방
법으로써 나의 성령을 찌르고 나의 성
령을 아프게 하며, 그리고 피를 흘리
게 하는 그와 같은 행위를 하고 있는
것을 알고 있는가?
21 내가 아름답게 세상에 내려보내어 꽃
을 피워 너희가 그 향기를 맡으며 그
꽃들의 감사함을 알며 아름답게 피는
그 꽃 속에서 너희가 나에게 오를 수
있는 그 마음을 다스리고자 하며, 너
희 마음을 꽃으로 피울 수 있는 나의
법전을,
22 너희들이 이와 같이 독침보다도 더
무서운 것으로써 찌르고 그걸 죽이려
하고 있음이니,
23 나의 성령이 피눈물을 흘리고 있다는
것을 너희는 알고 있는가?
24 어찌 이와 같이 잔악하며 이와 같이
사악한 방법으로 나의 성령을 짓뭉개
며 독침으로 찌르는 그와 같은 행위를
하지 아니하면 너희는 정녕 견딜 수
없는가?
25 그 모두가 다 너희의 오만이며 욕심
이며 하나밖에 모르는 너희니라.
26 이제는 변하는 시대요, 내가 다시 세
상이 변한다 하지 않았던가?
27 새로운 보혜사를 보낸다 하지 아니하
였느냐?
28 예수가 감으로 새로운 보혜사가 오며
그가 나 여호와의 뜻을 갖고 만백성을
구하는 길을 역사할 것이며, 나의 아
들 예수가 전하고자 했던 그 뜻을 상
세히 가르쳐 줄 것이라 성경에 이미
기록되었거늘,
29 그와 같은 보혜사요, 나의 성령이요,
너희가 그리 말하는 창조주 아버지의
그 가르침의 말씀이 세상에 내려가고
있거늘,
30 어찌하여 너희는 말로는 아버지의 말
씀이 내려와 너희를 구원하기를 바라
면서,
31 정작 나의 뜻을 내가 세상에 내려보내
니, 이를 접하지 아니하며, 이를 피눈
물 나는 고통보다도 더 핍박하며 독
침으로써 찔러 죽이는 그와 같은 더
무서운 행위를 서슴지 않고 지금 하고
있는 것인가?
32 이제는 너희는 깨우쳐야 함을 알아야
할 것이니라.
33 지금 그와 같은 행위를 하는 백성, 종
교 집단이요, 지도자의 그 속에 구원
을 받는 길에 선택되었다는 백성 너희
는 어떠한 행위인 줄 알겠는가?
34 2천 년 전에 나의 아들 예수를 죽게
했던 그보다도 더 간악한 방법으로 더
무서운 방법으로써 악행을 하고 있음
을 알고 있는가?
35 그리하여 나의 법전이 세상에 존재치
못하며 나의 아들 또한 세상에 존재치
못하도록 그와 같이 무서운 일을 저지
르고 있을 수 있다는 것,
36 그보다 더 잔악한 방법으로 사악한 방
법으로써 이 모두를 불태우고 찢어 버
릴 수 있는 그와 같은 자들이 너희라
는 것, 그와 같은 것이 무엇이더냐?
37 이 세상에 존재하는 모든 것은 나의
뜻이라면, 나의 법전을 세상에 전하든
말든 너희가 그를 가지고 시시비비하

지 말아야 할 것이거늘, 그를 가지고
시시비비를 하니,
38 그것이 바로 너희의 욕심이요, 지금
사악한 욕심의 그 근본의 뿌리를 버리
지 못하고 사탄의 자식으로서 존재하
기에 나의 참진리요, 나의 뜻이 세상
에 내려가는 것을 막고 짓밟는 것이
너희이니, 이를 알아야 할 것이니라.

부 록

【하나님께서 가르쳐 주신 운동】

천재지변이 일어날 때, 동물이나 미물들은 미리 알고 대피하지만, 인간은 알지 못하고 큰 화를 당합니다. 하나님께서 인간에게 가장 높은 지혜를 주시고 완벽하게 창조해 주셨기에 동물들보다 더 잘 알 수 있지만, 욕심으로 마음이 혼탁해져서 한 치 앞을 보지 못하는 것입니다.

마찬가지로, 인간은 누구나 스스로 필요한 운동을 해서 건강을 지킬 수 있도록 하나님께서 만들어 주셨습니다. 우리의 머리에서 우리 몸에 필요한 동작을 해 달라고 끊임없이 신호를 보내지만, 인간이 혼탁하게 살아서 그 신호를 알아채지 못합니다. 그러니 자연스럽게 자기 몸이 원하는 그 신호를 따라서 운동하는 것이 하나님께서 가르쳐 주신 운동 방법입니다. 바로, 우리의 영이 육을 이끄는 운동입니다.

▶ 하나님 운동법

1. 눈을 감고, 발을 어깨너비로 벌리고 바르게 선다.
2. 몸에 힘을 풀고, 허리를 숙이면서 손과 머리를 아래로 내린다.
3. 허리를 펴고 싶을 때, 천천히 펴면서 하고 싶은 동작을 하면 운동이 시작된다. (사람마다 다르다.)
4. 멈추지 말고, 어떤 동작이든지 자기 몸의 느낌대로 계속 이어서 한다.

▶ 참고 사항

① 눈을 감은 상태로 아무 생각 하지 않고, 자기 몸의 느낌대로 움직입니다.

② 마음을 비우고, 욕심을 버리고, 지난 날의 잘못을 반성하면서 몇 차례 시도하다 보면, 자기도 모르게 하고 싶은 동작이 끊임없이 생깁니다.

③ 운동 장소는 방 안이든 운동장이든 관계없으며, 걷거나 달리고 싶을 때는 눈을 떠도 됩니다.

④ 매일 40분 이상, 주 4회 이상, 3개월 이상 하면 음식 조절에 들어갑니다.
- 음식으로 생긴 병은 음식으로 치료하게 되며, 어떤 음식을 먹어야 하는지 스스로 알게 됩니다.
(자기 몸에 필요한 음식만 먹고 싶어집니다.)

⑤ 사랑하는 사람과 함께 운동하면 서로 치료해 주기도 합니다.

⑥ 운동을 하다가 몸의 어느 한 부분을 계속 손으로 자극한다면 그쪽에 이상이 있는 것이니, 의사에게 상담을 받고 적절한 치료를 받으면 됩니다.

⑦ 다이어트 및 기타 건강관리에 효과적입니다.

⑧ 꾸준히 운동하여 영이 맑아지면, 자신의 과거와 미래를 스스로 보게 됩니다.

누구나 스스로 하실 수 있습니다.

간행사

《새로운 성경》은:

· 새로운 성경은, 하나님께서 선량하고 선한 자를 선택하여 십계명을 암송하도록 하시고, 십계명을 암송한 다음에 음성으로써 들려주시는 말씀을 듣고 그대로 카세트테이프에 녹음해서 받아쓴 책입니다.

· 90분짜리 녹음테이프 700여 개에 달하는 말씀으로, 1999년 8월부터 2004년 7월까지 총 160권(권당 288쪽)을 완성하였으며, 그 이후에도 현재까지 계속 말씀을 내려 주고 계십니다.

· 새로운 성경은 "하늘을 두루마리 삼고 바닷물을 먹물 삼아 쓰고 써도 다 못 쓴다"는, 끝없이 방대한 하나님의 말씀이 두루마리로 직접 내려오는 것입니다. 이러한 새로운 성경은 구약과 신약을 폐하려는 것이 아니라 "인봉된 성서의 비유의 뜻"을 상세히 설명하여 완성하고자 하나님께서 직접 내려 주신 말씀입니다.

《새로운 성경》의 구성:

· 제 목: 2013년, 160권 모음집을 발간하면서, 본 도서의 제목을 "하나님! 말씀하옵소서"에서 《새로운 성경》으로 명해 주셨습니다.

· 단행본: 각 권당 288쪽(신국판) 책이 160권까지 시리즈로 출판됩니다.
(모음집은 단행본을 16권씩 묶어서, 총 10부로 구성됩니다.)

《새로운 성경》의 성경적 근거:

· 신약 성경 [요한복음] 16장 13절에 "진리의 성령이 오시면 그가 너희를 모든 진리 가운데로 인도하시리니 그가 자의로 말하지 않고, 오직 듣는 것만을 말하며" 하신 말씀처럼 하나님의 음성을 들은 것만 기록하였으며,

· "장래 일을 너희에게 알리시리라" 하신 말씀과 같이 개인, 나라, 인류의 "장래"일을 하나님께서 알려 주시는 것만 기록하여 책으로 만들었습니다.

《새로운 성경》의 기록 방법:

· 1999년 8월부터 하나님께서 저에게 들려주시는 음성을 기록하였습니다. 처음에는 제가 들은 말씀을 불러 주면 저의 아내가 기록하여, 2000년 1월 29일에 1권 초판이 세상에 나왔습니다. 2000년 4월부터는 주시는 말씀을 받아 녹음기에 기록하여 시리즈로 출간하기 시작하였습니다.

· 녹음을 시작하면서 하나님의 말씀을 받는 데 가속도가 붙었고, 2001년 5월 3일에 1부(1~16권까지)를 인쇄하여 출판하였으며, 2004년 7월까지 총160권 분량의 말씀을 받아 기록하였습니다.

하나님께서 저에게 주신 것은:

· 첫째, 만백성을 상대로 내려 주시는 "기도", 둘째, 수시로 내려 주시는 "묵상", 셋째, 개인의 과거, 현재, 미래를 알려 주시는 "개인 기도", 넷째, 개인의 건강을 위해서 내려 주시는 "음식 처방", 다섯째, 하나님께서 가르쳐 주신 "운동"등이 있습니다. 이 중에 첫 번째, "기도"를 책으로 편찬하였습니다. 사람의 생사, 개인의 미래에 관한 천기는 수록하지 말라 하셨습니다.

강론 안내:

· 하나님께서는 지금도 매일 저에게 새로운 하늘의 비밀의 말씀을 내려 주고 계십니다. 수시로 내려 주시는 말씀을 정리해서 제자를 육성하라는 말씀에 따라 매주 강론을 하고 있습니다. 누구나 무료로 들으실 수 있습니다. (book160.com)

《새로운 성경》을 읽는 분들에게 드리는 선물:

· 개인 기도: 개인의 과거, 현재, 미래에 관하여 말씀을 내려 주십니다.

· 음식 처방: 사람은 음식을 먹고살다가 건강을 잃으니, 음식과 운동으로 건강을 되찾는 방법을 알려 드립니다. 단, 하나님이 계심을 믿고, 십계명을 지키겠다고 진실로 서약하는 분들께 알려드립니다.

《새로운 성경》의 은혜와 기적:

· 새로운 성경 전160권은 16권씩 묶어서 총 10부의 모음집으로 구성됩니다. 모음집 한 부를 읽고 깨우치는 자에게 하나님께서 다음과 같은 기적이 있다고 하셨습니다.

· "첫째, 그가 죽어 하늘에 갔을 때 그의 죄를 묻지 아니하며, 구원을 받는 위대한 은혜가 있으며, 둘째, 그의 소원과 소망이 이루어지고, 셋째, 죽은 자(부모, 형제, 자식, 사랑하고 은혜 입은 분)의 이름으로 구입한 책을 읽고 누군가 한 사람이 깨우칠 때, 그 죽은 자가 지옥에서 천국으로 구원을 받게 되며, 넷째, 유산, 중절 수술 등으로 태어나지 못한 아이를 위하여 구입한 책을 보고 한 명이 깨우쳤을 때, 그 아이가 사람으로 다시 한 번 태어나는 은혜를 받는다."

· "새로운 성경"을 3회 이상 정성을 다해 정독하는 자, 성서의 비밀을 알게 되고, 세상의 이치를 알게 되며, 세상을 지배하고 통제할 수 있는 지혜를 다 얻게 된다고 하셨습니다. 이 책은 만백성이 정독하고 이웃에게 전하여, 평생 가슴에 묻은 슬픔과 고통의 짐을 벗고 미래를 위한 힘찬 삶을 살아가도록 하는 책입니다.

끝으로

· 하나님께서는 흰 눈이 세상을 덮듯이 새로운 성경을 온 세상에 전하라고 하셨습니다. 《새로운 성경》을 각국어로 번역해서 온 인류에게 구원의 길을 깨우쳐 주고, 그 수익으로 가난하고 어려운 백성을 구제하여, 만백성의 영과 육을 함께 구원하는 선지자의 임무를 수행하라고 저에게 명하셨습니다.

· 하늘에서 내려 주신 말씀의 보화를 만백성에게 나누어 주는 것이 선지자의 임무라고 하셨습니다. 새로운 성경을 통해서 얻는 재물을 사용할 곳도 하나님께서 일일이 명해 주십니다. 모든 재물은 저의 자의로 쓸 수 없고, 하나님께서 명하시는 대로만 쓰여집니다.

· 어떤 명분으로든 십일조나 각종 헌금을 거두어들이지 말라 하셨으며, 국내뿐 아니라 각국에 성전과 단독 서점을 운영하며, 한국의 많은 젊은이들을 전 세계에 지도자로 내보내라고 하셨습니다.

· 우리는 세계적으로 새로운 성경을 보급하며 어려운 이들을 돕는 역사를 해 나갈 것입니다. 지금까지 비록 몇 명 안 되는 제자들과 함께 이러한 일을 역사했지만, 앞으로도 계속 하나님께서 기뻐하시는 일들을 해 나갈 것입니다. 부족한 저희에게 여러분들의 지혜와 성원을 보내 주시기를 바랍니다. 많은 분들의 참여와 도움을 간절히 기다립니다. 감사합니다.

한국어로 내려온 《새로운 성경》 단행본을 출간하며
2016년 4월 10일

발행인 **김 용 철**

한국어로 내려온

새로운 **성 경** · 6부 · 제92권

지은이 하나님 말씀
대역자 김용철

초판인쇄 1쇄 2017년 4월 3일

펴낸 곳 도서출판 하얀마음
등록번호 제 10-2107호 (2001년 2월 14일)
주소 서울시 노원구 덕릉로86길5, 2층
전화번호 02) 313-1114
팩스 02) 393-5554
전자우편 book160@hanmail.net
편집위원 조나영 김미향 이석교
제작지원 김홍숙 이미숙 이미란

도서상담 1600-7527
ISBN 978-89-5875-192-2 (04230)
978-89-5875-100-7 (세 트)

값 10,000원
잘못된 책은 구입하신 곳에서 바꾸어 드립니다.

※이 책은 10부로 제작되며, 각 부 16권씩 총160권으로 구성됩니다.※

1부	2부	3부	4부	5부	**6부**	7부	8부	9부	10부
1권	17권	33권	49권	65권	81권	97권	113권	129권	145권
2권	18권	34권	50권	66권	82권	98권	114권	130권	146권
3권	19권	35권	51권	67권	83권	99권	115권	131권	147권
4권	20권	36권	52권	68권	84권	100권	116권	132권	148권
5권	21권	37권	53권	69권	85권	101권	117권	133권	149권
6권	22권	38권	54권	70권	86권	102권	118권	134권	150권
7권	23권	39권	55권	71권	87권	103권	119권	135권	151권
8권	24권	40권	56권	72권	88권	104권	120권	136권	152권
9권	25권	41권	57권	73권	89권	105권	121권	137권	153권
10권	26권	42권	58권	74권	90권	106권	122권	138권	154권
11권	27권	43권	59권	75권	91권	107권	123권	139권	155권
12권	28권	44권	60권	76권	92권	108권	124권	140권	156권
13권	29권	45권	61권	77권	93권	109권	125권	141권	157권
14권	30권	46권	62권	78권	94권	110권	126권	142권	158권
15권	31권	47권	63권	79권	95권	111권	127권	143권	159권
16권	32권	48권	64권	80권	96권	112권	128권	144권	160권